双林镇志

LOCAL RECORDS OF SHUANGLIN

浙江省湖州市南浔区双林镇志编纂委员会　编

图书在版编目（CIP）数据

双林镇志 / 浙江省湖州市南浔区双林镇志编纂委员会编 .-- 北京：方志出版社，2018.11

（中国名镇志丛书）

ISBN 978-7-5144-3280-0

Ⅰ . ①双… Ⅱ . ①浙… Ⅲ . ①乡镇—地方志—湖州 Ⅳ . ① K295.55

中国版本图书馆 CIP 数据核字（2018）第 219711 号

· 中国名镇志丛书 ·

双林镇志

编　　者：浙江省湖州市南浔区双林镇志编纂委员会
责任编辑：刘方圆

出 版 人：冀祥德
出 版 者：方志出版社
地址　北京市朝阳区潘家园东里 9 号（国家方志馆 4 层）
邮编　100021
网址　http://www.fzph.org
发　　行：方志出版社图书经销中心
电话　（010）67110500
经　　销：各地新华书店
排　　版：北京纺印图文设计制作有限公司
印　　刷：北京中科印刷有限公司

开　　本：787 × 1092　1/16
印　　张：18.5
字　　数：325 千字
版　　次：2018 年 11 月第 1 版　2018 年 11 月第 1 次印刷

ISBN 978-7-5144-3280-0　定价：149.00 元

序一

习近平总书记指出:“不忘历史才能开辟未来，善于继承才能善于创新……只有坚持从历史走向未来，从延续民族文化血脉中开拓前进，我们才能做好今天的事业。”中国优秀传统文化是在漫长的历史长河中历经无数次涤荡和沉淀而形成的思想精髓，蕴藏着无穷的宝藏和无尽的力量。发掘和继承优秀传统文化，是延续中华文明“根”与“魂”的必由之路。与时俱进，推动传统文化不断开拓创新，是中华文明常葆勃勃生机的重要保证。

“国有史，邑有志。”编修地方志是中国特有的文化现象，是中华民族的优秀文化传统。数千年来，连绵不断的志书编修为保护中华民族根脉，传承中华文明发挥了不可替代的作用。中国现存古志有 8000 余种，占现存古籍的十分之一。中华人民共和国成立以来，编修完成数万种省、市、县三级综合性行政区域志、部门志、行业志、专志等，编纂数万种地方综合年鉴、行业年鉴和专门年鉴等，整理出版数千种历代方志及相关研究成果，发表相当数量的方志理论与年鉴理论研究成果。这既是对我国国情、地情持续开展的大规模普遍调查，也是对各地自然与社会发展状况进行的综合研究，其成果构成了一座丰富的文化资源宝藏，为各级领导科学决策提供了重要参考，为推动经济社会发展和文化建设发挥了重要作用。

当前，中国特色社会主义进入新时代，全国地方志事业也进入新时代。如今的地方志事业围绕党和国家利益、经济社会发展，以人民为中心开拓创新，志、鉴、馆、史“四驾马车”并驾齐驱，志、鉴、馆、网、库、用、会、刊、研、史“十业并举”，加快实现在全国范围内全面推进地方志从一项工作向一项事业转型升级。在党中央、国务院的亲切关怀和各级地方志工作者的共同努力下，一批紧密结合社会发展需求、具有独特创造性的工作逐步开展，涵盖中国名镇志、中国名村志、中国名山志、中国名水志、中国名街志等“名志”系列文化工程是其中代表。作为首个“名志”系列文化工程的中国名镇志文化工程，启动于 2015 年，至今已是第三个年头。中国名镇志丛书在记述主体上，选择中国历史文化名镇、经济强镇、特色镇等在全国具有影响力和代表性的乡镇，旨在全面展示中国名镇的文化精髓；在内容题材选择上，重在突出不同名镇的“名”和“特”，力求集中体现不同名镇最精彩的部分，增强可读性；在志书编纂程序设置方面，志书申报、篇目设计、专家审读、专家组验收等流程环环相扣，紧密结合，力争把每一部志书都打造成精品佳志。

习近平总书记指出：“历史和现实都表明，一个抛弃了或者背叛了自己历史文化的民族，不仅不可能发展起来，而且很可能上演一场历史悲剧。”2018 年是改革开放 40 周年，40 年来中华大地发生了翻天覆地的变化，乡镇发生了极为深刻的改变，从粗茶淡饭到有机食品，从粗布衣裙到精美时装，从土屋平房到高楼大厦，人民生活水平大大提高，城乡差距不断缩小。然而，在感受辉煌成就的同时，我们也应该看到，许多精巧的古建、精湛的工艺、亲切的乡音、独特的乡俗也在快节奏的发展中与我们渐行渐远，曾经的家乡正逐渐变为记忆中的故园。

党的十九大报告提出乡村振兴战略，此后党中央、国务院又推出一系列重大举措。实施乡村振兴战略，必须全面加强乡村文化建设，培养乡村文化自信，培植文化之“根”，铸牢文化之“魂”。没有乡村文化的高度自信，没有乡村文化的繁荣发展，就难以实现乡村振兴的伟大使命。振兴乡村文化，既要塑形，更要铸魂，必须遵循乡村发展的客观规律，在发展中把文化的精髓保留下来，把乡土味道、乡村风貌的“魂”传承下去。在保留优秀乡村文化内核的基础上，用现代表现方式，把反映时代精神、先进理念的内容通过群众喜闻乐见的文化产品表达出来，才能够让乡土文化具有更强大的生命力。用创新性的模式书写乡镇志，传承和抢救乡土历史文化，激发爱国爱乡情怀，为探索中国特色新型城镇化发展经验、发展模式、发展道路提供历史智慧和现实借鉴，正是实施中国名镇志文化工程的目的和意义所在。

“月是故乡明”。中国人素有“家国情怀”，家乡的山水是最为美丽的，家乡的风俗是充满温暖的，一声亲切的乡音，一口熟悉的家乡菜，都能拨动游子的心弦，让其魂牵梦萦。中国名镇志丛书是一套全面梳理中国名镇历史人文，挖掘文化特色，突出“名”和“特”的镇志。它能让人民群众深刻感受到本土本乡自然的优美、历史的醇厚、人物的杰出、艺文的风雅等，有助于培养人民群众对家乡文化的自信，激发起人民群众浓烈的爱乡爱国情怀，助力国家新型城镇化建设和乡村振兴战略的实施。

是为序。

中国社会科学院院长
中国地方志指导小组组长　谢伏瞻

序二

连绵不断地编修地方志是我国特有的文化传统，为传承中华文明作出了巨大的贡献。在党中央、国务院的高度重视和支持下，这一古老的文化传统焕发勃勃生机，展现新的活力，成为保存、继承、发扬光大中华优秀传统文化的重要依托，培育和践行社会主义核心价值观的重要媒介，社会主义先进文化建设的重要组成部分，发展中国特色社会主义，增强道路自信、制度自信、理论自信的重要载体，在实现“两个一百年”奋斗目标和中华民族伟大复兴中国梦进程中具有不可替代的地位和作用。

事物总是在不断发展中前进。经过改革开放以来30余年的发展，中国特色地方志事业与传统的编修地方志已不可同日而语，形成了志（志书）、鉴（年鉴）、库（地情数据库）、馆（方志馆）、网（地情网站）、刊（期刊）、会（学会）、研（理论研究）、用（开发利用）等多业并举的新格局。截至2015年10月底，全国编纂完成首轮、二轮省、市、县志书8000多种，编修部门志、行业志、专业志、乡镇村志27000多种，编纂地方综合年鉴2300多种，累计整理旧志2500多种，还编纂出版了大量的地情书，字数以百亿计，形成以反映国情、地情为主要内容，全面系统、持续不断、卷帙浩繁的社会科学成果群。另外，还开通了27个省级网站、230个市级网站、816个县级网站；建成国家方志馆1个、省级方志馆16个、市级方志馆86个、县级方志馆近300个。这些成果，成为国家极为重要的文化资源，是国家文化软实力和公共文化服务体系的重要组成部分。

最近几年，地方志工作的触角在不断延伸，部门志、行业志、专业志、特色志、乡镇村志编纂方兴未艾，成为当前地方志事业发展新的增长点和亮点。特别是乡镇志，兴起了编纂热潮，从自发的民间行为逐渐过渡为政府组织的文化行为，有的省份以政府令形式将其纳入地方志编修范畴，像河南省还以省政府办公厅名义要求全省普修乡镇志。乡镇志并不是一个新生事物，据现有资料可考，宋代常棠所撰《澉水志》是现存最早的一部乡镇志。与省、市、县三级志书相比，乡镇志虽属小志，但意义却不小，特别是在当前国家全力推进新型城镇化建设的背景下，乡镇志的作用更显重要。

启动中国名镇志文化工程，是适应当前新型城镇化建设形势发展需要、地方志事业发展形势需要的重要举措，也是充分发挥地方志存史、资政、育人功能的重要手段。作为最基层行政组织的志书，镇志是最接近中国社会发展变迁的国情、地情记录文本，具有重要的历史文献价值。而作为充分反映本区域自然、政治、经济、文化和社会的历史与现状的资料性文献，镇志又能全面展示发展脉络，摸索发展经验，为探索中国乡镇未来发展方向提供借鉴和参考。当然，对于祖祖辈辈生于斯长于斯的中国人来说，故乡就是一个魂牵梦萦的地方，故乡的情怀终生难忘。留得住乡愁，记得住乡思，充分展示名镇文化魅力，激发爱乡、爱国情怀，正是中国名镇志文化工程题中应有之义。

是为序。

中国社会科学院原院长
中国地方志指导小组原组长　王伟光

序三

“国有史，邑有志”，中国自古就有注重编史修志的传统。按照我国目前地方志行政法规，国家各级地方志机构的法定职责是编纂省、市、县三级志书，并不包括县以下的乡镇志和村志。这种规定，一方面可能因为全国有数百万自然村落和数万乡镇，全部实行官修很难实现；另一方面可能因为我国历史上就有“皇权止于县”的说法，县以下的民间社会历来是一个以自治为主的领域。然而，改革开放几十年来，我国社会正在发生巨变，这种巨变在基层社会的乡镇、村落、家庭领域更为深刻。作为“乡之首，城之尾”的镇，逐渐被日益崛起的大都市淹没了光彩，村落在快速的城镇化过程中每天都在大量消失，农村家庭的小型化、空巢化趋势非常突出。在这种情况下，我一直在思考，如何留得住历史文化记忆和乡愁，如何把修志的工作向基层社会延伸?

中国人的“家国情怀”，是从“诚意、正心、修身”开始，到实现“齐家、治国、平天下”。所以从国家一统志，省、市、县三级志，到乡镇志、村志、家谱，也是一个完整的系统。

正是在这种背景下，我们决定启动中国名镇志文化工程。乡镇是无数中国人生命的底色和成长的摇篮。如何在城镇化进程中，留得住乡愁，记得住乡音，忘不了乡思，事关城镇化进程的人文关怀和文化保护，事关文化血脉的传承。同时，科学记录城镇化进程，反映城镇化成就，也为今后探索城镇化发展规律、积累经验提供了基本素材。作为全面系统记述一定行政区域的自然、政治、经济、文化和社会的资料性文献，志书是以上功能最好的载体。

我国目前有 4 万多个乡镇，全部修乡镇志还不具备条件。中国名镇志丛书选择的是传统文化名镇、历史军事重镇、革命历史名镇、民族特色名镇、特色经济名镇、旅游景观名镇等类型的乡镇，应该是最具代表性的，在中国乡镇文化传承和社会发展中具有标杆意义。

编纂中国名镇志丛书是对乡土历史文化的保护。随着城镇化进程加快，有不少乡镇被撤并，有些还是在历史上有重要意义的历史文化名镇、特色镇等。如不及时对其历史进行整理、记录，这些重要的历史资料将散佚殆尽。因此，中国名镇志丛书的编纂是对宝贵历史资料的抢救。

编纂中国名镇志丛书是对乡土意识的传承。什么东西有魅力？故乡的山水，乡音乡情的记忆，乡土的气息和家乡菜的味道，不管走到哪里，总是触动心弦。中国名镇志丛书记录的是家乡的山山水水，家乡的历史文化，家乡的风土人情，留住的是乡愁。这些最能激发远方游子和本地民众的爱乡情怀、爱国情怀。

编纂中国名镇志丛书是一种学术探索。镇志的编纂，实质也是一次深入的社会调查研究。“麻雀虽小五脏俱全”，相比省、市、县，乡镇第一手资料的获得需要付出更大的努力。我们也希望在志书编纂上有所创新，使中国名镇志丛书成为一套图文并茂、雅俗共赏的新型志书。

中国社会科学院副院长
中国地方志指导小组常务副组长 

中国名镇志文化工程专家委员会

中国名镇志文化工程学术委员会

浙江省湖州市南浔区双林镇志编纂委员会

名誉主任　陆龙根

主　　任　陆松华

常务副主任　姚国祥　张正华

副 主 任　陈火生　朱文伟　陈泽育　沈增赟　李建平

委　　员（按姓氏笔画排列）

王新权　朱凯敏　华小彬　严雅利　杨　斌

杨荣根　杨祥春　杨雪莉　沈世明　沈晓斌

沈徐华　宋银虎　张学良　张俊毅　陈小红

茅雪莹　金国梁　金晓风　俞琪华　费　翔

姚文杰　高国勇　唐　华　彭　琳　嵇发根

谢金萍

顾　　问　杨伟民

主　　编　宋银虎

执行主编　嵇发根

执行副主编　金国梁

双林三桥

双林镇志办　供

中国名镇志丛书凡例

一、以马克思列宁主义、毛泽东思想、邓小平理论、“三个代表”重要思想、科学发展观、习近平新时代中国特色社会主义思想为指导，坚持辩证唯物主义和历史唯物主义的立场、观点和方法，存真求实，全面、客观、系统记述中国名镇城镇化进程和改革开放成果，传承和抢救乡土历史文化，激发爱国爱乡情怀，留住乡愁，为探索中国特色新型城镇化建设、服务乡村振兴战略提供历史智慧和现实借鉴。

二、为全面反映入志事物发展脉络，各志上限追溯至事物发端，下限一般断至各镇志启动编修年份，个别重大事项可延至搁笔。详今明古，着重反映时代特色和地方特点，重点体现各镇的“名”与“特”。

三、记述地域范围以下限年份的行政辖区为主。为体现名镇在更大区域内的意义，可以从更开阔的区域视野记述与该镇相关的内容。

四、统一采用纲目体，设类目、分目、条目三个层次。横排门类，纵述史实，述而不论。

五、综合运用述、记、志、传、图、表、录等各种体裁，以志体为主。体裁运用适当创新，篇目设置不求面面俱到，一般意义上的乡镇级内容略去不载。

六、除引用文字和附录文献资料外，统一使用规范的现代语体文记述，行文力求朴实、严谨、简洁、流畅、优美，具有较强可读性。

七、人物部类遵循“生不立传”原则，人物传主按生年排序，只选录对本镇发展有重大影响的人物，不面面俱到。

八、各项数据一般采用国家统计部门数据。数据缺乏的，采用主管部门或主办单位正式提供的数据。

九、数字用法、标点符号、计量单位分别执行国家标准《出版物上数字用法》（GB/T 15835—2011）、《标点符号用法》（GB/T 15834—2011）、《国际单位制及其应用》（GB 3100—1993）和《有关量、单位、符号的一般原则》（GB 3101—1993）。历史上使用的计量单位，如斗、石、里、尺、磅、华氏度等，在引文时可照录。考虑到社会使用习惯，全书中亩不统一换算。

十、中华民国成立前的纪年，使用朝代年号纪年，括注公元年份；中华民国成立后的纪年，均使用公元纪年。志中所称“解放前（后）”，以该镇解放日为界；“新中国成立前（后）”，以中华人民共和国成立日 1949 年 10 月 1 日为界；“改革开放前（后）”，以 1978 年 12 月中共十一届三中全会召开为界。本志“×× 年代”，凡未加世纪者，均指 20 世纪。

十一、为节省篇幅，避免重复，本志采用条目互见法。参见条目的表示形式为：参见本志“×× 类目 · ×× 分目 · ×× 条目”。

十二、对旧志、古籍中的繁体字、冷僻字一般用简化字或通用字替换，易引起误解的则保留。

十三、记述各个历史时期的党派、机构、职务、地名等，均以当时的名称为准。对频繁使用的名称，首次用全称并括注简称，其后用简称。

十四、各镇志需要单独说明的事项，均在各自编纂始末中记述。

双林镇在中国的位置

审图号：GS（2018）5807 号

双林镇在浙江省的位置

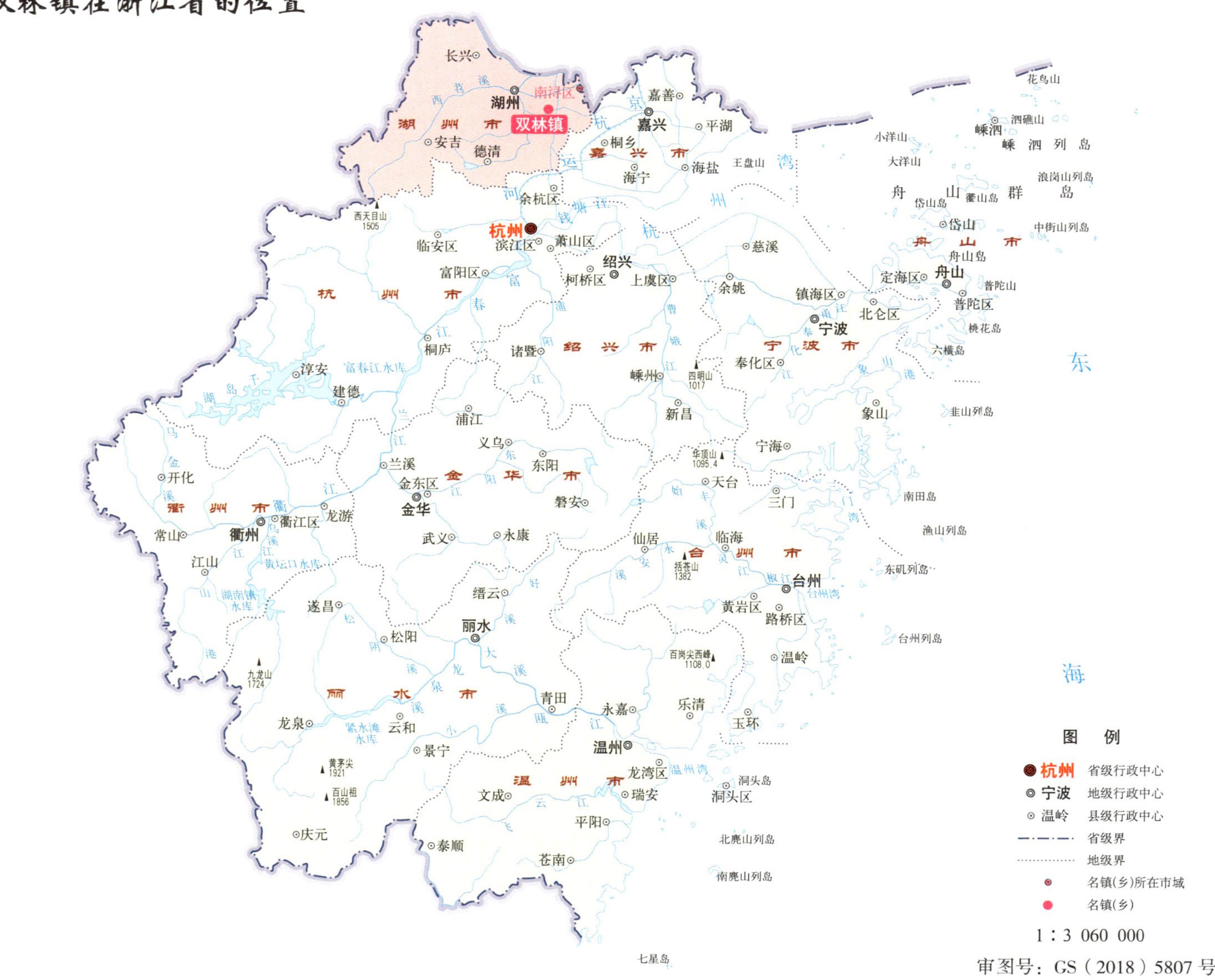

双林镇
南浔区
湖州
湖州市
长兴
安吉
德清
嘉兴
嘉兴市
嘉善
平湖
桐乡
海盐
海宁
王盘山
杭州
杭州市
余杭区
滨江区
萧山区
临安区
富阳区
桐庐
淳安
建德
西天目山 1505
绍兴
绍兴市
柯桥区
上虞区
诸暨
嵊州
新昌
四明山 1017
宁波
宁波市
慈溪
余姚
镇海区
北仑区
奉化区
象山
宁海
舟山
舟山市
定海区
普陀区
岱山
嵊泗
嵊泗列岛
花鸟山
泗礁山
小洋山
大洋山
舟山群岛
岱山岛
衢山岛
浪岗山列岛
中街山列岛
舟山岛
普陀山
桃花岛
六横岛
韭山列岛
南田岛
渔山列岛
东矶列岛
台州列岛
金华
金华市
金东区
兰溪
义乌
东阳
浦江
磐安
武义
永康
华顶山 1095.4
天台
三门
衢州
衢州市
衢江区
龙游
开化
常山
江山
台州
台州市
仙居
临海
括苍山 1382
黄岩区
路桥区
温岭
丽水
丽水市
缙云
松阳
遂昌
云和
景宁
龙泉
庆元
九龙山 1724
黄茅尖 1921
百山祖 1856
温州
温州市
永嘉
乐清
玉环
龙湾区
瑞安
洞头区
洞头岛
文成
平阳
苍南
泰顺
百岗尖西峰 1108.0
北麂山列岛
南麂山列岛
七星岛
富春江水库
湖南镇水库
黄坛口水库
紧水滩水库
东
海
图例
杭州 省级行政中心
宁波 地级行政中心
温岭 县级行政中心
省级界
地级界
名镇(乡)所在市域
名镇(乡)
1：3 060 000
审图号：GS（2018）5807号

双林镇地图

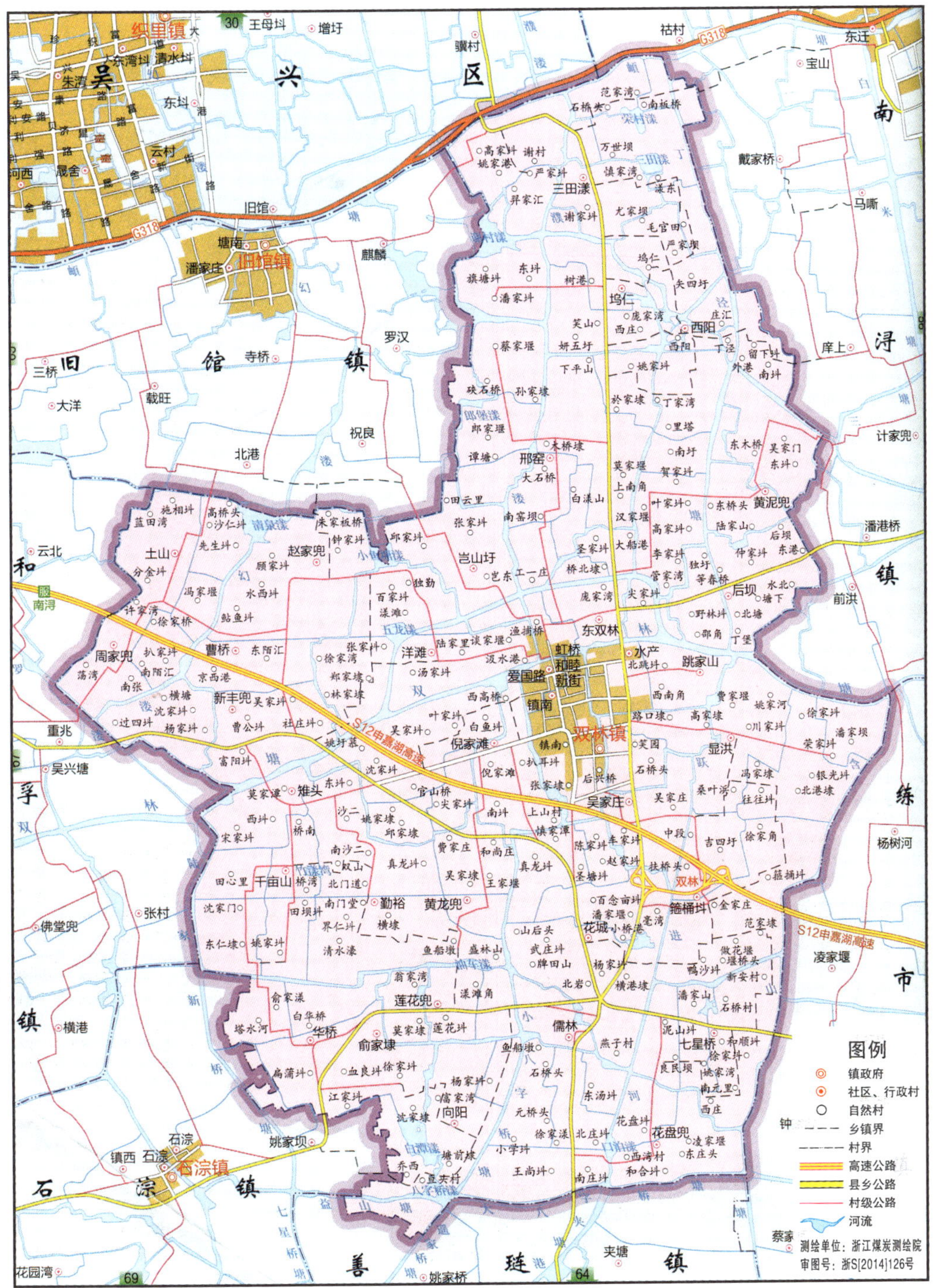

织里镇
吴兴区
旧馆镇
南浔
和孚镇
练市
石淙镇
善琏镇
双林镇
G318
S12申嘉湖高速
王母兑
增圩
骥村
枯村
东迁
宝山
戴家桥
马嘶
庠上
计家兜
潘港桥
前洪
杨树河
凌家堰
旧馆
塘南
潘家庄
麒麟
罗汉
寺桥
三桥
大洋
载旺
祝良
北港
云北
南浔
重兆
吴兴塘
张村
佛堂兜
横港
石淙
镇西
花园湾
姚家桥
夹塘
范家湾
石桥头
南板桥
高家斗
谢村
姚家港
严家斗
三田漾
万世坝
镇家湾
尤家坝
毛官田
坞仁
西阳
庄汇
邢窑
大石桥
木桥埭
东木桥
吴家门
黄泥兜
岂山圩
赵家兜
土山
周家兜
曹桥
新丰兜
洋滩
东双林
水产
跳家山
虹桥
和睦
新街
爱国路
镇南
显洪
吴家庄
倪家滩
雉头
千亩山
勤裕
黄龙兜
花城
双林
镫桶圩
莲花兜
华桥
俞家埭
儒林
七星桥
向阳
花盘兜
图例
镇政府
社区、行政村
自然村
乡镇界
村界
高速公路
县乡公路
村级公路
河流
测绘单位：浙江煤炭测绘院
审图号：浙S[2014]126号

双林镇区鸟瞰图

黄新明　摄

双林中学　　双林镇志办　供

双林人民医院　　双林镇志办　供

新我绢扇——双林三桥

双林镇志办　供

目录

江南水乡——绫绢古镇

双林进镇标记石　　黄新明　摄

双林镇隶属浙江省湖州市南浔区，是绫绢古镇、水乡历史文化名镇。宋南渡时聚商名东商林，俗称东林村。明永乐三年（1405），西林村兴，合东林、西林之名为双林。盛产蚕丝，尤以绫、绢著称。其后，工各居肆，百业俱备。解放后，在恢复和发展传统工业绫绢生产的同时，不断发展丝绸、服装、绢纺、针织、毛纺、粮油、食品等传统工业和不锈钢管、磨具磨料、机械标准件等特色产业。

绫绢古镇发祥于故镇东林村。唐时，乌绫上贡制御服。南宋初聚商成市，元代绫绢业发达，设肆购绢，有绢庄10座。双溪左右延袤数十里，俗皆织绢，于是四方之商贾咸集以贸易。东林、西林合镇后，绫绢业发展驰名，有“吴丝衣天下，聚于双林”之称。明中叶，塘桥港两岸绫绢机户比邻相延数十里，至明末成为丝织绫绢大镇。入清，与南浔、菱湖成为湖州三大生丝市场。各省商贾集于新、旧绢巷收购绫绢，产品以包头绢纱出名，所织双龙绫世称“倪绫”，供朝廷奏本专用。清末，有大小绢庄20余家，清至民国初经营绫绢丝绸门市48家，上海、苏州等地多设分庄，绫绢销往福建、温州、台湾等地及日本和东南亚，仅包头绢盛时销达10万余匹。民国初期，四乡有绫绢织机2000余台，几乎家家养蚕缫丝、户户织绫造绢，年产240万米以上。后因战乱遭破坏。

解放后，恢复发展。20 世纪 90 年代，常年经营 30 多个品种、100 多种花色的绫绢，恢复发展古花绫、古耿绢。花绫、矾绢双获 1994 年第五届亚太地区博览会国际金奖，“汉贡”为中国著名商标和省、部优产品，古耿绢是故宫博物院修复古画专用产品。双林绫绢除用于装裱书画、绘画书写以及制作风筝、信封、绢扇、屏风、宫灯、锦盒等，还用作现代装饰材料，产品销往全国，出口美国、德国、日本、韩国及东南亚各国。2014 年，产销近 1000 万米。

双林民间文化，凸现于蚕丝绫绢文化，渗透于地方风土民情。与此并行，凸显于戏迷文化、石桥文化、书画文化、民间文艺等。戏迷文化，可用谚语“游过三十六码头，难过双林塘桥头，过了双林塘桥头，还有花城排篓头”一言以蔽之。石桥文化，以全国重点文物保护单位双林三桥和省级文物保护单位明溪塘桥、埭溪塘桥、永安桥 3 座七孔石梁桥及诸多古石桥为代表。书画文化，则以墨河画苑、费新我纪念馆及诸多书画社团为代表。民间文艺，以国家级非物质文化遗产绫绢织造技艺领衔，更广泛涵盖民间文学、音乐、曲艺、技艺、美术等各方面。

双林风土民情，除上述民间传统文化诸项，还极富土产、风物，并以习俗和方言与之交融。风物如双林特产板羊肉、姑嫂饼、子孙糕、八珍糕等。板羊肉雅名“琼脂白板羊肉”，系清同治年间（1862—1874）双林著名酒楼“金胜叙”馆所创，北方白烧羊肉与本地湖羊肉制作工艺珠联璧合，唯双林独有。姑嫂饼、子孙糕，其名富人情味，其中姑嫂饼是清光绪六年（1880）所创百年老店“沈德大”特产。这些都是千年绫绢古镇双林风土的结晶。另有春社乡戏、蚕谣织歌，更是双林一方水土所孕育。

双林名胜古迹，以古石桥最显要，尤以双林三桥、旧馆塘三桥、大小虹桥最著名。双林三桥，化成桥居中，东为万元桥，西为万魁桥，在不足 400 米的双林塘上连跨 3 座元明时期的三孔石拱桥，世所罕见，不仅是双林镇之胜，也是湖州市乃至江左形胜，是全国重点文物保护单位。旧馆塘三桥，包括明溪塘桥、埭溪塘桥、永安桥 3 座七孔石梁桥，自北而南依次东西跨镇之西境旧馆塘。大小虹桥，即虹桥与望月桥，有著名胜景“虹桥望月”。其次是山水庭园名胜双溪织旋漾、墨浪河、盛林山、还金亭、庆苑公园等，为双林名胜佳处。而水镜寺、文昌阁、东岳庙等，又使之成为一方名胜。

双林自古重学业科举。历史上状元有清代严我斯、陆肯堂 2 人。明、清两代，尤其清乾隆三十八年（1773）后科第代兴，元、明、清三代出进士 25 人，明、清两代另有 75 人中举，清代出状元 2 人。科第既盛，名人尤多。民国《双林镇志》立传 360 人，其后名人更是辈出。于是，秀民笔下风雅，诚代代文风流畅，文章流传。明万历年间（1573—1620），陈所志首开编修镇志先河，且以《双林赋》传世。以降代有闻人修志，旧修新纂凡16种。前人谓“志者，记也”，镇志纳一镇地理风物、人文事绩，同时收入大量艺文著目与作品，已成洋洋大观。碑记、文存再现双林历史人文风貌。清代凌一飞原唱及诸诗人唱和的《双溪八景》和《东林十二景》、沈澜的《双溪渔唱》百首、姚文泰的《双溪棹歌》等，歌咏双林地方人文掌故。本志还选录历代楹联和当代诗词，亦足以美双林形胜，壮双林文气。

双林镇人民政府划定双林三桥及港北埭、金锁埭、虹桥口等地段面积约0.3平方千米为保护区，内有各级文物保护项目，约占全镇的40%。其中，镇区北部双林塘三桥及东岳庙、水镜寺、石漾和风光漾地块面积最大，东部虹桥片区以虹桥望月为代表景观，西部港北埭片区包括木匠埭、竹[illegible]弄为古镇整体风貌保存完整片区，中部市河片区体现传统水乡商埠和民居。

双林“自嘉庆至咸丰尤称富庶，科甲振兴，名宦名儒辈出，琏市巡检移扎其地。”[①] 2005年，入选由国家统计局公布的全国小城镇综合发展水平千强镇，名列全国第329位、浙江省第80位。2009年，入选浙江省综合实力百强乡镇，名列第68位，也是浙江省首批小城镇综合改革试点镇、首批教育强镇、湖州市十大经济强镇之一。2013年9月，申报浙江省文化强镇，经验收通过。2014年8月，申报浙江省历史文化名镇，经验收通过。已故双林籍著名书画家费新我七古诗《双绫颂》有句云：“云游四海壁间赏，必有双绫在其侧。顿起乡思及吾居，故新门户绫相结。绫飘大地镇骄傲，绫我关联岂可默。”双林镇理应骄傲，双林镇岂可默。

① 清同治《湖州府志》卷二十二。

绢绫古镇　　双林镇志办　供

基本镇情

双林镇隶属浙江省湖州市南浔区，是水乡古镇。宋南渡时聚商名东商林，俗称东林村。明永乐三年（1405），西林村兴，合东林、西林之名为双林。双林镇位于苕溪东、运河南。一塘横亘，双溪潆洄，港漾成网，为水乡平原膏沃之地，称吴绫故里、绫绢古镇，物阜民丰、人文荟萃。2005年，被国家统计局列入全国小城镇综合发展水平千强镇。

建置区划

镇名 初为濒双林塘南北岸东林、西林相邻二村。宋南渡时，东林村聚商名东商林，俗称东林，即民国《双林镇志》载:“旧名东商林，宋南渡后为聚商之所，故名。”盛产蚕丝，兴绫绢织造。元代，街开绢庄，道列绢市，西林相继渐兴。明永乐年间（1403—1424），东林衰、西林盛，始并二村改名“双林”。

沿革 先秦时地属楚菰城县，秦时改菰城县为乌程县（属会稽郡）。三国吴宝鼎元年（266），属吴兴郡乌程县。西晋太康三年（282），析乌程县东境置东迁县，属吴兴郡东迁县。隋开皇九年（589）复入乌程县，隋仁寿二年（602）属湖州乌程县。唐代形成诸村落，宋代兴盛。北宋太平兴国七年（982），乌程县析分归安县，镇境属之，在松亭乡太平里。宋南渡后为聚商，东林盛。元代为墟市，有绢庄十座，在普光桥东，每晨入市，肩相摩也，至辰刻散市。明洪武中期，由练市巡检司辖管。西林村绫绢业随兴，明永乐三年（1405）合东林、西林之名，称“双林”。清初，设双林汛。清康熙末期，巡检司移驻双林。清宣统三年（1911）六月，废巡检司，成立双林镇自治公所，驻章家弄万善庵。1912 年，合乌程、归安为吴兴县，双林镇属第四区。1914 年 2 月，改自治办公所，区设自治委员，掌办公共与慈善事业、地方学务及调解诉讼纠纷。1928 年，改镇公所，属吴兴县第六区。1939 年，县分六区，镇境属双林区。1949 年 5 月，成立吴兴县双林区人民政府，驻双林镇，辖镇和苕蓉、新罗、花桥、云溪、土山、莫蓉 6 个乡。1950 年 6 月改区公所，1956 年 4 月撤区。1958 年，成立双林人民公社，镇区为镇大队，半年后复为县属镇。1961 年，双林公社分建苕南、镇西、莫蓉、重兆、塘南 5 个公社及双林镇。1975 年，恢复双林区，辖镇和苕南、镇西、莫蓉、重兆、塘南 5 个公社。1984 年，分别改乡，镇和 5 个乡属湖州市郊区。1988 年 11 月，湖州市撤城、郊二区，市直管乡镇。同年，复设双林区，驻双林镇。1993 年，撤区改隶南浔（派出）区。2003 年，

双林镇人民政府行政大楼 金国梁 摄

成立吴兴、南浔2个行政区，改隶南浔区。

区划 历史上镇分东西南北四栅。清代，镇外乡村分镇东、镇东南、镇南、镇西南、镇西北、镇北6个区块。1912年，属吴兴县第四区，包括镇区和谢村乡。1928年，双林镇区为南、中、东北、西北4个里。1931年，里改镇，村改乡。1945年抗日战争胜利后，行保甲制，镇分十保。解放后至1999年，镇境包括镇区和苕南、镇西、莫蓉3个乡（镇），其间1993年10月苕南乡（15个村）并入，1999年10月镇西镇（18个行政村）、莫蓉乡（17个村）并入，镇辖12个居委会、50个行政村。2001年5月，镇区改设5个社区居委会。2002年4月，行政村调整为33个。至2010年年底未变。

社区 1952年春，沿用民国十保区域，组成虹桥港、章家弄、木匠埭、港北埭、竹[illegible]弄、新街、米行埭、金锁埭、下横街、上横街10个居民委员会（简称“居委会”），配合选举称“第×选区”，依次亦称“第×居委会”。1973年9月，重组虹桥、爱国路、木匠埭、港北埭、竹筠弄、新街、永庆巷、金锁路、闵家巷9个居委会（依次为第一至第九居委会）。1993年10月增设和睦新村居委会，1999年10月增设板桥新村、虹桥新村2个居委会，共12个居委会。2001年5月，在12个居委会基础上成立爱国路、新街、和睦、虹桥、板桥5个社区居委会。同时，设双林镇街道办事处，初驻塘桥弄，2010年移驻镇政府大楼。

村落 清代，镇东4个村29个村落、镇东南2个村34个村落、镇南6个村35个村落、镇西南7个村63个村落、镇西北6个村43个村落、镇北8个村70个村落，共33个村274个村落。村落多有变化。人民公社化时，成立生产大队，1980年镇境有49个大队、423个自然村，其中旮南公社14个大队（199个生产队）、156个自然村，镇西公社18个大队（158个生产队）、131个自然村，莫蓉公社17个大队（169个生产队）、136个自然村。1984年大队改村，1986年新设立镇南村，原自然村数量不变。至2002年年底，镇境有显洪、跳家塥、东双林、岂山圩、邢窑、后坝、黄泥兜、西阳、坞塍、三田漾、镇南、水产、漾滩、赵家兜、新丰兜、曹桥、周家兜、土山、千亩塥、勤裕、黄龙兜、倪家滩、雉头、吴家庄、箍桶兜、七星桥、花盘兜、儒林、花城、向阳、俞家埭、华桥、莲花兜33个行政村、558个自然村。其中，旮南片12个村、209个自然村，镇西片11个村、184个自然村，莫蓉片10个村、165个自然村。

地理、交通

地理 双林镇位于湖州市东南部，隶南浔区，处区境中心。东邻南浔镇、练市镇，南接善琏镇，西连和孚镇，西北邻旧馆镇，地理坐标介于北纬30° 42′ 55″ ~ 30° 51′ 33″，东经120° 14′ 47″ ~ 120° 22′ 01″。镇政府驻双林镇全兴路1号，距湖州30千米、南浔22千米、练市12千米、菱湖22千米、乌镇24千米、新市26千米。镇界东南至莫蓉七星村8千米，东至旮南化坛桥4千米，东北至旮南严家板桥10千米、西阳丁泾8千米，西北至旮南亭子桥5千米、镇西土山村10千米，西至镇西杨家兜，西南至石淙姚家坝，南至莫蓉八字桥、兴隆桥10千米，北至旮南三济桥10千米。方圆南北直距15.9千米、东西直距11.5千米，镇域面积99.6平方千米。至2014年年底，全镇26988户、86496人，在册人口68326人（男性33693人、女性34633人），其中农业人口55271人、居民人口13055人、外来人口18170人。

环境 镇境属水乡平原，太湖南岸典型塘浦圩田区和桑基鱼塘密集区，河道纵横，水网密布，村庄散落其间。水镇双林临水居家，出门用舟、过桥。民国《双林镇志》载，有塘七、溪四、港七、河二、漾二十四、荡四、湾八、池三、滩二、泾汇六、泉井濠各六。经数百年变迁，河道陆续开通，有大小河道 280 多条，其中过镇市级河道 8 条、区级河道 8 条，镇级河道 41 条、镇级以下河道 230 多条。荡漾遍布，水域面积 1000 平方米以上的 39 个，3 万平方米以上的大漾 10 个，最大的谢村漾约 15 万平方米。东有洪城塘，今称含山塘，自洪城渡南至化坛桥，南至含山与京杭大运河相接；南有善琏塘，西通苕、霅二水；北有荻塘，南连邢窑塘，北接濮溇港入太湖，南下 7 千米至镇北双林塘。双林塘横亘镇北，开通于唐宝历中期，西风光漾达郡城（湖州）五十四里，东石漾达乌镇三十六里。镇东石街漾水自虹桥来，镇西风光漾水自长生桥来，合称双漾，亦称双溪，长约 3.5 千米。众流交汇，大小河港与漾荡串连成网，均处于运河水系。镇境属亚热带季风气候区，四季分明，气候宜人，年均气温 15.8℃。年均无霜期 247 天，年均雨雪日 135 天，年均降水量 1157 毫米，年均相对湿度 80%。新中国成立后，最大年降雨量 1763 毫米（1993 年）、最枯年降雨量 651 毫米（1978 年），降雨主要在梅雨季节和台风过境期间。

湖嘉申航道

黄新明　摄

交通　清顺治中期，陈元等发起募筑双林至旧馆石路，历时近10年，至清顺治十六年（1659）完工。1985年，过境湖盐公路通车，镇境段18千米，新建汽车站，开通进镇公路。1987—1989年筑莫蓉至善琏公路6.3千米，1996—1997年筑双林至三济桥公路9千米（后延至新市，称三新公路）。2004年年底，实现村村通公路。2007年，

2007 年建成的申嘉湖高速公路双林段（2013 年）　　金国梁　摄

建成申嘉湖高速公路，双林段 12 千米，有一个出口，通往嘉兴、上海、湖州市区。镇境建县道公路 6 条，总长 56.36 千米。至 2010 年，建联网四级公路 53 条，总长 136.7 千米。2014 年年底，建镇级公路 189 千米。镇境通航河道 16 条，总长 319.3 千米，其中主要通航河道 8 条，总长 123.15 千米（新开航道 6.1 千米）。国家级航道长湖申航道过境段新兴港至三济桥 10 千米、湖嘉申航道过境段至五谷塘桥 12.5 千米，水运直通上海、杭州、嘉兴、苏州、湖州等地。

镇区阛阓

古镇渊源　双林镇为绫绢古镇。绫绢发祥于故镇东林村。南宋初期聚商为墟市，元代有绢庄 10 座，设肆购绢。明永乐三年（1405），东林、西林合为双林镇后，绫绢业发展驰名，有“吴丝衣天下，聚于双林”之称。明中叶，双林绫绢业繁荣，塘桥港两岸绫绢机户比邻相延数十里，至明末成为丝织绫绢大镇。入清，与南浔、菱湖成为湖州三大生丝市场，各省商贾集于新、旧绢巷收购绫绢。清末，有大小绢庄20余家，上海、苏州等地设分庄，绫绢销往福建、温州、台湾等地及日本。产品昔以包头绢纱出名，以“倪绫”著称。民国初期，四乡有绫绢织机2000余台，几乎家家养蚕缫丝、户户织绫造绢，年产240万米以上。后因战乱遭破坏，解放后逐步恢复、发展，驰名和盛销中外。

镇区布局 古代双林镇分东西南北四栅。东栅自虹桥以西迤南至北和睦兜、石墐北、谈家桥，西至闵家巷、经堂巷，北至东荡止。南栅自南和睦兜北，东至沈家巷陆府前、东庄湾，西至耕坞桥、墨浪河分界处，北至环兴桥浮霞墩止。西栅自大通桥以东，东至太平桥，南至耕坞桥，北至刘家塴止。北栅自荡口以南，南至横街，东至东荡西，西至太平桥、薛家汇止。塘北汲水港以东至东岳庙北栅。镇区老商业街（港北埭、行前埭、外庙兜、新街、米行埭及虹桥港一带）渐趋没落，大都变为居民住宅。商业门店向新开辟爱国路、和睦路、复兴路、富强路、虹凤路发展。至2014年，实际营业门店近1000户，其中专营服装类店112家、品牌连锁店70余家，与双林历史上估衣业最多的一年相近。其他依次为日用饰品、副食品、通信、电器及餐饮等其他服务行业。

街巷分布 元代，故镇东林村响渟桥与普光桥前后皆市，有砖街，砖长二尺余，坚似石，细腻如羊肝，出自邢窑。西林虹桥、化成桥两堍皆街路。元代，吴氏建巷门口（后称旧绢巷）、鱼行口、太平巷、老绢巷。明嘉靖年间（1522—1566），凌樨远以花厅改包头衣庄，称苏家巷和新弯街。明万历初期，陆珩创建陆府前街（上横街）、新街、天宁街，东兜陆矩开辟新开巷（新绢巷），陆用、陆城开辟清风巷。同时，开凿镇中心市河，辟上横街、下横街连接东西清风潭、长板桥潭。后周氏在凌家湾建双桂堂，辟周家弄，沈如霖在环兴桥创旗杆埭，沈稠开南兜通墨浪河。商业发展，衣庄、绢庄、丝绸庄、酒馆林立，相继形成“棋盘”街。上下横街和其他主要街巷铺条石、大磨石。清咸丰年间（1851—1861）浚市河时，双林镇“碧槛朱栏跨水楼，佳名赢得小苏州。灯红酒绿罗珍错，争似吴王台畔游”①，街、巷、里近60条（处）。解放后，尤其近20年，改扩建、延伸和新建主要街道20余条。至2014年年底，镇区街巷达120余条。

古镇保护区 2008年，为保护双林万元、化成、万魁三桥，另开辟新航道，长6.2千米。双林三桥及港北埭、金锁埭、虹桥口等地段面积约0.3平方千米范围内，各级文

① 民国《双林镇志》卷四《街市》，引姚文泰《双林棹歌》。

物保护项目约占全镇的 40%。其中，镇区北部，双林塘三桥及东岳庙、水镜寺、石漾和风光漾地块面积最大；东部虹桥片区，以虹桥望月为代表景观；西部港北埭片区，包括木匠埭、竹[illegible]弄，是古镇整体风貌保存完整片区；中部市河片区，体现传统水乡的商埠、民居、米行埭、金锁桥等景观蜿蜒曲折连为一体。

经济建设

经济总情 2014 年，镇国内生产总值 48.73 亿元，其中第一产业 3.08 亿元、第二产业 30.44 亿元、第三产业 15.21 亿元。镇工农业总产值 242.4 亿元，其中工业 237 亿元、农业 5.4 亿元。自营出口产品交货值 2.65 亿美元，其主要产品有绫绢、服装、不锈钢管、漆包线、磨料等。2014 年，镇财政总收入 40104 万元，财政预算收入（可支配财力）15947 万元，总支出实际执行数 15947 万元，其中一般公共服务支出 1750 万元、教育支出 6089 万元、城乡社区事务支出 3662 万元，其他支出 4446 万元。

农业结构 1950—1951 年，实行土地改革。初行互助组，1954 年春始试办初级农业生产合作社，1956 年冬实现高级社化，1958 年 10 月成立双林人民公社。1978 年后，实行生产责任制。1982 年，苕南公社党委书记沈阿鼎率先在三田漾实行包产到户责任制，周边 5 个公社先后实行家庭联产承包责任制。1998 年下半年开始第二轮承包，以土地承包期再延长 30 年为核心内容，1999 年年底核发浙江省农村集体土地承包权证。2010 年，农村家庭承包经营 16635 户、耕地 56631 亩，其中效益农业 1226 户、20177.5 亩。至 2014 年年底，实行规模经营耕地 34827 亩，同年完成农村固定资产投资 15 亿元。

农业耕作 1949 年，镇境 4 个乡粮食亩均产 200 千克，高于县平均亩产（159.5 千克）水平。1955 年，亩均产 250 千克。20 世纪 80 年代实行农村联产承包责任制后，农田耕作制向粮、油、经、饲、菜复合耕作制发展。90 年代实行“双田制”，土地由分散向应用农业先进技术发展，农户种养自主，粮食耕作以单季晚稻为主，出现免耕抛种技术。

21 世纪，土地整治，规划水田、旱地、桑园、池塘种养面积，向集约化发展。2003 年，成立吴兴区、南浔区，二区划界后，镇境耕地面积 84956 亩，其中水田 60338 亩、桑园 18824 亩、内塘 3164 亩、旱地 2630 亩。同年，早稻减至 7846 亩，晚稻 51477 亩，早稻连作双季稻基本退出。2014 年年底，耕地 86027 亩，其中水田 67776 亩、桑园 18251 亩（按现行统计口径不计内塘、旱地）。同年，种植晚稻 67776 亩、小麦 4976 亩、豆类 11086 亩、油菜 10242 亩、蔬菜 11714 亩、瓜类 1391 亩、花卉苗木 360 亩、桑园 18251 亩。亩均产晚稻 573 千克、小麦 300 千克，年产粮食 42025 吨。年产油菜 1855 吨、蚕茧 555 吨、淡水鱼 7717 吨。猪羊禽兔饲养量分别为 45971 头、39184 头、576469 羽、15570 只。

现代农业　1994 年始，良田适度规模经营，镇西黄龙兜和尚庄女性农民陈春英承包 120 亩，是湖州市 43 户百亩以上承包户之一，1998 年当选全国人大代表，2001 年承包境内苕南坞塍、镇西沈家兜、新丰兜等地 500 多亩，亩产早稻 375 ～ 400 千克、晚稻 500 多千克，以年售粮 7.5 万千克成为省售粮“状元”。至 2010 年，原“大寨田”“帮忙田”等建成标准田，实行种粮大户、果蔬生产户、专业户、农民专业合作等规模经营，有吴家庄村梨子种植协会、吴家庄村食用菌（蘑菇）专业协会、双桥水产专业合作社（现代特色渔业精品园）、天时水稻种植专业合作社、惠农粮油专业合作社、益农水果专业合作社、花卉蔬果种植园、星兴獭兔养殖场、花盘兜种兔养殖场、欣梅生态农庄、竹漾湾生态农庄、古镇科技葡萄园、绿甸园蔬菜精品园等现代农业集约体 13 个，省级农村科技示范户、基地 11 处。2014 年，农业专业合作社等增加至 36 个，有家庭农场 24 个。

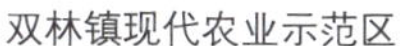

双林镇现代农业示范区　　金国梁　摄

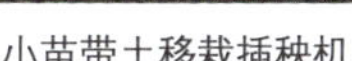

小苗带土移栽插秧机　　金国梁　摄

工业结构 解放初期，有发电、碾米等行业。除传统绫绢行业外，20 世纪 70—80 年代，有国营粮油、酿酒、压敏胶带、食品及二轻工业中塑料、仪器仪表、电瓷、制锁等行业。90 年代初，乡镇企业成为工业主体，1993 年后发展企业集团。1997—2002 年，经国有、集体企业转型改制，逐步发展为民营企业，其中规模以上工业企业 66 家、上市企业 1 家。2010 年，销售收入亿元以上企业 15 家，其中 10 亿元以上的 2 家。2014 年，销售收入亿元以上企业 18 家，其中 25 亿元以上的有“久立”和“先登”2 家。

现代工业 2005 年 1 月，成立工业功能区，规划面积 350 万平方米。2006 年获湖州市政府认定，2008 年成为市级示范工业功能区。区内主要产业有不锈钢材料及其制品、磨料磨具、新型纺织和服装等，落户企业 56 家，其中“久立”“先登”“双狮”“林昌木业”等为中国驰名商标。至 2010 年，镇境形成以大集团企业为龙头，集不锈钢管产业和有色金属加工业、传统和现代相结合纺织业、服装加工和自主服装生产、毛纺系统加工、特色磨具磨料生产、以链条为代表的机械标准件产业、建材业等为一体的特色产业体系。2010—2012 年，推进金属材料产业园、纺织服装产业园建设，拉开功能区框架，实施 58 个工业项目，其中 1000 万元以上的 44 个。“久立”年产 2 万吨输送用大口径管道及组件、“众立”年产 4000 吨石油炼化大口径不锈钢无缝钢管，开工建设。2014 年，工业总产值 237 亿元。至 2015 年年初，新开工六大工业项目总投资 9.8 亿元，其中丽象木业 3 亿元、技鸣电工 1.5 亿元、中云机械 1.5 亿元、林昌机械 1.5 亿元、新京昌电子 1.5 亿元、五兴达纺织 0.8 亿元。

传统绫绢业 双林绫绢被誉为“东方丝织工艺之花”。绫绢是绫与绢的合称，“花者为绫，素者为绢”。生产工艺独特、精湛，历史源远流长，广泛用于书画装裱、装饰工艺、工艺美术、外贸旅游等。一向注重传统工艺继承、发展，其中耿绢具有明清特色，故宫博物院选其用于古画复制，是中国服饰文化、工艺美术文化、民俗文化的重要组成部分。1994 年，“汉贡”牌花绫获第五届亚太博览会金奖，被评为浙江省优质产品。北京荣宝斋、上海朵云轩、杭州西泠印社等全国 400 多家文化书画单位都采用双林绫绢作装裱。1994 年，有纺织机 210 台，从业人员 800 余人，年产 330 多万米。2000 年 2 月，双林绫绢厂重组成立湖州丝得莉双林绫绢有限公司，2013 年 2 月更名为湖州云鹤双林绫绢有限公司。主要绫绢企业还有天工绫绢厂、双林邢窑绫绢厂、康明绫绢厂、天强绫绢工艺品有限公司、湖州双林赛英绫绢有限公司，其他绫绢厂和机户有建锋、双凤、七星、镇西、天一、神笔等。至 2014 年年底，有纺织机 350 多台，从业人员 600 人，年产 1000 万米。

特产绫绢 清初，绢市集于旧绢巷、新绢巷；清末，镇上有大小绢庄 20 余家；清至民国初，经营绫绢丝绸类门市 48 家，仅包头绢盛时销达 10 万余匹。至 20 世纪 90 年代，常年经营 30 多个品种、100 多种花色，销往全国，出口美国、德国以及东南亚各国。湖州云鹤双林绫绢有限公司在双林绫绢厂基础上重组资产，更新设备，绫绢质量不断提升，研发成功古花绫、古耿绢，如故宫专用耿绢，日本专用疙瘩绢、鬼经、斜子织，韩国专用生绢等。1994 年销量 300 万米以上，2014 年销量近 1000 万米。

商业贸易 全镇有商业网点 3570 个。1994 年 1 月，双林农副产品贸易市场开业，位于和睦新村南和睦路 73 号。1998 年年初，建双林毛纺城，是专营毛纺原料的专业性市场，位于双林莫蓉花城。2001 年 9 月，湖州浙北机电调剂市场开业，位于双林镇跳家[illegible]，占地 1 公顷。2010 年，全镇社会商品销售总额 10.3 亿元，城乡集市贸易成交额 3.1 亿元。2014 年年底，全镇有综合市场 9 个，社会商品销售总额 13.2 亿元，城乡集市贸易成交额 5 亿元。

社会事业

镇区公建 1986 年 6 月，出台《双林镇城镇总体规划》。至 1992 年，老镇区改建，新建坝桥、爱国桥、西高桥、板桥、和睦桥 5 座桥梁。1993 年，改造、新建横街、建德路、爱国路、和睦路、新街、凤凰路等街路。1993 年、1999 年，两次调整双林镇行政区划，总体规划相应调整。2002 年，修订《双林镇城镇建设总体规划》，2006 年再次修改补充。老镇区扩建成 5 平方千米，规划面积 18.6 平方千米。2003 年，开始建设生态镇。2004 年，双林大道（维多利大道）竣工，东起爱国路，西至湖盐公路，长 3800 米、宽 30 米。2005 年镇区建成区面积 4.5 平方千米，2010 年 6 平方千米，2014 年 6.5 平方千米。2014 年，建高级、次高级道路 42 千米，排污水管道 58 千米。同年年底，城镇建设基本形成“南进、北延、东扩、西联”的城乡建设格局。镇区占地 6.5 平方千米，基本实现“一城、两轴、两区”的结构。镇区有占地 0.5 公顷的公园 1 个。2014 年年底，镇区公共绿地面积 17.67 公顷，人均绿地面积 12.2 平方米，全镇绿化率 35% 以上，有省级卫生村 1 个、市级卫生村 2 个、区级卫生村 3 个。

新农村建设　2006 年，华桥村建成“新农村示范村”。2007 年，赵家兜村建成“新农村电气化村”“绿化示范村”。2004—2010 年，在“全面小康建设示范村”“新农村实验示范村”“中国魅力水乡示范村创建”等工程中，建成“千亩山特色村”和“魅力水乡”曹桥示范村。村道路硬化率 100%，通村主干道为四级公路，通自然村道路宽 3.5 米、通户道路宽 1.5 米，拆除农村所有露天茅坑，农户基本安装卫生间，逐步普及农村公共厕所。2010 年年底，全镇工业污水进入污水处理管网系统，农村 40% 以上的污水实现集中处理，建垃圾收集房 63 处，设垃圾箱 2800 多个。2014 年年底，有“美丽乡村”11 个。

新农村建设　　　　黄新明　摄

水电燃气 2004年，全镇自来水和煤气普及率达100%。2010年，铺设三济桥至儒林供水管道15千米，主管线直径800毫米。至2014年年底，有自来水厂1座，铺干线水管13千米，生产能力1.5万吨/日；污水治理工程1项，排水管道10千米，污水处理能力7000吨/月；35千伏变电站（所）3座，主变压器9台，总容量112.5兆伏安，高压输电线路5条，总长度15千米；天然气管线3千米，用户175户（工业12户、居民163户）。

有线电视 1992年10月，开通有线电视信号，年底有线电视用户2100多户。2003年，电视入户率55%。2008年，有线电视用户18418户。2010年，电视入户率96%，2014年达98%。

医疗卫生 2006年1月，双林人民医院升级为二级乙等综合性医院，系市级文明医院、省级“绿色医院”（花园式医院）和“平安医院”。同年9月15日，成立社区卫生服务中心，全镇所有村卫生室整合成21个社区卫生服务站，2009年被列入省级首批基层卫生适宜技术示范基地，为市级规范化社区卫生服务中心，2010年被评为省级规范化社区卫生服务中心。2014年，全镇21个社区卫生服务中心（站）有临时病床40张，责任医生67人，服务人口6.8万人。同年，双林人民医院有病床140张，医务人员178人，其中执业医师75人、执业助理医师10人、注册护士93人。逐步建立起新型合作医疗，2014年参加4.41万人、上缴金额1225万元，报销46.8万人次、报销金额3323万元，大病救助15人、救助金额23.12万元。2014年，人口出生率9.7‰、死亡率9.79‰。

社会保障 2000年后，社会养老保险逐年扩至农村、工业企业和个体劳动者，达到法定退休年龄后确保领取社会养老保险金。2009年始，由政府财政发放农村老年人月补助生活费，60周岁以上60元、80周岁以上90元。2011年3月起，分别调至90元、145元。2014年1月起，分别调至115元、165元。2011年10月始，城镇60周岁以上居民和现行镇区划内农村失地农民实行养老保险制度，至年底参加12028人，参保率66.3%。2014年年底，参加25671人，基本实现全覆盖。2010年，全境“五保”“三无”供养对象56人，全部实行集中供养。2010年年底，全镇残疾人员1317人，其中738人在岗就业，实施托养10人、居家安养24人，实施基本保障工程189人，发放救助金50多万元。国家抚恤、补助各类优抚对象154人，安置义务兵、士官等30人。社会福利单位1个，床位96张。2014年，全镇残疾人员1485人，其中1089人在岗就业，实施托养12人、居家安养77人，实施基本保障工程256人，发放救助金123万多元。国家抚恤、补助各类优抚对象182人，安置义务兵、士官等27人。社会福利单位1个，床位151张。至2014年，除镇区老年活动中心外，各行政村均建立村级日照中心、老年活动场所。

居民生活 2005年，城镇居民人均可支配资金15387元，农村居民人均纯收入7403元，全镇个人储蓄总余额9.16亿元。2010年，城镇居民人均可支配资金25572元，农村居民人均纯收入13566元，全镇个人储蓄总余额17.64亿元。2014年，城镇居民人均可支配资金37710元，农村居民人均纯收入22364元，全镇个人储蓄总余额32.11亿元，城镇居民人均住房面积30平方米，乡村居民人均住房面积50平方米。2012年年底，镇境农村拥有轿车3369辆，平均每个自然村有8.1辆，爱国路、板桥、和睦、虹桥4个社区4408户居民中，3557户拥有个人产权房屋，497户拥有轿车。

文化、体育、教育

文化设施 1951年8月1日始设双林镇民办文化馆，1954年改镇文化站，1987年10月与区文化站合并成立镇中心文化站。由双林籍香港同胞沈善成捐资、镇政府牵头发动各单位集资、镇政府斥资共107万元，在和睦路建设双林镇文化中心，1989年10月1日建成并投入使用，其中综合性文化活动大楼面积1875平方米。同年，镇中心文化站并入文化中心。开林图书馆（前身为1951年始设的双林镇文化馆图书室），1989年香港开林公司董事长沈善恂捐资2万元作图书基金，命名为开林图书馆，2014年藏书2.2万册，有报纸45种、期刊147种。墨河画苑，1979年1月组建，为湖州市首家集书画装裱、收藏、营销及文人墨客雅集于一体的场所。其他文化设施有双林人民剧场、双林电影院。庆苑公园，1982年10月由双林籍香港实业家沈炳麟资助建成，占地5000平方米。2012年，政府投资始建凤凰文化广场、费新我艺术馆，占地约2公顷。2013年12月21日，值双林籍著名左笔

文化广场夜景　　　　黄新明　摄

书法家费新我 110 周年诞辰之际，费新我艺术馆开馆。至 2014 年年底，全镇有文化大舞台 25 个。

地方标志文化 主要有蚕桑丝绸与绫绢文化、戏曲文化两大类。双林蚕桑丝绸与绫绢文化，发祥于宋元，兴盛于明清。戏曲文化源于水路戏班（又称“擂船班”）演剧，始于清嘉庆至道光年间，盛于晚清至民国初期，双林镇成为江南徽班、绍兴高腔班和昆戈班等地方戏班演出的著名戏码头，业余京剧票友活动随兴。同时，双林向有“农隙习武”传统，闲暇季节由老拳师带领舞棒弄枪，蔚成风气。吴家漾、莫蓉儒林、镇西土山等村都有各色武术表演队，镇上素有“丝绸帮”“武拳帮”“渔船帮”等，领军人物皆谙熟京剧武生行当。故双林观众欣赏戏剧要求高，演员台上稍有不慎，观众即刻喝倒彩，故谚有“游过三十六码头，难过双林塘桥头”之说。2006 年 12 月至 2007 年 6 月，双林典型地方民间文化——“绫绢织造技艺”先后入选南浔区、湖州市、浙江省非物质文化遗产名录，2008 年 6 月被列入国家级非物质文化遗产名录。

健身路径 2007 年，行政村、社区实施体育设施全覆盖工程，全镇 33 个行政村、5 个社区安装漫步机、扭腰机、健骑机、健腹机、太极推手机等健身路径 54 条，还有室外乒乓球桌 71 张、篮球场 22 个。至 2014 年年底，健身路径增至 75 条，有室外乒乓球桌 79 张、篮球场 48 个。

古今教育　清同治八年（1869），归安知县雷兆棠捐俸五百缗倡导，镇缙绅解囊助资，绅邑李宗莲、蔡蓉升、梁沅等11人筹办，张春镛助地，在和睦兜港西（今双林先登宿舍处）建蓉湖书院。书院费用长期由双林镇丝、米二业及儒业者捐款。清光绪二十八年（1902），诏命“书院”改“学堂”，蓉湖书院改称蓉湖二等学堂。日本侵华战争时，蓉湖书院被焚毁。至2014年年底，镇有中心幼儿园1所，托儿所2家，村幼儿班4个，标准化教学点14个。入园、入托幼儿1700多人，入园、入托率98%。小学有庆同小学、莫蓉小学、镇西小学3所，小学入学率、毕业升初中率均为100%。初中有双林第二中学、莫蓉中学2所。高中有双林中学（省二级重点中学）、双林综合高中2所。另有双林镇成人文化技术学校1所。

文化礼堂　　黄新明　摄

绫绢生产

双林绫绢发祥于故镇东林村。南宋初聚商为墟市，元代有绢庄10座，设肆购绢。东林、西林合镇后，绫绢业发展驰名，有“吴丝衣天下，聚于双林”之称。明中叶，塘桥港两岸绫绢机户比邻相延数十里，至明末成为丝织绫绢大镇。入清，与南浔、菱湖成为湖州三大生丝市场。各省商贾集于新、旧绢巷收购绫绢，产品以包头绢纱出名，以“倪绫”著称。清末，有大小绢庄20余家，清至民国初经营绫绢丝绸类门市48家，上海、苏州等地设分庄，绫绢销往福建、温州、台湾等地及日本。民国初期，四乡有绫绢织机2000余台，几乎家家养蚕缫丝、户户织绫造绢，年产240万米以上。后因战乱遭破坏，解放后恢复发展。20世纪90年代，常年经营30多个品种、100多种花色，恢复发展古花绫、古耿绢。花绫、矾绢双获1994年第五届亚太地区博览会国际金奖。双林绫绢除用于装裱书画、绘画书写及制作风筝、信封、绢扇、屏风、宫灯、锦盒等，还用作现代装饰材料。产品销往全国，出口美国、德国、日本、韩国及东南亚各国，2014年产销近1000万米。

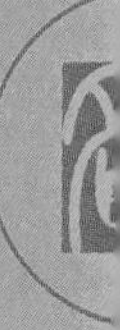

蚕桑

蚕桑生产，绫绢及其他丝绸之所赖。位于湖州东南部的双林镇亦湖桑发祥地之一。西晋末永嘉之乱后，北人南迁，山东鲁桑落户太湖之滨，逐成江南良桑。经宋代普遍使用嫁接法，元代将高杆桑改良为矮杆桑，明代以剪枝法养成拳桑，湖桑普及。明代后，嫁接、矮朴、养拳三法并用。拳桑枝叶层层而上，其受雨露遍而无遗，则叶易长大而多生，成为全国最优良桑种，各蚕区均引种湖桑。镇境农家过去向以蚕桑为乡民经济命脉，置于农副业之首。新中国成立后，显萎缩趋势。

桑种 双林传统桑苗多嫁（袋）接培育，镇境自古称栽桑为移栽、定株，即以稻草灰拌桑籽阴干，播于宽16厘米、深6厘米的长沟，次年秋长至六七十厘米分种。也有的将桑籽抹于草绳缝内，埋入肥地三四厘米，苗长移栽，纵横间2米，每亩植200 ~ 350株，交叉排列定植，用稻草灰与肥土（河泥、菱荡泥、猪羊粪肥混合而成）填底。次年清明前后接桑，低矮小株压枝，去长枝、烂条等，择条大肥粗者，剔开树皮，取家桑枝削如马耳，插入皮中，用粪土缚包，使其不漏气即成活。初桑剪秆，独留根，施肥令其发。三年后，留其秆采叶，以后逐年修剪长树条，形成拳桑，也称“鼓椎桑”。清明前后谢桑，将粪水灌于桑树四周。立夏前后采头叶、二叶，头叶连条尽剪，二叶采其条下半截，留其条为来年生叶。旧志载，桑树品种约25种，常见的有密眼青、白皮、荷叶、木竹青、黄头、扯皮、兴叶、晚青、山桑、槐头青、富阳桑、紫藤、红头、乌桑、鸡窠、望海、麻桑、鸡脚、金桑、火桑等。经嫁接称“家桑”，未嫁接称“野桑”。上述山桑、鸡脚、望海、麻桑等为野桑，其余为家桑。民国晚期至新中国成立后，双林镇境尚有少量高秆桑，系用桑梯采叶。至今均为矮脚拳桑，拳、条合理配置，一亩拳桑约3000个，有效桑条8000条以上，其中青壮桑占70%以上，及时更新15年以上老桑树，以保证平衡高产。品种有青桑、白桑、黄藤桑、鸡脚桑等大类，其中红、白皮桑，叶大肉厚，枝粗芽密，质量佳；青皮桑肉厚叶小，枝干比红、白皮桑细，但便于密植，农村乐于种植。经培育、筛选保留的桑树品种主要有早青桑、乌皮桑、尖叶火桑、桐乡青、睦州青、荷叶桑、湖桑197号、湖桑197-2号、湖桑199号、大种桑、白条桑、红皮大种、吴兴大种、团头荷叶白、湖桑32号、湖桑35号等。1990年、2000年，先后引进产量较高的新品种农桑8号、10号、12号、14号及丰田2号、盛东1号、育71-1大中华等，产叶增长60%左右。2005年始，以新技术育苗，即绿枝扦插、硬枝扦插、嫁接体育苗、全光照喷雾嫩枝扦插。

桑园 东晋、南朝时，乌程东南三十里有桑墟。桑墟即大片桑园，在今湖州东南双林、菱湖一带。明成化《湖州府志》载“属县俱有，城东有桑墟，其处尤多”，即经优化改良后的湖桑桑园。明代茅艮的《农桑谱》、沈氏的《农书》，清代费南辉的《西吴蚕略》、魏光寿的《蚕桑萃编》等地方蚕桑著作总结桑园管理经验，谓阳光和肥水充足，随时除草，防病虫害是高产的主要措施。冬至前深垦数回，草长即锄、土干即灌；农历二、五、八、十二月上肥，壅以猪羊粪肥，人粪尤宜，并以蚕沙、豆饼也佳；冬、春两季施河泥。这些措施沿用至20世纪70年代。其间50年代至60年代初，在战乱破坏基础上恢复发展，1956年桑树种植量比解放前增长25%左右。60年代，桑园间植黄豆、小麦、山薯、南瓜、白扁豆、豇豆、玉米，导致桑树衰败，面积缩小，叶量减少30%左右。1963年退出间作，改造老桑地，每亩密度从原不足200株增至500～600株，亩产“千斤叶”“百斤茧”。60年代后至80年代初，引进海宁云龙大队“一改低产桑、二改稀植桑、三改靠天桑、四改劣质桑”经验。1971年始，结合农田、鱼塘基本建设，大搞桑地平整，小块改大块，实施桑地改造计划，年前平土，年后植桑，讲究种桑质量，从而改变原地块小、零星分散、高低不平、品种混杂、产叶量低等状况。1971—1981年，以年均7%的速度推进改桑，建成一批集中成片（成带）、土地平整、能排能灌、旱涝保收、良种密植、稳产高产的桑园，同时建设一批新桑园。80年代中期至20世纪末，亩产桑叶1600～1800千克、亩桑产茧100千克以上。其间1988—1994年，莫蓉儒林石桥头村平整土地，改桑种桑28.4亩，原农户27块桑地改成5块，在湖州市最早示范试种农桑10号、12号、14号等系列品种，亩桑产茧从62.3千克增至108.7千克。2000年后，桑园面积时多时少，2014年18251亩，全年亩产桑叶1500千克、亩桑产茧24.36千克。

蚕种 明清时，镇境农家以茧形整齐、茧壳厚重者作种。清末，兴起专业制种户，以卖种为业。因其选种不同，蚕种有椭圆形茧种、圆茧种、束腰茧种之分。清光绪二十四年（1898），西湖蚕学馆创办后，开始引进西方科学养蚕来培养蚕种。1923年，江苏省立女子蚕业学校提倡改良蚕种，新法养蚕，江苏日月、宝带、秋字、五星牌蚕种传入双林地区。1941年，推广欧洲、日本蚕种与中国蚕种杂交品种，有华5、华6、华7、诸桂、治桂、华蚕1号、华蚕101号、华蚕102号等。抗日战争胜利后，又有华8、华9、华10、瀛文、瀛翰等，瀛文与华10正反交为秋蚕种，华8、华9与瀛翰正反交作春蚕种。1947年后，旧品种逐步淘汰，次年起用新种江苏日月、老虎、金猫、西瓜、金蟾、梅花等。解放后，以华8、华9与瀛翰杂交品为主，云溪与华9正反交虽产茧量高，但净度差，20世纪60年代中期停用。70年代，全面推行华合 × 东肥。1976年始，推广试养杭7× 杭8。夏秋品种从广东引入东34与省农科院603组成东34×603、东34×苏12杂交组合，以耐高温、茧丝质量优见长。至1975年夏秋，东34×603、东34×苏12基本取代老品种。80年代，春蚕开始用杭7× 杭8，1981年成当家品种。1982年，选用菁松 × 皓月、浙蕾 × 春晓、苏青 × 镇丰三对易养、高产、优质新品种，至1987年成为春蚕主要品种。夏秋种以浙农1号 × 苏12为80年代当家品种，1984年夏秋开始养薪杭 × 科明、蓝天 × 白云（又称康2× 科7），取代原浙农1号 × 苏12号。80年代末至90年代初，严重缺种，春种一度成为全年通用种。90年代，春种有菁松 × 皓月、浙蕾 × 春晓、春蕾 × 镇珠，夏秋种有薪杭 × 白云、54A× 丰10等，同时推广抗氟化物、茧产量高的春蚕品种华锋 × 雪松、雪松 × 华锋（正反交），夏蚕品种秋丰 × 白玉。1997年下半年始，原早、中、晚三期秋蚕调整为早中秋、迟中秋两期，以白玉 × 秋丰正反交为当家品种。21世纪，以秋丰 × 白玉为当家品种，占90%左右，另有少量华丰 × 雪松品种饲养。

饲蚕 收蚁起至蚕“出火”（俗以蚕第三眠为“出火”）前为小蚕。小蚕至头眠向用火升温调节，使其3天左右赶头眠，称“三日三夜赶头眠”，欲其齐，朝见眠头，蚕必佳。饲以切成丝状的嫩桑叶，薄薄铺上，叶稀即补，不致断叶。小蚕期生长快，对环境和叶质要求严格，病原抵抗力弱，寒生僵蚕、热生白肚，用温在于避免小蚕、伏桑蚕感染疾病。饲蚁蚕叶切细，初眠后稍粗，二眠后饲片叶，三眠后连枝带叶饲。布叶必须遍筐，不使蚕饥；忌太厚，否则蚕热致病。叶老嫩不匀，使蚕发育不齐，叶质过老、过嫩、不新鲜会造成小蚕体质下降，要趁清晨采摘新鲜叶饲；蚕食热叶致茧浮松，必须风吹待凉；食湿叶则溃死，雨后所采叶必以绳挂檐前吹干，或用布片夹之使干；食雾露叶则瘘死，必待雾消日出叶干时方采摘；叶染风沙，则逐片抖刷干净。饲

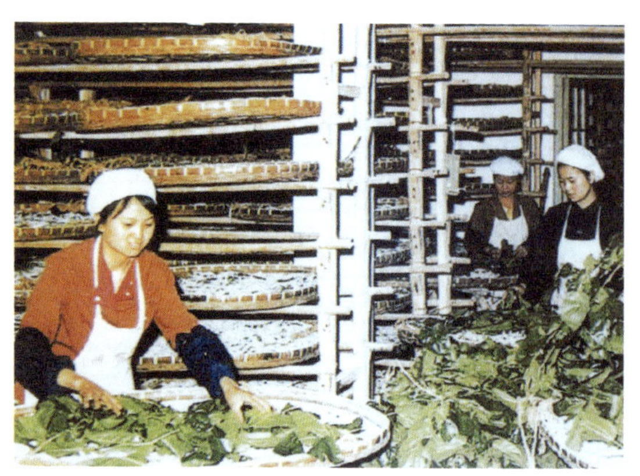

蚕娘在蚕房给蚕宝宝喂桑叶　　双林镇宣传办　供

叶一昼夜，须除去蚕沙，称为“替”。四至五龄期为大蚕，食量大、生长快、排泄多、对高温闷热抵抗力弱、呼吸量大，湖地蚕农向用良桑、饱食与下地饲养之法来饲育大蚕。对四龄蚕以一斤一匾昼夜勤饲，经常开窗通风换气。明代中叶起，蚕农对五龄蚕采用下地饲育、就地上蔟的办法，称“放地蚕”。先堵室中隙缝，再用土坯或木板拦成如筐状，铺一层稻草叶，将蚕匀散其上，给桑快速，上蔟方便。地温较室温约低1℃，既解决蚕农蚕具、劳力不足问题，又利于降温。“放地蚕”，古代湖州地区蚕农一大创造。双林镇境俗称“下地蚕”，乡村均采用此法，大眠饷食一周后放地，先铺芦帘、石灰、稻草于地，然后置蚕于其上。1988年，开始省力化养蚕。1988—1994年，双林苕南邢窑史阿毛依靠自己的力量建成5楼5底240平方米小蚕共育室，进行“小蚕一日两回育”试验，获得成功并推广。1998年，实施“一日两回育”蚕种，普及率91%。小蚕共育、小蚕公司家蚕人工饲料育、大蚕大棚育得到普遍推广。莫蓉石桥头村小蚕共育室，一直坚持共育，蚕茧产量高并节省成本，受蚕户欢迎。同年，开始推广“大蚕少回育”蚕种，普及率70.5%，有节叶、省工、增茧等优点，深受蚕农欢迎。双林镇历史上无专门育蚕。2000—2006年，从塔山蚕种场引入雄蚕杂交繁育品种秋华×平30、秋丰×平28两种，茧丝质佳，比秋丰×白玉平均张产提高3.7千克，解舒率提高3.89个百分点，干茧出丝率提高2.48个百分点，清洁度、净度分别提高0.34分和0.43分。

蚕事　民国以前，镇境蚕事包括浴种、护种（催青）、糊箉、蚕房消毒、采叶、饲蚕（从小蚕到大蚕）、头眠、二眠、出火、大眠、剔蚕、铺地、搭山棚、架草龙（蔟具）、上山（蔟）、擦火、回山（蔟）、采选茧、做丝、剥绵兜等，传统蚕事伴随蚕俗世代相沿。其中，主要有蚕室蚕具消毒、催青、收蚁、稚蚕饲育、壮蚕饲育、上蔟与山棚等。蚕室，自古重视温湿，讲究疏爽。随天气变化，随时开启窗户及添火、减火以达到所需室温。蚕室与蚕具消毒用石灰水。此法一直沿用。催青，1934年，始有蚕业指导所建立催青室。1947年，双林花桥乡和莫蓉乡花城出现催青、稚蚕共育有限责任生产合作社，有员工18

人。收蚁，民国前，蚕种转[①]后，挂在暖房内，待蚁蚕出齐，用鹅毛轻掸于蚕箔内，以谷雨为期。饷食，初切叶如丝饲蚕，三四日而眠，二眠后方以片叶饲喂，约一周或半周，候蚕脱壳，然后饷食，或视其嘴始白渐黄终至稍黑可饷食，以眠头尽起为度。如起娘不很齐，则稍迟以俟其齐，俗称“熬”。眠起始食称饷食，加倍饲叶，俚语谓“饷得起”，反是“饷不起”。食尽称“叶过”，因语忌之故。日眠，见蚕身放白、蚕身长大，旺叶后渐色黄，收身退叶，嘴尖有黑色二壳，则蚕欲眠。通过给桑量、给桑次数及温度、湿度调节眠头，使眠期齐，并控制蚕在清晨入眠，务使十日眠三眠，眠眠是日眠。若上午不见将眠之蚕，即降温使迟至次日早上就眠。现代科学可从日周律解释日眠齐的理论，蚕农实践有久远历史，并有经验记载、流传。饷食后称分量，分匾而饲。出火，眠半周后用叶片引青，如天热尤不可迟。二眠后当燥，出火则眠，齐后将眠头捉出，除去蚕沙[②]。分若干匾，用砻糠灰铺底，把蚕放入，每匾 1.5 ~ 2 千克，都可散石灰稍稍糁于上，称“供候”。旧法小蚕用火至三眠，后不用火，故名“出火”，当今已用管道通暖风。但出火其名仍相沿不改。大眠，蚕至大眠，优劣半已可定。优者眠中齐集，青条不多，蚕身均匀，其色青白。若一周后尚不眠齐，青条无数，布漆（黑斑）甚多，必须丢弃。凡出火半斤得大眠 4 斤（1 斤 =0.5 千克）为“4 斤捉”，称“捉正”；得 5 斤为“5 斤捉”，称“捉出”；不及 4 斤则称“捉入”，不算佳。铺地，大眠饷食一周后可放地，先铺芦帘、石灰、稻草于地，然后置蚕其上，称“下地蚕”“放地蚕”。双林乡村又称“开地枪”，均采用此法，一直沿用至 20 世纪 70 年代。搭山棚，选择凉燥屋，在地蚕上面离地 1.3 ~ 1.7 厘米处钉横木，靠墙壁架上木头，木头上面放竹竿，铺芦帘、草帚，称“搭山棚”，也有的制成山棚凳。上山前，将事先准备的蚕毛柴制成蚕毛帚插入蚕地铺中，或将稻草截齐，中间缚紧扭转，俗称“蚕龙”，学名“湖州把”。蚕蔟宜高，高则爽。上山（蔟），蚕将上山，色黄收身不欲食叶，且周身通明、胒节莹彻、吐丝缭绕，称“缭娘”，可撒置山棚帚上，称“上山”，即“上蔟”，双林镇境又称“上蚕”。上好蚕，蚕即吐丝半周，如白雪，谓“裹身”。一周有声，两周无声，三周凉山。回山（蔟），即摘茧、收茧。回山前一日先凉山，凉山开户去蔽，令风燥透，茧易缫丝。谷雨前后收种，过此不宜。养蚕得失，至此见分晓。谚云：“六七分为中平，十二分为上上。”昔以茧七八斤为一吊，两吊可作丝一车。解放后，建立吴兴县蚕业指导所。除充分清洗蚕室蚕具外，养蚕前用福尔

① 转，又作“战”，焐后蚕种转色。

② 蚕沙，蚕排泄物，也称蚕垃圾。

马林，或汞盐酸水，或漂白粉液喷洒消毒。1990年始，用浙农大“消特灵”消毒。1956年，双林新建催青室，负责双林区蚕种催青、保管、统购统销和发放工作。20世纪50—60年代，蚕种催青方法一直采用火缸、木炭加温，用铁皮槽置水和悬挂湿布、麻袋片进行补湿。夏秋用天然冰、机冰降温，辅以电风扇促使温度均匀。1968年，春期催青推广电热加温和电动补湿方法，夏、秋仍用机冰降温。20世纪80年代后，使用空调装置。1983年，双林建立蚕业指导所，兼蚕种催青和发放工作。1992年，镇境开始推广新型蔟具方格蔟，茧子形成后清白、质好、无柴痕。

表1

2001—2010年双林镇饲养蚕种、蚕茧及桑园面积一览表

年份	饲养蚕种张数（张）				蚕茧产量（吨）				桑园（亩）
	合计	春蚕	夏蚕	秋蚕	合计	春蚕	夏蚕	秋蚕	
2001	38489.7	16640.0	3171.0	18678.7	1559.10	782.10	102.00	675.00	18831
2002	—	—	—	—	1371.00	—	—	—	—
2003	25030.6	14464.7	122.1	10443.8	1107.90	726.20	4.10	377.80	18824
2004	26997.1	13731.5	520.7	12744.9	1183.97	706.00	18.76	459.20	18824
2005	25606.8	12992.6	293.2	12321.0	1095.10	668.60	10.80	415.70	18691
2006	28448.8	14151.0	586.4	13711.4	1269.73	706.34	20.89	542.50	18691
2007	28798.0	15826.0	266.0	12706.0	1189.24	713.00	8.87	467.37	18691
2008	20574.4	12982.9	12.5	7579.0	892.48	603.80	0.48	288.20	18542
2009	13857.1	8156.1	—	5701.0	642.78	416.10	—	226.68	18542
2010	14671.3	8283.3	59.0	6329.0	656.01	438.46	2.10	215.45	18605
2011	14623.8	85553.8	37.0	6033.0	642.86	422.02	1.30	219.54	18531
2012	14123.6	8519.6	35.0	5569.0	632.24	423.16	1.50	207.58	18251
2013	11378.0	7560.0	55.0	3763.0	551.18	384.36	1.20	165.62	18251
2014	8755.3	6510.5	—	2244.8	444.71	368.32	—	76.39	18251

说明：2002年无饲养蚕种张数和桑园数据

蚕茧 谚语云“蚕花廿四分”，系讨彩语。“蚕花”，指蚕茧收获的份额。明代，湖州东乡计算蚕花得失，据明崇祯《乌程县志》载：“大约蚕大起时将得六斤为一筐，每筐收茧一斤为一分，以十二分称中平，过则得利，不及则失利。”双林则以出火一斤得茧一斤为一分，递增至六七分为中平，十二分为上上。又有论筐算，以每出火一斤四两谓之一筐亦收茧十斤，谓之十分。故论斤者之十分，较论筐者为十二分半。还有更精确的“验眠头起娘”算法，即用10个眠头（蚕），除尽缠脚丝，投入水中，以其浮沉比例预测蚕茧丰歉，皆沉者为有十分收成，沉九为九分，依次递减。此历史经验，

被现代科学证明符合客观事实。蚕圆白为上，可缫丝。其他双宫茧（一茧二蛹）、黄绿茧、绿松茧（天然色）、棱角茧、尿晕茧、烂死茧、薄茧、软茧、香眼茧、柴印茧等须选出，唯双宫茧为上，可作粗丝，次者用于剥绵兜。黄绿茧可直接用作货丝。其他各种茧仅少量可作粗丝，或只能作绵兜。茧质过厚且粗，或头绪断续，浮沉水面，不能抽尽丝绪，可作绵兜。解放后，养蚕技术不断推进，方格蔟使上茧率大为提高。双林镇境蚕茧质量居全国平均水平之上。鲜茧舒解率约75%，舒解丝长度约650米，出丝率平均17%（其中春茧18.5%、夏秋茧15.5%）。方格蔟蚕茧上茧率95%，镇境年均上茧率91%，比全省平均水平高11.4%。20世纪60—90年代，镇境亩桑产茧100千克以上。2000年后产量下降，2001年产茧1559.1吨，2010年减至656.01吨，2014年减至444.71吨。

茧站（库） 清代以前，镇境无茧站（库）。清末至民国初，双林西高桥外建缫丝厂，厂内自建茧库备自用。抗日战争胜利后，双林俞广隆丝庄老板俞杰甫与苏州元元丝厂老板周元新合股设茧站4处，其中西荡、西高桥、莫蓉花城3处在双林镇境，另1处在乌镇毛家桥。此外，苕南丁泾也有私人茧库。1950年，菱湖丝厂老板章荣初与双林绫销庄老板俞云从联系，商讨合股开设祥和、兴新、亭子桥等4处茧站，由俞云从负责，1951年被人民政府接管。1954年始，分别委托当地土产、供销部门在所在乡集镇设茧站，镇境有双东、双西、苕南（斗姆阁）、苕北（曹公堂）、莫蓉、土山、镇西（雉头村）等处，并建立蚕茧管理机构。茧站主要用于收茧、烘茧、贮茧，以烘茧为主。收购蚕茧有严格的评茧分级定价标准，以鲜上车茧干壳量为依据，以50克鲜上车光茧茧壳烘至无水衡量得出干壳量查表定价。

缫丝

镇境蚕丝缫制，由手工缫制发展到机器缫制。手工缫制谓“湖丝”，即土丝。旧时，双林农家采用手工缫丝，双林湖丝是湖丝中最主要的组成部分之一。明末清初，湖丝以辑里丝名播京都甲天下，至清康熙年间（1662—1722）成为名牌产品。双林镇西2.5千米处的凤凰泉水深而冽，取以缫丝洁润异常，产量高，据民国《双林镇志》记载："吴丝衣天下，聚于双林，吴越闽番至于海岛，皆来市焉，五月载银而至，委积如瓦砾。"清代，双林与南浔、菱湖并列湖州三大丝市，又与菱湖、南浔及苏州府盛泽、嘉兴府濮院齐名为"江南五大丝绸名镇"。土丝再摇谓"丝经"。机器缫丝谓"厂丝"。

湖丝 明清时，按育蚕期分为头蚕丝、二蚕丝。头蚕丝，也称春蚕丝，为上，光而韧；二蚕丝为次，光而艳。按粗细分为合罗丝、串五丝、肥光丝、经纬丝、荒丝。明万历《湖州府志》记载"'合罗'专供制御服"。清中后期，丝分细丝、肥丝（粗丝）。细丝以双林、辑里为佳，辑里产量少，南浔丝商以双林细丝充之；肥丝则以双林为最著名。民国前，双林镇四乡以产肥丝著名。民国《双林镇志》载，肥丝"一名粗丝，蚕户收茧挑取白净匀圆者缫为白丝，乃以双宫、薄皮、柴痕、魇晕等茧概缫肥丝。其名不一，色白而粗者曰'白光'，色黑而粗者曰'黑光'，均配销织绉之用。条分细者销于盛泽绸机，下则为线料，盛销于嘉兴、濮院，纯用双宫缫出者曰'同功'，丝价最低。亦间有白净者曰'雪丝'，价稍昂。就肥丝出数约略计之，丰年可出五百担，歉则二三百担"。清光绪年间（1875—1908），有协源专业肥丝行开市，并收购邻近市镇所出蚕丝，会于双林，总数可达千担，清末民国初有7家商号从事此业，分别是诚昌裕、广隆、广源、昌隆、徐同和、鲍诚昌、顺和。双林肥丝质量最好者可与细丝相媲美，用双宫茧缫制而成，一直延续至今。清同治至光绪年间，肥丝用于逆向摇制辑里干经，销往上海洋

湖丝　　双林镇宣传办　供

行出口，双林肥丝向为南浔丝商所青睐。清末，双林镇有多家丝行经营丝经，并拥有商标，有“震源”“风云”“文鹿”“三益”“成记”“雪梅”6个，产量占所出口辑里丝经的近1/3。除家蚕丝，还以野蚕茧缫制野蚕丝。明清时，野蚕茧多被双林人用于制作包头纱。双林镇境历史上自产此丝，据民国《双林镇志》载：“丝色微黄，其种子寄生于桑，小暑后出头蚕，处暑后出二蚕，自生自长，而食桑。茧忌夏雾，不忌秋雾，夏日多雾成茧必少。丰收之年收茧之银可达十余万，歉则四五万耳。北乡丁泾、西阳等乡农家之缫野蚕丝称‘妙手’，亦间有仿厂丝缫法者。洋商或购茧至厂试缫，其坚韧过于白丝。”利用吐头、茧衣、次茧等，可制成紬丝。紬，绸之古称。唐代，湖州及属县镇均土产花绸，为上贡丝织品之一。紬丝今称“绢丝”。20世纪80年代，双林镇境兴办大小紬丝厂10多家，年产紬丝近千吨。

丝经 又称造经。清后期，双林乡间改良蚕丝，即将缫出湖丝再摇，整理成丝经。此工艺始于清道光年间（1821—1850），盛于清同治至光绪年间。农村蚕户自摇丝经售于经行，称“乡经”，取丝于行代为纺经得其工费称“料经”。初为顺摇，丝经通过经行售于苏州、盛泽等地机户称“苏经”，销往广东、福建广商织栲皮绸（俗称“香云纱”）称“广经”。每条经有2800根，故又名“二八经”。早期广经除供国内织造外，少量外销缅甸、印度、叙利亚等国。清同治年间（1862—1874），南浔周申昌丝号始仿日本东洋经制法，将原丝经由顺摇改为逆摇。双林各丝行亦推此法摇成“苏经”“广经”，统称“干经”。其有拍丝、摇丝、扳经3道工序。拍丝，将丝浸泡在清洁的河水中拍松；摇丝，又称掉丝，将丝在有4根柱脚的木丝框上平面绷好，绕到竹制小篗（竹管纡子）上；扳经，由小篗摇成一定规格丝片，边摇边用炭火烘干，摇时摘糙接头，粗细分片，改善爪角，剔除污劣丝。一般每片丝周长1.5米、阔度5.3厘米、定重约1千克，每5千克为1条经，每15条经为1包。丝片复摇后成绞，整理和包装近似厂丝。加工干经农户和经户或车户，平均每5千克原丝经过摇经后得经丝4.55千克。一般每5千克加工费2元左右。据民国《双林镇志》载，双林镇的俞凤韶发起阜丰乾经厂专门摇经，乡丝行有裕成、振裕、同丰祥、祥泰生等。南浔各大丝经商到镇收购，充辑里丝经，从中渔利，每年3000担，另销往杭庄约2000担。

厂丝 双林镇境机器缫丝厂始建于民国。机械缫丝，经剥茧、选茧、煮茧、缫丝、复摇、编丝、绞丝、打包、整理等工序制成蚕丝，又称“生丝”，有白厂丝和农工丝之分。白厂丝，由机器缫制，一般都用上茧（或称“统号茧”）。1924年至日本侵华战争全面爆发，双林竞新、久纶、俞兴记等丝厂生产白厂丝，纤度规格主要以 13/15 条份、16/18 条份、19/21 条份、20/22 条份为主。农工丝，一般用次茧缫制，解放后镇境生产甚少。民国时，久纶丝厂有“蜂雀”牌，俞兴记丝厂有“绿兵船”“海城”牌，竞新丝厂有“双舞女”“双麟”牌。解放后，各缫丝厂废除旧商标，按规定统一使用“红梅”“黄梅”“绿梅”牌 3 种商标。“红梅”为 A 级及 A 级以上生丝使用，“黄梅”为 B 级、C 级生丝使用，“绿梅”为 D 级及 D 级以下生丝使用。1966 年起，出口白厂丝一律用“梅花”牌，一直至今。1981 年起，细丝由“鹿”牌改为“皇后”牌。1966 年 11 月，改良土丝，定名“桑蚕农工丝”，外观似白厂丝，主要以次茧做原料。双林丝厂及双林其他乡办丝厂用全自动缫机生产白厂丝平均品位 AAA 级以上。1985 年、1986 年，双林丝厂“梅花”牌 Z/12 白厂丝分别被评为浙江省优质产品和纺织工业部优质产品。

缫丝工艺 清代以前，以八法自缫湖丝，即鲜茧生缫、冷盆低温、定粒缫丝、添绪搭头、勤换缫汤、卷绕压稳、炭盆干燥、环境清洁。双林镇境主要采用生缫法、定粒法、搭头法 3 种。以 7 粒茧缫丝为主。要求茧衣剥尽，不做下脚茧；解茧缫丝，固定茧量，严格定粒，添绪少而匀；换汤及时，汤温不超 88℃；丝篗尺寸统一，做鞘长度 10 厘米；使用移丝钩，烘力要足，丝片花纹清晰，成丝脱车，干燥捆扎。缫丝注重用水。清嘉庆年间（1796—1820），邑人高铨的《吴兴蚕书》对缫丝用水总结为一字诀“清”，称“清则丝洁白”。境内蚕农在缫丝前必将水澄清，即于半月前用大缸贮存，以待其清。并总结出“山水不如河水，止水不如流水。河水性软，成丝柔顺；流水性动，成丝光润而鲜；止水性静，成丝肥泽而绿”等水性对丝质影响的经验。双林镇西 2.5 千米处有凤凰泉，水深而冽，乡人取以缫丝，洁润异常，故谚语云：“汲得凤凰泉畔水，一堆白雪是新丝。”双林镇西雉头村和苕南西阳、丁泾、邢窑、履塔等地之水，泥沙经多处沉淀，亦水静碧澄，用于缫丝洁白莹润，较他处所缫丝可多挂两枚铜钿而不断。民国初，双林兴起机器缫丝，均选择西高桥外、风光漾南岸、大山塘西岸，以傍好水而建。《吴兴蚕书》载：“治丝精者尤重多换缫汤，时时查看汤色，微变即取三分之一，以热水添满，频频添换，谓之‘走马换’。汤色始终如一，丝色亦始终如一。”镇境机器缫丝始于民国初竞新缫丝厂，初用意大利直缫式坐缫机，后有久纶、俞兴记二厂机器缫丝。工艺流程包括手工剥茧、篰板选茧、锅煮茧、缫丝、看丝糙、称大丝、绞丝、打包、成件，以做准纤度为主。后采用日本小篗复摇式坐缫机，工艺上煮缫分业，取消打盆，煮茧锅改用煮茧机，增加复摇工艺。后用立缫机，则采用“索缫合一”工艺。1970 年，建双林丝厂，采用并庄混缫、扩大茧批、蒸汽煮茧、新薄分缫、组合缫丝、数控定粒、煮茧前触蒸处理等新工艺。新工艺使晚秋茧糙头明显减少，净度达95.5分，提高两个等级，吊糙由1.24次/分减至0.28次/分，台时产量提高20～30克。触蒸温度春茧105℃～110℃、夏秋茧100℃～105℃，触蒸时间春茧每包10～15分钟、夏秋茧每包10分钟，热平衡时间（闷茧）每包10分钟，自然平衡时间20小时以上，达到要求方可煮茧。据测试，生丝局验品由AA55提高到AAAAA级水平。20世纪80年代，全国立缫、自动缫复摇形成定茧配茧、视线巡回、索绪回定、单手分离、先理先缫以及索绪三定、少量分离、合理加茧、规律巡回、控制粒数、勤查定粒、防除故障、单手整机等操作经验，双林丝厂潘晓敏参加全国缫丝操作经验交流大会。1990年后，双林镇境内各缫丝厂应用冰乙酸、氨水双药物触蒸处理工艺，及与其配套的设施A型双筒体双包不锈钢触蒸机，提高解舒率5%～7%，取得国家专利。

缫丝设备 缫制土丝用丝车，缫制厂丝用缫丝机。有谚语云“小满动三车”（“三车”即丝车、水车、油车）。宋代以前，为木制手摇缫丝车，由丝灶、丝眼、小滑轮（竹管）、锭子、绳轮等组成，两人操作。宋代，开始出现脚踏式缫丝车，通过脚踏板传动曲柄连杆回转，仍由两人操作。明代，双林乡村丝车结构更精良，形成二绪、三绪脚踏缫丝车。每19斤茧子2天做一轴丝（约2斤）。1984年5月，在距双林镇不远的农村发现一台机身保存完好的丝车，为明代晚期定型丝车，现陈列于中国丝绸博物馆制丝厅。方床四脚，由车架、丝灶（上安缫丝锅）、烟囱三大部分组成，另有集绪、捻鞘、卷绕等26个配件，配备烘丝火盆、剥茧竹筷、索绪帚及其他工具。这种缫丝车及

立式缫丝机　　双林镇宣传办　供

工具一直沿用至20世纪60年代末，俗称“土法缫丝”。缫丝机，于清末民国初传入双林。1924年始，竞新丝厂有意大利坐缫车248台。后久纶、天宝、泰伦、俞兴记等丝厂相继引进机器缫丝，约400台。其间，有部分多条式（回转式）立缫机。解放后，初用三化车，也称半自动缫丝车，1963年停用恢复“索缫合一”，采用中式立缫机。1966年后，应用国产ZD647自动缫丝机、D101型自动缫丝机、ZD721型和日本产HR型自动缫丝机、国产D301A自动缫丝机等多种机型，操作有坐、立、自动三大类型。双林丝厂、莕南丝厂、镇西丝得莉丝厂主要以立缫机为主，部分为自动缫丝机。制丝辅助工作原先用手工操作，后包括剥茧、选茧、筛茧、打包、挂吐、汰头、煮茧、给湿、复摇等工作，大都由机械代替。

缫丝企业 1924年，双林同丰祥老板在双林西高桥外创建竞新缫丝厂，有坐缫车248部。1927年，俞仰馨和张杏林在双林创办久纶丝厂。下半年，俞仰馨又独自创办俞兴记丝厂。俞兴记丝厂月产白厂丝10余担。双林3家缫丝厂年产白厂丝500余担。至1931年，3家缫丝厂年产可达850余担。日本侵华战争爆发后，相继倒闭。1969年5月，建立双林丝厂，1970年5月16日投产，厂址位于双林镇西凌路1号墨浪河边。为中型缫丝厂，浙江省生产出口厂丝重点企业。厂区占地2.67公顷，建筑面积1.63万平方米。1990年，有职工602人，固定资产原值363.25万元，主要设备有ZD681型立缫机192台、丝织机14台、高速平缝机80台，年均产白厂丝93.20吨，其中出口63.22吨。1981年，设计、试制成功ZD101弹力式剥茧机，通过省级鉴定，在缫丝行业推广使用。1983年6月，西安电影制片厂到双林丝厂拍摄电影《水镇丝情》。1986年4月，双林丝厂被列入蚕茧经营、自收、自烘、自缫试点企业。同年被评为浙江省先进企业，1988年获纺织工业部财务价格先进集体称号，1990年获浙江省文明单位称号。20世纪80年代，乡办缫丝厂有莕南丝厂、莕南邢窑丝厂、莫蓉丝厂、镇西丝得莉丝厂等多家。其中，莕南丝厂在双林镇北渔婆桥东，1985年4月创建。总投资470万元，占地1.3公顷，有职工320人，年产白厂丝70吨。1993年，进行技术改造，引进杭纺机械厂D301自动缫丝机4组。同年，职工增至780人，生产能力150吨，产值2000万元。1994年5月，改制为顺达丝厂，隶属莕南顺达企业集团公司。1995年，有职工780人，固定资产760万元，年产白厂丝产值2000万元，创利税500万元。1995—1999年，连续5年被评为湖州市重合同、守信用单位，为国家中型二级企业和浙江省重点乡镇骨干企业。后进行资产重组。1999年5月，国有双林丝厂被湖州梅月真丝针织集团兼并，作为原料基地。2002年3月，从梅月集团划出转入中维集团直属企业，改名湖州中维双林制丝有限公司。2005 年 12 月，中维集团退股，湖州中维双林制丝有限公司成为独资企业。至 2014 年，镇境仅有中维 1 家制丝企业。

丝市 明永乐三年（1405）东林、西林合为一镇后，丝业兴旺。四五月间，乡人丝船排比而泊，前后左右十多里。区境内各乡村所产蚕丝皆鬻于双林市中，每年可成交蚕丝近万包（每包 40 千克），成为周边丝业名镇，有“吴丝衣天下，聚于双林”之称。据民国《双林镇志》载：“各省客商云集贸贩，里人贾鬻他方，四时来往不绝。”“头蚕丝市、二蚕丝市之大市，日出万金，中秋节后……谓之冷丝市，然陆续买卖可与次年新丝相接。”故有“买不尽湖丝”之称，清道光初期即率先输往上海转出口，道光二十二年（1842）五口通商后，常年外销 3000 余担。解放后，1953 年成立土丝市场统一收购，但土丝已远不及厂丝质优价廉，生意清淡，后多不存在。1956 年，设土丝收购点。

丝行 清初兴起，江宁、苏州、杭州三大织造局每年派胥吏到双林镇丝行采办蚕丝，收光、肥、细、经、纬等名目。清道光至咸丰年间，镇境较为有名的丝行有蔡兴源、陈义昌、姚天顺、俞源元、施福隆、丁震源、陈三益、凌成记、协源、诚昌裕、俞兴记、振宇、俞广隆、广源、钮裕成、鲍诚昌、同丰祥 17 家。清末民国初，有丝行 20 多家。所收购丝一半以上被南浔丝商重新收购，转充辑里丝并售予洋行。日本侵华战争时期，只剩五六家，丝业中人大都拎秤到船埠向农民收购蚕丝。解放后，国家统一收购蚕丝，只设蚕丝代购或联购店，具体由供销社负责安排。用机器生产白厂丝，由丝绸公司安排国家计划、收购、贮存、分配、出口等具体工作。

蚕丝出口 据民国《双林镇志》记载：“清道咸时，上海犹未通商，洋商居香港，已有镇人运丝往售。蔡兴源、陈义昌等皆以此起家，积资巨万。五口通商，先后有姚天顺、俞源元、施福隆、丁震源、陈三益、凌成记等丝行与之交易。选头、二号自丝运至上海，直接售于洋行有震源、凤云、三益、文鹿、成记、雪梅等丝牌。常年出口者三千余担，其后南浔、震泽经丝行销辑里丝……仅乡丝行裕成、振裕、同丰祥、祥泰生四家每年出口多则三千余担，少则二千余担。”清末，镇境年出口蚕丝多则六七千担，少则近五千担（不包括肥丝和野蚕丝）。民国初，久纶、竞新、俞兴记机器缫丝厂生产的白厂丝均以自有商标运往上海洋行转销出口。解放后，蚕丝无直接出口。荇南、塘南、莫蓉 3 家丝厂年均产厂丝 200 多吨，近一半用于出口。1980—1990 年，双林丝厂出口白厂丝 780.87 吨，1991—2000 年 100 吨，2001—2010 年 65 吨。

绫绢史略

双林绫绢轻如蝉翼、薄若晨雾，质地柔软、色泽光亮，自古有“衣被天下”的美誉，更用于装裱书画或代纸写字作画，具有装裱平挺、缩水率小、纬密均匀、不易露底、色雅耐晒等优点，对于名贵书画，艺术上使之更臻完美，被誉为“丝织工艺之花”。

源流 绫绢源自远古。据湖州城南钱山漾遗址出土的绢片测定，为4700多年前新石器时代。东汉末至三国时，吴绫与蜀锦齐名，称“吴绫蜀锦”。唐代，绫绢进入全盛，有散丝织成的纰绫和合线织成的线绫。唐时充贡，号吴绫，唐武德四年（621）乌程县置贡御服乌眼绫，湖州土贡御服乌眼绫，各县皆出。宋代，镇境以蚕桑为岁计，且兼工机织。南宋初聚商于故镇东林，纱绢有市。至元代，故镇东林普光桥东有绢庄十座，至辰刻散市。镇东织漩漾，元代沿漾本墟市，纺织家环聚其中，故名。明代，双林绫绢鼎盛。明成化初期，绫已炼染光彩，异于他处。明隆庆至万历年间，机杼之家相沿，比业巧变百出，名目甚繁，其花素皆备，唯双林里中独造，且善染色，他处制不佳，万历后双林所出杜生绢有冬生绢、夏生绢两种，又有灯绢、裱绢，绫则由散丝所织，有花有素，有帽顶绫、裱绫，为装潢画幅、造作人物所用，以东庄倪氏所织为佳，名“倪绫”。其时，双林包头绢、包头纱通行天下。清初，绫绢生产集中在双林一带，产品转向以裱绫裱绢为大宗，为裱书画、饰墙壁之用，裱绫有龙绫、云鹤绫、洋花绫，龙绫即倪氏传统名品倪绫，裱绢有三二素绢、尺八纱、尺六纱等名，清代至民国初行销各省，且出口日本。民国时期，双林绫绢以1919—1921年最盛，有半耕半织及专业户千余户，镇上有初具规模的机织及打线作坊，从业逾5000人，有木机2000多台，年产绫绢240万米以上。绫绢业后因战乱遭破坏，解放后恢复。1978年，先后开发锦绫、重花绫、古香锦及绢制艺术风筝等。1989年10月，浙江电影制片厂拍摄《双林绫绢》专题片。至20

世纪 90 年代，以传统和创新相结合，双林绫绢厂成为全国最大的自织自染专业生产绫绢厂家，有 250 多台丝织机及配套设备，分东、西两个厂区。常年生产花绫、锦绫、绵绫、矾绢、耿绢、宋锦、古香锦等 20 多个绫绢系列和各类纺、绉、绢等民用产品，除装裱书画、绘画、书写及制作风筝、信封、绢扇、屏风、宫灯、锦盒等系列工艺品外，还被用作宾馆、写字楼、居室、飞机内装饰材料。常年有云鹤、双凤、冰梅、环花、古币等近百种色泽花型，年产 300 多万米。其生产的花绫、矾绢双获 1994 年第五届亚太地区博览会国际金奖，“汉贡”被评为国家著名商标和省、部优产品。2000 年，双林绫绢厂改制重组为湖州丝得莉双林绫绢有限公司。2013 年，取老牌子和省、部优产品“云鹤”名，改名湖州云鹤双林绫绢有限公司。在原有基础上更新设备，提升质量，年产各种型号、花色绫绢仍保持在 300 多万米，同时研发古花绫、古耿绢。2014 年，产销量近 1000 万米。

织品 古代以“熟者为绫，生者为绢”，清乾隆年间（1736—1795）又谓“花者为绫，素者为绢”，花绫用木制小花栖提花机以不同工艺织成。镇境织工可用五两丝织小绢一匹。主要有绫、绢、绉纱，按其用途又织成裱绫、裱绢、包头类等，皆为热销产品。绢，有官绢、生绢，唯局绢有五色。双林包头绢、包头纱（包头绉）、包头绫最负盛名，唯双林一方人织之，均用作妇女的首饰和男子防风沙的面罩。此外有杜生绢（包括冬生绢、夏生绢两种）、襶绢，宫廷用官绢，制灯类用灯绢，制作风筝、屏风、绢扇、绢花等工艺品用矾绢，作装裱书画和墙壁用裱绢。绫，唐时称“吴绫”，充贡，史称“御服乌眼绫”，明万历《湖州府志》有记。散蚕丝所织称“纰绫”，合线所织称“线绫”，炼染柔滑，光彩炫目，优于他处。明正德至嘉靖年间，双林产绫享誉市场，嘉靖年间（1522—1566）产绫用经丝多，织制紧密，质地厚而光，在暗处用手搓稍久即生火光，俗称“油缎子”。明万历年间（1573—1620），机户巧变百出，花素纷繁，轻重兼备，尤以双林东庄倪姓独家所织倪绫为佳，上有二龙，龙睛突起有光，为极品，专供朝廷奏本封面所用。清代，机户生产裱绫为主，有龙绫、云鹤绫、洋花绫、双凤绫、纹绫、滕玖绫、喜鹊绫等名目。清同治中期，倪绫工艺由倪氏独生女梅英传播，并得以世擅其名。包头绢、纱、绫，为双林名产包头类绫绢。起初以平纹清水包头纱帕为主，称“南溪纱帕”。其品种按照花色分，有四季花、西湖景致、百子图、百寿双、蝴蝶、十二鸳鸯、福禄寿喜、八宝、龙凤、云鹤、盆景、花篮等样；按其名称分，有加长、放长、中六、真清、福清、提清、盈胶、缎本、波绢、轻长、加

阔、细粉、出灰、浆绫，还有准连、分两、清光、行脚地、改连等名。明天启年间（1621—1627），绉普遍用作包头，称“包头绉”，即包头纱。至清代，唯老妪用之，余均用素绉纱，长四五尺，包头有余，缠束发际，名目有五绉、六绉、另绉、放绉、花绉，又有阔、狭、顶客及泉绉、海绉等，清道光后杭州庄家亦多自织，然总不及双林的密实。双林人还收购野蚕茧，缫丝后用于织包头纱、包头绫。包头纱量轻质薄，举之若无，真如烟雾，极为飘逸。明代才女梁小玉有《双林包头》诗“轻霞薄雾小香罗，傍着婵鬟香更多。最爱春山缥缈上，横妆一带浅青螺”，故也称“小香罗”。解放后，双林各绫绢厂常年生产绫有龙凤、寿喜、冰梅等品种。除各类常规品种外，根据社会需要，2011 年下半年始，开发出仿古绫、板绫、金丝绫新品种。2013 年，研发成功古花绫。1985 年前，矾绢均以手工刮浆上矾，其后改用机器连续上浆新工艺制造矾绢。2013 年，研发古耿绢，有故宫专用耿绢，日本专用疙瘩绢、鬼经、斜子织，韩国专用生绢等。

织机　先民第一代原始织机为木制手工抛梭织机，俗称“手身机”，生产平纹绢，钱山漾遗址出土的 4700 多年前的织片即用原始织机手工所织。明代，农村家家织经，男耕女织，农家本务，镇境织机在不断的变革中日趋完善。唐代，从木制手工抛梭织机发展成手拉提花机（简称“花机”）、素机两种。花机，又称“花楼机”，两人操作，

绫绢织机　　金国梁　摄

一人高坐于花楼提线，楼下织工掌机织造，上下二人配合织造出花纹。素机，要靠腰部用力，又称“腰机”，一人自控自织，织出平纹织品。从唐代至宋元时期，乌眼绫及其他花色锦绫即用花楼机织造。宋元时，花楼机、腰机在织户使用实践中不断改进，至明代渐趋完善。明代，花楼机除可织提花织物外，装置走桥配件后能织高级素罗和小提花织物（今丝织商标机雏形），遂定型为小花栖提花织机。腰机经改进则发展为水平架经、两脚交换踏蹬，形同花机的小机样，也称“立织机”。明清时，用小花栖提花织机织花绫，少则 200 根花本纬线平均分在 4 个耙上，地组织为 5 枚经缎纹，花组织为 5 枚纬缎纹。一名熟练的织工从早上 6 时至午夜 12 时，一般可织绫绢 3 匹左右（旧时绫绢每匹长 13 市尺）。清初，小花栖提花织机普及于镇境农村织户，后来的新织物品种绉与绫、绢皆以此机织成。民国初，由原普遍使用手工抛梭机、手拉提花机逐步改为引进和改用纸板提花机，一机一人。抗日战争开始前，镇境引进极少量瑞士和日本等地的新式提花机、木制电力机、手拉铁木机（俗称“铁龙头提花机”）。解放后，镇西、莫蓉一带乡村机户仍使用木花机织绫绢。1958 年后，传统小花栖提花织机渐被淘汰。同年 6 月，双林绫绢厂成立，引进人力铁木丝织机 25 台，主要生产花绫，炼染仍以手工为主。1957 年，镇境有脚踏手拉织机 600 多台。后逐步采用湖州纺织机械厂生产的改进型铁木结构电力绫绢织机（称 62 式绫绢机）。1982 年，在新建厂区引进杭州纺织机械厂生产的 EK272 丝织机 25 台。至 1990 年年底，双林绫绢厂有各类丝织机 250 多台。2000 年改制后，湖州丝得莉双林绫绢有限公司逐步采用上海纺织机械厂生产的改进型绫绢织机，直至 2014 年。

附：操作原则

绫绢织机无论传统织机还是现代织机，都由开口、引纬（投梭）、打纬、卷取、送经五大步骤完成织造。具体为“三到五勤”，同时并举：勤查绫绢面，做到灯到（用灯照到撬挡、纬撬挡、螺纹挡、筘路等），眼到（及时监控头路、叉绞、糙、毛丝、夹起等），手到（常摸有无倒断头、缩行等）；勤查飞行梭子纡线容量大小，绫绢面幅，重点保持绫绢两边平挺，机前应逆时针环形巡回，机后外圈巡回阔机，内圈巡回狭机；勤清绫绢面；勤通绞，对结手势匀，移绞棒手势轻，理缠头、借头、边头，捡清毛丝、修清长结、理清糙块、分清绞头，防止移断头，叉绞路，宽急经，通绞挡及小边锤头着地；预防和经常勤检查机子运行中有无焦臭味，听梭子有无异音，梭子投梭快慢及运行状态，照综框夹头（绳），花机梁子绳，绞版及相关连接件有无松动，梭子有无松动，梭身有无发毛。根据不同要求分档选取蚕丝原料，定料后试染、浆、织、新品试样，机房环境、设备、工具清洁卫生无油污渍，干、湿、燥保持织物合适度，夏季降温、秋冬给温保暖，相对湿度 80% 以上。操作上，尤其素机，要查皮结、打梭棒、窗脚、牵头、梭子、纬密、绢面情况；花机做到织时对色、对花、揩钢筘、皮结洋元、幅面下镜面及检查轧梭保险。同时，及时、经常检修、保养织机。

工艺 主要有调温、浸泡、翻丝与扦经、摇纬、研光、制版、炼染、上浆与上矾。调温，据民国《双林镇志》载，清道光年间（1821—1850），双林绫绢织户对机房温差注意“天阴则筘下置火盆，燥则喷水，必顺天时”，人工调节温度。此前是“熟者为绫，生者为绢”，其时“花者为绫，素者为绢”，工艺技术大步提高。原料丝浸泡，清末民国初以前，原料蚕丝必经搪锅煮炼，一般以动物（猪）胰为原料自制浸泡酶，将蚕丝浸泡一段时间，以老碱温水（40℃左右）将原条丝分小、搓软，浸泡煮炼约 2 小时，再用清水浸 1 天，并在河水中清出浸泡物，可脱去丝胶。1921 年后，浸泡剂逐步用肥皂水代替动物内脏酶，大泡后逐步加热，以脱去丝胶，再蒸煮使纬线柔软。据造机、挡台、牵经绫绢工艺制造三代传承人王黄囡口述，解放前泡丝将土丝浸在 40℃左右温水中 4 ~ 5 小时，浸入前在土丝四角抹油（菜油），然后绞干、抖松。今则用温水加柔软剂 HC 乳化蜡，浸泡 1 小时左右。浸泡后把丝或织物绞干放在竹竿上抖松晾干。泡丝工艺可使蚕丝富有弹性，具有柔软、滑爽之感，使绫绢细密，可增加牢度。翻丝与扦经，把已晾干的蚕丝放在绷架上，将绷架上的绞丝卷到筒子上，以使蚕丝具有一定张力，称“翻丝”。将卷绕在筒子上的丝按绫绢品种规格区分，卷绕在牵经车大圆框上，然后退卷到经轴上供织造用，称“扦经”。其作用可使浸泡后的蚕丝张力大为增加。摇纬，需经络丝、并丝、放纡 3 道工序。古法手工络丝，先将丝放于口中，凭唇舌感觉和熟练的经验，辨别丝条粗细，分挡摇络于小长川箴，可供做经和纺纬。今络丝原理如同翻丝，即将浸泡并晾干后的蚕丝络在三元筒（箴）子上。并丝，在并丝车上将 2 根或 3 根丝并为 1 根股丝。古法放纡，蚕丝纺纬后手工将其卷绕纡箴子上，纬丝浸湿后用纺车绕于纡管。今可用纺纡车退绕丝卷，再卷绕到纡管上，以供织造之用。砑光，是绫绢生产中一道独特的工艺和工序。绫绢织造后，卷于枣木轴辊，以10米为宜，用特制石元宝来回碾轧，操作人员两脚踏石元宝两头来回三遍。从石元宝碾轧床下来后，绫绢再上批床，用刮子刮过，同时喷洒清水，稍干燥后用蘸有菜油的棉布轻抹绫绢面，再次上石元宝碾轧，称“砑光”。最后让其彻底干燥，可整理打包压紧。过去生产绫绢时因所用原料蚕丝为土丝、肥丝，粗细不匀，人工织造，紧密相对不一致，因而必经石元宝碾轧这一道工艺、工序，以使其光滑、紧密、织地均匀。今如故宫博物院等单位提出对绫绢的特殊需求，也须经石元宝碾轧工艺、工序，新取名为“扁丝绫绢”。纹制（制版），传统纹版提花机，按纹样设计制成轧孔板，以控制提花龙头上竖针运动，带动经丝升降，织成提花绫绢。今采用CAD / CAM系统，包括纹样输入、纹样与意匠及纹版处理、纹版输出三大部分，全部制纹程序可实现自动化。炼染，仍以传统方法为主，今化学助剂以冰醋酸为主，染色同时进行炼，以完全脱掉蚕丝中胶质，故染色又称炼染。上浆与上矾，传统绫只上浆，不上矾，浆料为淀粉浆，使用小竹棒将绫绢两头拉紧，以木架固定在野外地上，用排笔涂刷，绫长短以10米为宜，浆料涂好后晾晒干即可，也称“批绫”。传统绢上矾，以20米为1匹，两头用30厘米布头缝接，然后用竹棒固定拉紧，以胶矾浆料用排笔涂刷，操作时速度要快，可四人同时操作，自然晾干。1985年，双林绫绢厂与双林农具机械厂合作研制矾绢连续上浆新工艺，代替原始手工上浆。同时研制出矾绢连续上浆机（矾绢上浆专用机），获轻工业部科技进步三等奖。2012年，双林邢窑绫绢厂始以机械代替手工上矾，所产矾绢适应各种需要，但不放弃手工上矾工艺，其中最大门幅2.8米矾绢仍以手工上矾。

石元宝碾轧砑光工艺 金国梁 摄

清代以前生产的绫绢产品

金国梁 摄

绫绢传承

古代名品 倪绫与裱绫、裱绢。明万历后，以东庄倪氏所织为佳，名“倪绫”，奏本面用绫，上有二龙，唯倪姓家所织龙睛突起而光亮。清同治中期，倪绫世家唯独生一女名梅英，倪家打破“传媳不传女”的世规，授倪绫工艺秘诀，后梅英嫁入双林镇西南倪家滩（在今镇西乡）王家，全村及附近纱机山、里庄、雉头村等村织绫女工多效其法，并改进生产技艺，新设计生产纹绫、双凤绫、滕玫、喜鹊等，使倪绫得以世擅其名。裱绫、裱绢盛于明万历后，据民国《双林镇志》载：“仅本（双林）镇一处出之，行销各省，且达日本。有龙绫、云鹤绫、洋花绫、三二素绢、尺八纱、六纱诸名，染以彩色，输运各埠。业此者设分庄于上海、苏州，销路乃更发达，岁值班银约十余万元。”明代有一部日用类书《新刻天下四民便览三台万用正宗》[①]，书中罗列全国丝织品时载：“杭州绫在次，湖州绝好。”解放后，双林裱绫、裱绢独放异彩。1958年，双林绫绢厂以双林倪家滩织户为基础成立，古老绫绢再兴。至20世纪90年代，常年经营30多个品种、100多种花色。除各类常规品种外，2011年下半年始，开发仿古绫、板绫、金丝绫新品种。2013年，研发成功古花绫、古耿绢，有故宫专用耿绢，日本专用疙瘩绢、鬼经、斜子织，韩国专用生绢等。

① 现藏于日本东京大学东洋文化研究所。

当代名品 1983年、1987年，双林绫绢厂H-1926花绫、H-1925矾绢分别被评为浙江省优质产品。1994年，花绫、矾绢双获第五届亚太地区博览会国际金奖。1995年，“云鹤”牌H-1926花绫被评为省、部级优质产品；H-1925矾绢、B-6067古香锦被评为浙江省优质产品；B-6001交织锦绫获中国工艺美术百花奖产品设计二等奖；绢制艺术风筝获浙江省工艺美术四新产品二等奖；仿古绢被故宫博物院选为修复古画专用产品；传统宋锦被选为人民大会堂装饰材料，获湖州市质量金牛奖；双林绫绢注册“汉贡”商标；《湖州日报》报庆十周年出版彩色绫绢报。1997年，天工绫绢厂开发传统与高新技术相结合的仿古耿绢，用于制作中国首套真丝防伪邮票《文房四宝》；天强绫绢工艺品有限公司（简称“天强公司”）生产的织锦，用于装裱《清明上河图》，成为党和国家领导人赠送外宾礼品之一；双林邢窑绫绢厂与北京郁文斋设计装裱制作的《江山万里图》，由时任中共中央总书记、国家主席、中央军委主席江泽民题写“香港明天更美好”。1999年，双林邢窑绫绢厂研制独具特技的织品韩锦，为国内绫绢生产首创，其特点是物美价廉、美观大方，迅速占领国内一半市场份额，同年开发金丝绫、竹炭纤维交织绫绢。2000年，天强公司制作的彩色绫绢微缩报《湖州日报》，10月20日获中国国际设计和丝绸杭州西湖博览会金奖，次年7月1日出版彩色绫绢微缩《湖州日报》1000套以纪念中国共产党建党80周年。2002—2005年，天强公司先后研制高密度全显像丝织工艺画、数码喷涂绫绢

2005年中国与阿富汗建交50周年之际，天强绫绢工艺品有限公司研制绫绢小型张作为国礼，由北京邮票厂印制

天强绫绢工艺品有限公司 供

绫绢质地的绫绢工艺邮品（绫绢封）

天强绫绢工艺品有限公司 供

湖州日報

HUZHOU RIBAO

中国人民完成祖国统一大业又迈出重

中葡两国政府澳门政权交接仪式

1999年12月20日澳门回归,《湖州日报》绫绢报

天强绫绢工艺品有限公司 供

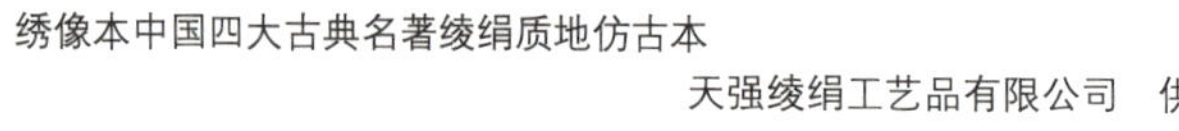
绣像本中国四大古典名著绫绢质地仿古本
天强绫绢工艺品有限公司 供

“汉贡”商标 双林绫绢厂 供

工艺画、纳米负离子远红外线绫绢工艺画、绫绢唐卡工艺画等新产品。2005 年中国与阿富汗建交 50 周年之际，天强公司研制绫绢质地的 2 万枚邮票和 20 枚丝织小型张（邮票模块尺寸 13.5 厘米 ×9.5 厘米）作为国礼，由北京邮票厂印制。2007 年，双林赛英绫绢有限公司研发手绘绫绢（耿绢）墙纸材料，满足出口和特殊客户需求。同年，双林邢窑绫绢厂开发研制纯蚕丝宋锦，为国内首创和独家生产。2008 年，湖州丝得莉双林绫绢有限公司生产的大提花祥云图案绫锦织绢用于装裱北京第 29 届奥运会、第 13 届残奥会获奖证书，次年所产的绫绢用于装裱国庆 60 周年邀请函、聘书、荣誉证书。2010 年，双林邢窑绫绢厂注册“呈祥”商标，天工绫绢厂注册“天工”商标。同年 12 月24 日，“汉贡”“云鹤”被确认为湖州云鹤双林绫绢有限公司注册商标，其中“汉贡”商标被认定为“浙江老字号”。

“汉贡”商标 1995 年，双林绫绢注册“汉贡”商标，后成为国家著名商标。2001 年 11 月，双林绫绢被中国文房四宝协会授予“国之宝”荣誉称号。2005 年 12 月，获第六届国际旅游产品博览会银奖。2007 年 6 月，双林绫绢织造技艺被列入浙江省非物质文化遗产名录。2008 年 6 月，双林绫绢织造技艺被列入第二批国家级非物质文化遗产名录。2010 年 4 月，在由中国文房四宝协会主办的第 25 届全国文房四宝艺术博览会上获金奖，同时被授予“中国十大文房名品名具”称号。同年 5 月，获浙江省经济和信息化委员会主办的第二届中国 · 浙江工艺美术精品博览会“天工艺苑杯”银奖。同年 11 月，被评为中国（浙江）非物质文化遗产博览会非物质文化遗产优秀项目。2011 年，获中国（浙江）非物质文化遗产博览会金奖。

绫绢产销

双林为绫绢及其织品的重要产区。元代，故镇东林普光桥东有10座绢庄收购机户织绢纱。明代，双林包头绢、包头绉、包头绫最负盛名，其中姚氏所产通名“姚本”最著名，倪绫为朝廷奏本封面专用，苏杭不及。清道光后，杭州、苏州庄家多半仿照绫绢，但总不及双林之密实。其中，冰纱也为双林独造，每匹不过一二两，花素皆备，且宜染色。1919—1921年为最盛期，几乎家家养蚕缫丝，户户织造绫绢。1958年，以倪家滩织户为基础成立双林绫绢厂，逐步转向机械化生产。1966年，产绫绢14.66万米，“文化大革命”期间年产量降至1.35万米。1978年起，逐渐恢复。20世纪80年代始，绫绢生产逐步放开。1990年始，涌现乡办、村办和个体机户生产绫绢，厂家多研发生产各种仿古花绫，新开发锦绫、加重花绫等产品。2014年，全镇产销近1000万米。

织户 历史上绫绢生产基本以织户为单位，以自养蚕、自缫丝、自织绫为主。明清时，近镇数村，以织绢为业，“居镇者，无蚕桑事，于炊爨、缝纫外，勤纺织，精刺绣，工裁剪，成衣服”[①]。明崇祯年间（1628—1644），镇境有机户8000多户，1.6万余人从业，以织绫、绢为主。清代，绫绢纺织遍及境内各乡村，主要集中于苕南西阳、丁泾一带，镇西纱机埇、倪家滩、雉头村、竹匠湾一带，莫蓉白华桥等地，有机户1000多户，每户少则1台，多则3～4台。1947年，镇西、莫蓉一带尚有绫绢机户2165户（包括手工木机和手工提花织机），他们分别以入股形式组成27家绫绢产销合作社。抗日战争胜利后至解放前后，绫绢业织户开始向合作生产转型。1947年，镇西、莫蓉绫绢织户组成吴兴县双林绫绢产销合作社，性质为有限责任。各合作社大小不一，分别产生理事、

① 清同治《双林记增纂》卷八。

监事、社员大会。监事、理事由社员大会产生。合作社盈利除付股息外，按四部分分配：20% 为公积金、10% 为公益金、10% 为职员酬劳金、60% 为社员分配金。入社时每股金额 1000 元（时币值），每个合作社股金份额各不相同，从 20 多股到 80 多股不等，社员 2165 人，共 27 个合作社。此外，四乡有绫绢生产散户。解放后，镇四乡有织机农户加入农业生产合作社，仅镇西乡农户就有 630 台绫绢木机加入。1978 年起，农村开始出现个体织户，生产应时锦绫、交织锦绫、宋锦、韩锦、各类仿古绢、现代应用绢等各种绫绢产品。至 2014 年年底，全镇有绫绢织户 60 多家，主要集中于镇境邢窑、漾滩、倪家滩、显洪等村。

染坊 绫绢织成后送专业皂坊、胶坊炼染。明清时，绫绢洗染皂坊集中在耕坞桥一带，"耕坞桥边涌墨流，一天砧韵动高秋"[①]，因皂坊集中把河水染黑，墨浪河成为古今一景。解放初，镇上有绫绢织户与胶坊、皂坊 13 家，俗称"红白绢坊"。大都在镇南栅钟秀坊、墨浪河南岸一带，有程金照、周德财、王阿三等绢坊，主要设备有石元宝、批床、枣木轴、刮子、搪锅、七石缸、棚架、排笔、夹板、三脚架等，还有 4 台脚踏素绢织机、10 多台手拉花机。1956 年 6 月，镇上原周德财、陆志荣、张金坤、程金照、方荣生、向敏康 6 家红白绢坊合并，改称胶坊生产合作社，为镇上加工绫绢。社址位于镇南栅钟秀坊，有手工提花绫绢机 15 台，合并后添置 4 台脚踏素绢织机，炼染加工一般每 2 ~ 3 天完成三大缸，生产绫绢 1500 ~ 2000 米，每月 1.5 万 ~ 2 万米。1957 年，镇境尚有炼染胶坊。经多年技术改造，至 2014 年有 2 家机械上胶作坊。

经销 元代，故镇东林有绢庄十座，在普光桥东，每晨入市，肩相摩也，至辰刻散市，绸绢贸易市场很大。自元至明，双溪左右延袤数十里，俗皆织绢，于是四方之商贾咸集以贸易。明万历后，东林、西林均设庄收购，形成专业性市场绢巷。文人以诗描绘："侵晓衣冠上绢庄，满街灯火似黄昏。"明代，双林所出包头绢、包头纱，只有双林及近村乡人制作，销往福建等地，沿海舟人用于裹头，盛时销至 10 余万匹。以双林姚氏所织最著名，通名姚本。姚氏即双林姚佥事，专擅包头业，侨寓吴门，与四方巨商交易，盛时销量达 10 万匹。姚文泰的《双溪棹歌》描写当时盛况："吴舲越舶纷来到，姚本风行遍四方。"清初，有姚仲选继承包头业，又称"仲选本"，有姚氏诗："吾家本绢称加重，庇得人间儿女寒。"清初，裱绫、裱绢行销各省，且出口至日本，在上海、苏

① 姚文泰《双溪棹歌》。

州等地设分庄，销路广。清末，双林镇上有黄鸣昌、徐同和等人所开大小绢庄 20 余家，主要集散地有老绢巷和新绢巷，徐臣镛等客商则直接对海外经营绫绢。民国后期，双林镇尚有丝绢庄 9 家。解放初，镇上专营绫绢店有益农、经纶、泰丰、峰纶 4 家。1956 年 5 月后，绫绢产供销纳入国家计划。1978 年 9 月后，双林绫绢厂所产“云鹤”花绫开始出口新加坡、美国等国家，次年产销量达 106.58 万米。1985 年，全镇产销 204.61 万米。1990 年始，随乡办、村办、个体织户涌现，产销各自为政，导致利润低，质量下降。此时，天工绫绢厂则以优质取胜，异军突起，年产各类绫绢 120 万米，几近原双林绫绢厂年产量。2008 年，湖州丝得莉双林绫绢有限公司（2013 年更名为湖州云鹤双林绫绢有限公司）生产大提花祥云图案绫锦织绢，得到国际奥委会和北京奥委会认可，用于装裱第 29 届北京奥运会、第 13 届残奥会获奖证书。经过多年竞争，优胜劣汰，湖州双林云鹤绫绢有限公司生产绫绢以品种、规格多样，品质优良，价格合理而保持着一定优势，受到客户重视。同时，还接受客户特殊绫绢生产要求。双林邢窑绫绢厂以开发传统仿古绫绢新品种为主，适应各方需求。至 2014 年，产品畅销全国 31 个省、自治区、直辖市及香港、台湾等地 400 多家文化事业和工艺美术单位，出口美国、日本、韩国及东南亚各国，全镇销量近 1000 万米。

绫绢企业

1958 年，成立双林绫绢厂，古老绫绢重放光彩。1978 年后，乡办、村办绫绢厂和个体织户相继诞生。漾东、莫蓉七星和镇西 3 家绫绢厂为双林绫绢厂加工生产绫绢。1999 年，双林绫绢厂破产被收购，此后纷纷出现私营绫绢企业。至 2014 年年底，镇境有绫绢生产企业 12 家，包括散户在内，共有各类丝织机 250 多台。

双林绫绢厂 前身为双林镇绫绢胶坊合作社，1956 年 6 月由 13 家原织户和胶坊等组成，择址于钟秀坊。1958 年建厂，首任厂长相敏康，织工以倪家滩织户为基础，厂

双林绫绢厂，厂名由著名书法家沙孟海题写　　金国梁　摄

址迁至虹桥港西三姓里。初有铁木丝织机25台，职工74人，主要生产花绫，手工染色，年产约2万米，产值2.6万元，利润3000元，形成织造炼染一条龙生产。次年8月并入双林棉毛织造厂，1961年7月更名双林绫绢厂，隶属吴兴县手工业联社。1979年，生产绫绢106.58万米，首次突破百万米大关。1979年，时任国家计委副主任顾秀莲到厂考察，市贷款（贴息）50万元，投资扩建100台织机项目，并开发西厂房。1982年，新建厂区，添置ZK272杭纺机25台，拥有织机165台，年产绫绢189万米。1985年，矾绢连续上浆新工艺和机制矾绢研制成功，从此结束手工上浆历史。1986年，全厂有职工664人，固定资产价值600万元，生产绫绢及各类丝织品250万米，年产值609万元，创利润132万元。1988年，生产绫绢196.75万米。1989年3月，划归湖州市丝绸公司领导管理。1990年，生产绫绢170.6万米，总产值1878.1万元，实现利税79万元。同年，有职工688人，固定资产500万元，有国产全铁丝织机222台及配套设备，淘汰手工织机和手工炼染工序、工艺。1993年，被列为国家中型企业和中国文房四宝协会理事单位。1994年，生产绫绢300万米。此后，产品以传统和创新相结合，常年有绫、绢、锦、纺、装裱绸等类，绢制艺术风筝、宫灯、锦盒等系列30个品种、近百种色泽花型，双林绫绢厂成为全国最大的自织自染绫绢专业生产厂之一，产品屡获省级和国家级大奖。湖州籍著名书法家费新我题赞："为书画增光生辉""为中国装裱工艺争光"。1995年，注册"汉贡"商标，后成为国家著名商标，并被认定为"浙江老字号"。经发展壮大后，拥有250多台丝织机及配套设备，形成绫绢及其他丝织品、炼染、上矾、托裱一条龙生产体系，自有资产1900多万元，分东、西两个厂区，占地约1.87公顷，建筑面积约15460平方米。1999年，破产。

湖州云鹤双林绫绢有限公司 位于双林镇和睦新村。2000 年 2 月，由郑小华、吴建等与原双林绫绢厂熟悉绫绢生产的技术骨干筹集资金收购双林绫绢厂，在原西厂房组建湖州丝得莉双林绫绢有限公司。公司占地 5500 平方米，建筑面积 6300 平方米，有职工 50 多人，丝织机 50 台及配套设备，年可产各种型号、花色品种绫绢近 300 万米，产品畅销全国 30 多个省、市、自治区，400 多家文化书画、工艺美术单位，远销日本、韩国、英国等国家。郑小华、吴建等人旨在发展和继承绫绢织造传统工艺，在双林绫绢厂基础上，走访老艺人、老工人，询问传统绫绢手工工艺的操作过程和技巧，探访全国各大博物馆（院）和文化单位，听取宝贵意见，从而开设原始手工坊，使濒临灭绝的原始手工工艺重放光彩。作坊经常对外展示和演示，成为双林绫绢传统工艺、传统文化的宣传窗口。2009 年，为中华人民共和国国庆 60 周年制作绫绢聘书、荣誉证书；与中国书法家协会、中共中央党校出版社、中共北京市宣武区委员会共同策划《学习科学发展观——百位书法名家手书集》一书；配合北京大唐万邦复制技术发展有限公司，首次以书法艺术为载体展示绫绢产品和工艺。2013 年 2 月，公司取老牌绫织品名和商标名“云鹤”更现名。截至 2014 年，有各类丝织机 50 多台。

天工绫绢厂 前身为天工绫绢制造有限公司，位于双林富强路西南侧。独资私人企业，厂主庄积强。1991 年，以两三万元、6 台铁木织机起家，次年注册“天工”商标。以 24.5 号钢扣、30 梭纬密及 20/22 和 27/29 双经、双纬织造绫绢，产品质量优秀，受客户欢迎。1997 年，有杭机、上纺 K74 全铁织机和铁木织机 60 多台，职工 85 人，年产销量约 120 万米。主要产品有花绫、锦绫、耿绢、矾绢等。附有托裱车间、裱画车间。产品销往荣宝斋、朵云轩、西泠印社及日本、韩国、新加坡等国家和中国台湾等地区。1997 年 7 月，成功开发精制仿古耿绢，为邮电部发行中国首套真丝防伪邮票《文房四宝》提供原材料。

双林邢窑绫绢厂 位于双林苕南邢窑蔡家堰。厂主谢雪祥，1986 年 3 月进入双林绫绢厂学艺，后因双林绫绢厂裁员离厂，1995 年 7 月与妻子张惠芳创办双林邢窑绫绢厂。初仅有 4 台织机维持生计。1997 年香港回归，《江山万里图》（时任中共中央总书记、国家主席、中央军委主席江泽民题写“香港明天更美好”）由双林邢窑绫绢厂提供装裱材料，并由北京郁文斋设计装裱制作完成。1999 年 6 月，从韩国锦绫中吸取技艺，研制成功韩锦，独具特点，为国内首创，且装裱材料物美价廉，迅速占领国内近一半市场份额。同时，在传统绫绢品种基础上开发出许多仿古绫绢，适应市场需要。2004 年，双林

双林邢窑绫绢厂　　　邢窑绫绢厂　供

邢窑绫绢厂注册“呈祥”牌绫绢商标。2005年，研制高科技数码绫绢，用于精度打印、复印等。2006—2007年，投入技术、设备，成功开发独家生产蚕丝宋锦，产品性能和质量均达到一定水平。2010年，拥有85台织机，每天可织各种绫绢近8000米，有花绫、锦绫、金丝绫、宋锦、矾绢、耿绢等八大系列产品，300多个品种。主要产品占总产量的比例，韩锦35%、绢30%、花绫20%、宋锦5%、其他特殊品种5%，以及绫绢宣纸结合深加工产品5%。产品销往中国香港、澳门、台湾地区和日本、韩国、美国、新加坡、马来西亚等国家。

康明绫绢厂　系绫绢上胶矾专业厂，位于双林木匠埭。厂主周康明，生于绫绢世家。1964年，祖父在双林绫绢厂退休，周康明顶班进厂。主要学习绫绢炼染后处理技术，当过织机机修工，多次进浙江丝绸工学院学习丝织技艺。1978年，参与双林绫绢新品开发，后开发锦绫、古香锦获全国工艺美术“百花奖”。又帮乡办绫绢厂开发宋、元仿古绢。1985年，完成“矾绢连续上浆新工艺”项目，个人获省轻工业局授予的科学技术进步奖。1999年，双林绫绢厂破产。市场对绫绢仍处于高需求状态，而矾绢最后一道工序无人问津。2001年，周康明自己研发矾绢加工。2003年，周康明之子周树盛参与，成为第四代绫绢工艺传承人。至2010年年底，拥有机械连续上胶矾机1台，属自研、自制，结合丝织机、丝织物烘干机、连续传动输送、卷轴等机械特点研发而成。机长约7米、宽2.5米、高1.3米，集织机、涂层机械、烘干机为一体，能完全替代原来绫绢手工上胶矾工序、工艺。生产功效为100～150米/小时，适应绫绢各种规格门幅，为双林近20家大小绫绢厂家服务。

天强绫绢工艺品有限公司　位于双林镇爱国路中段西侧。1999年创办，厂主莫建强，系民营绫绢工艺品织造企业。1976年，莫建强进入双林绫绢厂工作。1988年，参与双林镇西乡竹漾湾村发现小花楼提花织机修复和装造全过程。1992年1月12日，赴中国丝绸博物馆表演小花楼提花绫绢织机操作流程。双林绫绢厂破产前，担任最后一任生产厂长。随后，以精湛手艺仿制古代小花楼提花绫绢织机2台、按1∶4缩小织机2台及古代立织机，分别被杭州·中国丝绸博物馆和湖州市博物馆收藏。天强绫绢工艺品有限公司把传统绫绢生产和现代高科技相结合，年产各种绫绢40万米、工艺画3万余幅、锦盒6万个，还有大量各类绫绢工艺画、绫绢报、绫绢封、绫绢风筝、屏风及装裱字画。为《清明上河图》提供装裱材料织锦，成为党和国家领导人赠送外宾礼品之一。制作的彩色绫绢微缩报，获2000年西湖博览会金奖。莫建强因具仿古绫绢生产独特技术，被中国丝绸博物馆聘为"古代丝绸文化复制研究"课题组成员，负责装造部分。2002年，与浙江理工大学李加林教授合作"高密度全显像丝织工艺画"项目，被列为省高新技术改造项目。2003年，"数码喷绘绫绢工艺画"被列为省工艺新产品试制项目。2005年，"纳米负离子远红外线绫绢工艺画"项目被列入省新产品试制计划。2005年中国与阿富汗建交50周年之际，成功研制绫绢质地的2万枚邮票和20枚丝织小型张（邮票模块尺寸13.5厘米 ×9.5厘米）作为国礼，由北京邮票厂印制。2006年，申报乙烯—醋酸乙烯酯（EVA）热熔胶绫绢涂膜工艺技术创新项目。2008年，生产绫绢唐卡工艺画，使古老绫绢与唐卡和现代高新技术相结合，继承和发扬绫绢文化与藏传佛教文化。

湖州双林赛英绫绢有限公司 位于双林镇塘北路东段。2006年创办，投资近100万元，有20台织机，职工30多人，月产绫绢约1万米，产品销往全国30多个文化单位。公司负责人田英浩，1955年生，从小随母（时为会计）在双林绫绢厂长大，1976年进厂工作，先后担任挡台工、厂部供应科成员、销售经营科销售员，后任经营厂长。2007年，以绫绢传统工艺和现代高科技手段，研发成功手绘真丝（耿绢）墙纸材料，全部出口英国。公司绫绢产品除满足一般客户需求外，均作手绘真丝墙纸用料，产品由专业拓裱师、专业花样师、专业手绘师共同完成，月产3000平方米，满足特殊客户需要。

其他绫绢生产企业 双林还有许多绫绢织造厂，如徐建中的建锋绫绢厂（除织造绫绢外主营锦盒生产、托裱材料及托裱生产）、韩新方的双凤绫绢厂、莫蓉的七星绫绢厂、莫志方的镇西绫绢厂（主产交织双色绫绢）、吴一成的天一绫绢厂、谢国华的神笔绫绢厂等。绫绢炼染业，双林绫绢厂 1999 年破产前，所产绫绢均为自产、自炼、自染，工艺与其他蚕丝织品炼染相同，只是配方稍异。现大都在含山和善琏的炼染厂染色。

其他丝织

清代后期，受双林汪氏在江苏吴江盛泽织绸业影响，钮稚云父亲钮氏在双林沈家桥南改丝绢庄为丝绸厂打线织绸，置办手工抛梭织绸机 10 台。以四开间三进深为厂房和店面营业房，房西路弄为打线处（现仍称打线弄，厂房营业房至今还基本保持原貌）。钮氏一方面合股投资缫丝厂，另一方面经营绫绢、丝业，同时主要生产线绸绉和改良绸。民国初，钮氏传至钮稚云经营，改名“日新盛”。在万奎桥北，由顾氏改黄浆坊为绸厂，称艺伦绸厂。另有陈元林开设协成新绸厂，尝试改手工抛梭织绸机为电动丝织机，由于规模小、资金短缺等原因，在抗日战争开始前关闭，转为单纯性经营丝绸、绫绢商业号。自抗日战争开始至解放前，双林丝织业除绫绢生产外，只有极少数绫绢织户生产少量其他丝织品。1958 年，成立双林绫绢厂，除主要生产绫绢外，还生产交织绸和其他真丝产品。1978 年后，乡办绸厂兴起。同年 8 月，建立苕南丝织厂。后相继建立显洪丝织厂、双林绸厂等，主要生产纯桑蚕丝织物，同时开发棉、麻、涤等交织绸，增宽绸缎门幅，加重绸缎分量，提高产品加工深度。除绫绢以外的丝绸织品，按原料分，真丝（桑蚕丝）类有绉、纺、葛、缎、纱、罗等 50 余个品种，厂丝与人造丝交织为改良绸，真丝与人造丝交织物有绉、葛、缎、纱、白锦等品种，真丝与毛线交织物有毛葛，真丝与棉纱交织物有线毛葛，以及仿真丝闪光缎（双林绸厂独家生产），还有䌷丝织物（俗称“绢丝”）。双林可生产全真丝泼画绸、砂洗绸、印花绸、纯白纺绸等。丝绸产品有 11556 打字纺、20158 特丽纶、电力纺、12103 双绉、多花色提花绉（其中珠光绉为最有名之新品）、重绉、留香绉、绵地绉、斜纹绸、素绉缎、芦山纱、东风纱、织锦缎、桑波缎以及真丝与交织被面。

绉纱类 古代称“縠”，后因盛产于湖州境，故称“湖绉”。织绉须先取经丝，左捩右捩打线为纬，然后左右相比织造，使织品表面呈现分布均匀，像粟一样细小颗粒状的绉纹，故名，民间俗称“绉纱”。织时经纬都用生丝，经丝必须经过淀粉上浆，纬丝加捻，用一个方向将加捻纬丝织入。经炼后起皱纹称“花绉”，纬丝左捻右捻交织称“鸡皮绉”，纬丝强捻炼后起皱称“顺行绉”。还有先炼后织，细丝为经、捻丝为纬，一梭松一梭紧相隔排列织成，称“绒绉”。绉纱起于明代，亦有花有素，而素绉纱大行于市。双林境所出包头绉（包头纱）是绉纱的一种。明成化《湖州府志》记载，“起于天启年间”，“唯双林一方织之”，以双林姚氏所织最著名，故通名“姚本”。清康熙年间（1662—1722），“绉纱手巾雅俗共赏”，“棋布手巾花纹如棋局，用青、白萱、绵间合而成”，通行甚广，质量日益精良，上贡清朝廷。清光绪二十四年（1898），卫杰的《蚕桑萃编》和魏光寿的《织政》中记：绉品“面宽一尺六寸，顶足者用二千八百头，轻者用二千头”；而经丝密度每厘米当为 37.5 ~ 52.5 根；品种有阔宫、狭宫、顶宫、上重、小重、泉绉、线绉、海绉、西庄，另有五绉、六绉、放绉、花绉等许多名目，生产这些产品，蚕丝须加捻打线，至今双林还有“打线弄”之名。民国时，绉纱有 34 个品种，大多出口。电力织机出现后，用土丝和厂丝交织碧绉、素绉、中央绉、地子绉、文华绉、湘妃绉、金银丝绉、飞马绉、大地绉、水浪绉等；用厂丝与人造丝交织西贡绉、雀屏绉、锦地绉，还有香云纱、拷皮绉等。20 世纪 60—90 年代，双林绫绢厂与乡村办绸厂生产新品种牡丹绉、葛林绉、双绉、重绉、冠乐绉、斜条皱、珠光绉、留香绉、新星绉、桑花绉、花绫绉、桑爽绉、桑乔绉、时春绉、争春绉、泰山绉等。

缂丝与丝绣 缂丝织时以小梭织纬，在平纹织机上根据纹样多次中断以变换色丝，成品只露纬丝不露经丝，不同色块间不相连接，留下空隙，形成“破口”，图案呈现出如同镂刻般效果。由于缂丝图案相对较小，最初宫廷中只用书画包首、装裱。双林缂丝产品除织图外，另在周边绣上配饰图案，以适应朝廷做服饰之用。双林缂丝技艺，其时与绫、绢等其他丝织品一样发展。其中，双林沈家桥北谢姓人家，以纯金银线、孔雀羽线等名贵材料交汇缂织，再配以部分手工刺绣，使织物雍容华贵，巧夺天工，光彩夺目，永不褪色。明成化年间（1465—1487），由锦衣卫正千户陆壬负责在双林境内织造宫廷所需缂丝、绣料、绫绢 3 种织物，并在东兜头陆宪府建绣衣坊 1 座，1970 年前后，其石坊柱石尚在。双林所产缂丝逐步成为皇室专用品，工匠采用两股不同色线捻合一起，达到晕色效果，并通过捻度强弱控制晕色程度，成为双林缂丝独特用线工艺，其特点是厚重、挺括，表面显现螺纹挡纹路。用双林绰丝制作宫廷服饰和其他制品有手感细滑等特点。明末清初，宫中所需绰丝织物除南京、苏州两地织造局贡给外，还在宫中专设绰丝匠作专事御用绰丝织物。清道光后，江南一带绰丝生产日渐衰落，甚至无人从业，双林谢氏即在这一时期没落，甚至连名号都被遗忘。

附：丝织十字经

在长期丝织生产实践中，积累、总结出丝织生产“挑、试、洁、燥、温、艺、操、保、革、检”十字操作经验。“挑”，丝织原料挑剔、分档、排队。根据不同庄口批号、牌号合理安排，分品种使用。“试”，丝织原料试染、试浆、试织及新品种试样。凡新原料和新品种在使用前，必须经过试验，分析性能，总结先进测试操作法。“洁”，车间环境、机械设备以及使用工具清洁卫生。彻底消灭油污渍，减少机械故障率。“燥”，原料和半成品防潮保燥。使原料经常保持标准含潮率，防止原料受潮伸长率过大而造成绸面宽急经、宽急纡、急梭等病疵。“温”，车间温湿度适宜，夏季降温秋冬给湿保暖。保持人丝相对湿度60% ~ 70%；白厂丝80% ~ 90%；交织品在75%左右。“艺”，严密完善的工艺规程、工艺卡。科学管理，减少任意变更工艺而引起生产损失。“操”，及时总结推广先进操作方法。素机“一联七查”，即提前10 ~ 15分钟上岗联系当班生产；查皮结、打梭棒、窗脚、牵手、梭子、纬密、经面。花机“一联、二对、三揩、四查”，即联系当班生产；对色对花；揩钢筘、皮结洋元及幅下镜面；查经面、绸面、轴头和轧梭保险。“保”，机械设备保全保养，保证机台正常运转。经常检修与突击检修。全面保养与重点保养，专业保养与群众保养相结合。“革”，围绕生产关键，革新工艺，改进设备和操作，推广新技术与先进装置。“检”，对原料、半成品和成品进行全面质量检查，开展一条龙服务，道道工序把住质量关，创优质名牌产品。

丝织企业 清末民国初，双林钮氏以丝绢庄改办铁木机生产丝绸。20世纪70年代末，双林始有专业生产真丝绸厂家。首家苕南丝织厂，1978年8月创办，位于双林急水港西，占地8000平方米，有职工450人，K74织机100台，主要生产真丝绸及化纤织物，至1989年成为湖州市丝绸系统17家计划定点乡镇绸厂之一。1992年，引进咸阳丝织机50台、杭纺机ZK272型丝织机50台，改进技术，主产真丝产品，年产值3200万元，创利税500万元。1994年5月，改名顺达绸厂，为国家中型二级企业和浙江省重点乡镇骨干企业，湖州市丝绸公司定点企业。1999年，实行资产重组。20世纪80年代，开办荐南第二丝织厂、里洋绸厂、邢窑绸厂等较有规模的丝织厂，但因蚕丝原料紧缺、价格上涨等因素，相继转产或倒闭。

湖州恒宇绸厂，1999年创办，厂主曹阿江，厂址位于双林镇东。2008年，有职工230人，咸阳织机120台，年产真丝织品160万米，产值7000万～8000万元，产品60%以外贸公司订单出口，40%内销。2010年，迁址至三（济桥）新（市）公路四号桥南堍。2014年，规模缩小一半。

永丰丝织厂，前身显洪村显洪丝织厂，1987年创办，2008年迁双林外环路9号，厂主丁永坤，占地约7000平方米，有咸阳产丝织机（618型）50台，年产真丝织品40万米，产值约800万元，年耗蚕丝30吨左右。2010年，有职工50人，产品以乔其和素绉缎系列产品为主，40%通过外贸公司订单出口，60%内销。2013年，有剑杆织机8台，年产量17万米。

湖州东博丝织有限公司，1996年成立，又名镇东绸厂，位于双林镇建德东路198号-1，厂主沈连方投资15万元在原里洋绸厂基础上投产，主产真丝织物，根据外贸订单制订生产计划。2010年，企业占地约4000平方米，有职工120人，其中高级技术人员2名、中初级技术人员近20名。总资产3000万元，有咸阳织机80台，年产值3200万元，年产100万米，平均年耗蚕丝100吨。主产全真丝素绉缎、双乔绉、乔其纱等，95%出口。2014年，总资产5000万元，有职工80人，剑杆织机25台，年产120万米，年产值6000万元。

湖州东博丝织有限公司车间　　金国梁　摄

环球唐人丝业有限公司，2000年5月，湖州环球集团收购菖南第二丝织厂建立，2004年7月曾改名环球丝绸有限公司，位于原菖南丝织厂旧址，业主陶荣勤。2014年，有职工70人，其中中级技术人员4名。有咸阳织机70余台，年产各类真丝绸、双乔绉、建宏绉达80万米，产值2200万元。产品主要用于外贸出口，年用蚕丝80吨。

宏发绸厂，2002年创办，位于三（济桥）新（市）公路四号桥南堍东侧，厂主张发根。有织机20台，年产值500万元，月产真丝胚布2万～3万米，主要以乔其系列为主。有职工人25人，产品销路随市场需要而定，既外销又内销。2014年，生产经营规模不变情况下产值增加。

湖州华琴丝绸纺织有限公司，2003年创办，位于菖南三田漾三济桥南堍，厂主为吴兴区织里镇轧村人孙培根、孙月琴。厂区占地15000平方米，初有100台咸阳丝织机，先后改成剑杆织机。至2010年，有职工130人，年产各类丝织品130万米，产值2000万～5500万元。产品95%出口。2014年，有固定资产3000万元，剑杆织机20台、咸阳丝织机12台，职工80人，年产各类丝织品200万米，年产值9000万元。

钱力丝织厂，2005年投资25万元创办，位于双林跳家塘村笑园，厂主徐国民。有职工70余人，咸阳丝织机150台，以提花桑波缎系列真丝产品为主，乔其系列真丝产品为辅，平均年耗蚕丝200吨，年产300万米，总产值6000万元，95%以上产品通过外贸出口。2014年，有织机72台，其中剑杆织机22台、咸阳丝织机50台，年产量70万米，年耗蚕丝25吨，产值3000万元。

截至2014年，镇境除绫绢以外有真丝织品厂家近15家，家庭织户近100家。

湖州华琴丝绸纺织有限公司　　金国梁　摄

蚕丝绫绢文化

1958 年，在湖州城南 7 千米钱山漾东岸钱山漾遗址出土大量丝织品，如绢片、细丝带、丝线及麻布片、麻绳等。据测定距今 4700 多年，是迄今发现最古老的丝织物之一，为湖州先民利用茧丝资源和驯化桑蚕为家蚕有更加久远的历史提供物证，有力地说明湖州是中国最古老的蚕桑丝绸发源地之一，也是最古老的蚕桑丝绸文化发源地之一，以至明中叶成为“丝绸之府”，举世瞩目。双林古镇位于湖州东南部，西距钱山漾遗址仅 25 千米，究其镇境蚕桑绫绢丝绸发祥、发展历史，以至今日以绫绢独擅其名，其文化渊源是湖州蚕桑丝绸文化的重要组成部分。双林蚕丝绫绢文化与双林古镇蚕丝、绫绢、丝绸的发祥、发展一脉相承，在种桑养蚕、缫丝纺织、织造绫绢等生产活动中形成悠久的传统风俗文化。双林更偏重绫绢，此亦所以谓“绫绢古镇”。

蚕花

蚕花，本义蚕神，俗称蚕花娘娘，马头女身，或身骑白马，故亦称马头娘、马面王。传为黄帝元妃西陵氏嫘祖，供奉于蚕神庙或蚕花殿，往往挂御书“衣被功神”匾额。双林镇昔有蚕神庙，称“圣庵”，在东林村（双林故镇）普光桥北，约建于明嘉靖以前。养蚕缫丝是农家生计的重要来源，蚕花成为蚕农心中的寄托，除年节奉祀，还在不同场合赋予其许多特定意义。乡谚“蚕花廿四分”，即蚕农口彩，以寄托美好心愿。

奉蚕花 蚕花生日祭祀、请蚕花、送蚕花。俗以农历腊月十二为蚕花娘娘生日，蚕农即日祭祀，蚕妇用红、青、白三色米粉做成茧圆、绞丝圆、茧篮圆、元宝圆、桑叶龙蚕圆等象形圆子供灶，并备酒菜，置“蚕花五圣”马张[1]，点香烛祭拜，祈求赐予蚕花旺年，旧俗“浴蚕”即在这天进行。请蚕花，蚕花生日当天晚饭前，用蒸簟盛放鸡蛋 2 个、猪肉 1 碗、米粉团子 4 个及酒盅、筷子等器具，再置蚕花娘娘纸马1张、排锭1副，都端至墙门外，焚香点烛后，烧掉蚕花纸马及排锭，邻里孩子围上来把簟中食物一抢而光，寓意抢吃得越快蚕花越旺。送蚕花，蚕花生日或农历二月十二拜经忏，俗称“拜蚕花忏”，僧人以五色纸花沿门施送并化缘，谓之“送蚕花”“蚕花缘”。

春节蚕花 呼蚕花、困蚕花、关蚕花、烧田蚕。呼蚕花俗称“点蚕花灯”，小孩于除夕黄昏提灯笼在村前、门口、屋后及田头地角一边照一边唱《呼蚕花》歌：“喔——㑚㑚……蚕花落伢笾里来，白米落伢田里来，搭个蚕花娘子一道来……”“猫也来，狗也来，蚕花宝宝跟伢同介来……”小孩子奔逐嬉戏。困蚕花，正月初一蚕妇要睡懒觉，

---

① 印有马头娘的画像，又称纸马。

意为焐发蚕花，故又称“焐蚕花”。蚕妇平日早起，年初一却要迟起，身负“焐蚕花”大任，一年蚕事以妇功为主。困蚕花后吃细圆子（形似白茧），讨彩“顺风圆”。关蚕花，农户大年初一不开正门，进出走边门，称“关蚕花”，意为蚕花焐发，不让跑掉。正月初一不动帚，也是怕把蚕花扫跑，有诗云：“清早厨房煮细圆，加糖先供灶神前；小门进出大门闭，传是蚕花关熟年。”烧田蚕，正月十五以竹、苇及其他草木束成火炬，缠上丝绵兜点燃，敲锣打鼓，舞火炬似流星，一边燃放爆竹，一边唱着祈求蚕花丰收的赞词，俗称“烧田蚕”“照田蚕”。据民国《双林镇志》载，双林附近乡人，“每当元宵缚草聚爆竹，揭竿于桥（虹桥）上焚之，谓之烧田蚕,《渔唱》：‘千竿高炬照田蚕，庆贺元宵乐事覃。’”

清明蚕花　戴蚕花、祀蚕花、轧蚕花。戴蚕花，清明节前后，蚕妇簪蚕花，斜插于鬓边，称“戴蚕花”。参加轧蚕花活动必戴蚕花。祀蚕花，故镇东林普光桥北昔有蚕神庙圣庵，清明前后三日，蚕户人家前去祭蚕神，庵毁后则到附近庙中祭蚕花。轧蚕花，清明当日，镇境乡农结伴摇多桨快船至含山嬉游，青年男女到含山祭拜蚕神娘娘，熙熙攘攘轧蚕花，热闹非凡，越挤越好，女青年希望得到男青年的碰撞，不怒却喜，认为这样可轧到蚕花喜气带回家，得个蚕花廿四分。此俗明末清初尤盛，后世相沿。1993年起，政府组织蚕花节，举行轧蚕花活动。

蚕时蚕花　做蚕花、称蚕花。做蚕花，旧时为祈求蚕茧丰收，村里蚕妇在养蚕前几天用皱纸或绢纸扎成“蚕花”，放在蚕房里，也插于蚕匾、蚕房门框等处，以祈求蚕宝宝多作蚕茧。现在农村仍有不少妇女会做蚕花，以黄色、红色、绿色皱纸重叠、对折，剪成长方形（约长 20 厘米、宽 10 厘米），用剪刀扎几下使其紧实、不散开，再对折成长条形，剪修边缘。剪一撮金线置其上，用丝线或铁丝缠绕，扎紧，掰开皱纸成花状。金色是花心，黄色和红色是花瓣，绿色为叶子。过去开春蚕期，街市有卖蚕花。称蚕花，谚云“蚕花廿四分”，虽是蚕农讨口彩语，也体现过去估算蚕茧收成的一种习俗，叫“称蚕花”。每到蚕大眠，蚕农要把眠蚕过秤记数，待采下茧再过秤比算，据民国《双林镇志》载：“双镇之东北（西阳、丁泾）蚕论斤，每出火一斤收茧十斤谓之十分，多寡准此。双镇之西南论筐，每出火一斤四两谓之一筐亦收茧十斤，谓之十分。故论斤者之十分，较论筐者为十二分半。”所谓“六七分为中平，十二分为上上，谚云蚕花廿四分，乃颂祷之夸词”，寄托美好心愿。

蚕织习俗礼仪

蚕事俗称 在长期的蚕丝生产活动中，镇境世代沿袭独特的蚕事称谓，如接桑、谢桑、叶、束（涨）叶墩、蚕宝宝、娘、上蚕（上山）、做丝、剥绵兜等。接桑，即嫁接桑苗，家桑条剪10厘米左右，留2～3个叶眼，叶眼朝上，底部削成尖扁形，把野桑树苗头剪去，捏开桑皮，以扁尖头插入裂开处，盖上泥土。青壮野桑树接于枝干，枝干左右划两刀，下宽上尖，扁尖头插入用粘草缚紧。农谚："皮与骨，骨与皮，插到里面同到老。"谢桑，即新桑施肥，清明前后将粪水及河泥灌埋桑树四周。据民国《双林镇志》载，"叶，其名桑也，不曰桑，而直曰叶。有余则卖，不足则胥谓之稍叶"，故采桑叶称摘叶，按蚕序有头叶、二叶、三叶之分。至霜降后采下老桑叶，冬季无草时饲羊，俗称"羊叶"。贸易桑叶谓"做叶"，其经营处称"叶行"，四乡采叶贸叶处名"叶市"。束（涨）叶墩，幼蚕不能进食整叶，需切碎。木板上切不服帖，须用稻草扎成叶墩，切丝细匀。每年蚕前请束叶墩师傅来束（涨）叶墩，扎成直径约50厘米的圆柱形，以竹片打箍，修整表面使其光滑平整，切桑叶时还可吸掉桑叶上多余的水分，自古至今农村一直使用。蚕宝宝，俗称起于清代，明代称"春宝"。据民国《双林镇志》载，镇境以蚕"费三十余日辛苦可以得丝，可以为绵、为线，蚕沙可以粪田地，此蚕桑所以为乡民之经济命脉"，故须"审寒暖、慎烟湿、节饥饱，视慈母之护婴儿殆有甚"。娘，蚕一生称"娘"者特多，眠初起身蜕嘴不蜕称"多嘴娘"，蜕而口不能开称"干口娘"，蜕肤半身而止谓"着衣娘"；蚕眠时有不眠而食叶称"食娘"（亦称"青条"），眠起者为"起娘"；不上叶的蚕称"瘪娘"，分薙后蚕沙中留下的蚕俗称"离娘"，意即离散，当搜剔净尽；出火后间有小蚕为"长娘"，俗名"长筐蚕"；蚕将熟要上山，脰节莹彻，叶丝缭绕，称"缭娘"，亦名"考娘"，考即老字转音，或作"巧娘"；蚕和蚕神都称"娘"，蚕神西陵氏嫘祖称"嫘祖娘娘"，地方俗称"蚕花娘娘""马头

娘”，镇境又俗称“马面王”（南浔称“马鸣王”）。上蚕（上山），即蚕老上蔟，习称蚕作茧处为“蔟”，镇境蔟具一般用稻草、麦秆扎成山形，称“蚕毛蔟”“蚕毛帚”，故上蔟也称“上山”。也有扎成“蜈蚣蔟”（也称“柴龙”）。上蔟后，蚕始在蔟具上吐丝作茧。过去，饲蚕不开地枪（养蚕到一定阶段从蚕匾移到地上），而是搭高枪，铺上帘子（蔟帘），再置蔟具，将匾中蚕一条条捉至蔟具上。大户人家养蚕往往请村里人帮忙，主人用好酒好菜款待，帮忙人要说些吉利话，不能说错话。现在大多数蚕农上蚕前都开地枪，不开高枪，上蔟轻松不少，而且逐步推广普及纸板方格蔟。 做丝，明以前早有“做丝”称谓，乡人称缫丝为“做丝”。民歌《龙蚕娘》《扫蚕花地》分别有“做丝伙计手巧精，车车要脱百两零”“做丝娘娘手段高，车车敲脱一百两”。茧好，则丝好做。剥绵兜，以茧作绵之俗称。剥在手上称“手绵”，用竹环剥之称“环绵”，作成兜状故称“绵兜”，层层匀展，内外厚薄如一。同宫茧所作，谓之纯绵，是绵中上品，也称“同宫绵”。有头蚕绵、二蚕绵，头蚕绵韧，二蚕绵松。旧俗，剥绵兜时捏泥为猫置筐中，为辟老鼠，称“蚕猫”。

蚕桑习俗 双林以农历四月为蚕月。有鸟初鸣即“叶贵了”，待蚕上山炽炭灼山时又鸣即“灼山看火”，因此被称为“蚕鸟”。双林又称“灼山”为“擦火”。蚕月中，寺僧入夜打钟三次，以警蚕妇饷叶之候，诗称“蚕事莫嫌无用处，三更打来及时钟”。俗以“白虎”为灾星，病蚕俗称“青娘”，故清明（或寒食）节吃螺蛳，谓之“挑青”，至晚将螺壳撤于屋上，意为“赶白虎”。蚕时闭户，称“关蚕房门”。宋时有诗云“采桑时节暂相逢”，乡村蚕月闭户，隔邻不相往来。收蚕蚁这天用红纸书“育蚕”二字或“蚕月知礼”四字贴在门上，也有挂连枝桑叶或桃树条，以示蚕房禁区，他人勿入。若无防备有生人进入，怕带进蚕祟，到了晚上必在蚕房置酒食祈祷，称“掇冷饭”，也称“送客人”；或待生人走后备简易酒菜饭至三岔路口燃草卷拜揖，然后将酒菜饭倒在路边，意思为送走“冲蚕鬼”。这些自属附会，然旁人知其忌蚕，必须谨避，亦不会责怪育蚕之家。蚕时多禁忌，除关蚕房门外，更忌雨、忌雾、忌黄沙、忌露水。蚕初生时禁忌尤多，如忌室内扫尘，忌爆鱼肉，忌在蚕室内吹灭油火纸，忌侧近舂捣，忌敲击门窗，忌槌锡箔，忌蚕屋内哭泣，忌秽语淫辞，忌未满月产妇作蚕娘，忌带酒气人切叶，忌一切烟熏，忌灶前热汤泼灰，忌产妇或戴孝者进入，忌烧皮毛乱发，忌酒醋五辛和臊腥麝香等物，忌当日迎风和西晒日照，忌热时猛风骤寒、寒中突然过热，忌不洁净之人入蚕室，忌蚕屋近臭秽，等等。蚕喜静恶闹，唯洁是癖，温湿相宜，所以上述禁忌，多半合乎科学道理。蚕茧回山后缫丝时，亲戚和乡邻间都以猪蹄、鱼鲜、果子、糕饼等相互赠送，俗称“问蚕信”，也称“望蚕信”。乡人看重望蚕信，若相邀不到则为失礼。

丝织习俗　拜祖师织女，织绢多女工，男工出现较晚，约于明初独立机户逐渐从农村分离出来时。织机初为木机，手工抛梭织造，有花机、素机两种，织造花、素绫绸。木机时代，织户、织工都供奉织女为“机祖师”，有神像或画像。小徒上门拜师，则先拜祖师织女，再拜土地菩萨，三拜师傅。祭祀机神，始于宋初或五代吴越国时，所祀即唐代褚载，工于机杼制造，世代以褚载为机神，立神像奉祭。双林无专门机神庙，普遍立神像奉祭。

蚕织歌咏、谚语

蚕桑民歌　据乡民顾振声口述、俞金生记录一首《问蚕信》：“乡下姑娘问蚕信，买介十块软糕手里拎，绢钱老虎当头插，扒耳朵簪一丈青。阿爸爷，今年蚕花好勿啦，头蚕勿称心。二蚕当正经，再是一个勿当心，倒贴阿爸骂两声。”民歌《蚕娘》流传于二十世纪三四十年代双林农村，现 70 岁以上老农妇一般还会唱：“春季里来养蚕忙，蚕娘个个到蚕房，日夜勿困多辛苦，廿四分收成喜洋洋。夏季荷花透水长，蚕娘个个做丝忙，木头丝车笨又重，做得蚕娘手脚痛。秋季里来菊花黄，蚕娘卖丝到街坊，雪白丝绸卖不起，东讨西逼两手光。冬季里来过年忙，蚕娘外出做相帮，清早做到黄昏后，仍旧一身破衣裳。”《扫蚕花地》歌略云：“三月天气暖洋洋，家家焐种搭蚕房……三日三夜头眠郎，两日两夜二眠郎。菜籽刹花蚕出火，楝树花开做大眠。上年大眠做勿出，今年要做几百两……上年蚕子落勿出，今年要称几百两。东家老板真客气，挽起篮子走街坊。买鱼买肉买荤腥，东南西北唤丝娘。三十六部丝车两埭装，当中出条小弄堂。小小弄堂做啥用，东家娘娘送茶汤。脚踏丝车啊咕响。绕绕丝头掼在响叶上，做丝娘娘手段高，车车敲脱一百两……”还流行《双林山歌》：“四月蔷薇叶正青，聚兴街口象闽门，卖丝客人躲躲雨，重兆客人吃得醉醺醺……”

蚕桑谚语　关于桑叶，有“家有三亩桑，不怕年成荒”；“一亩桑田，三亩庄田”；“仙人难断叶价”；“买贵叶不如养病蚕”；“好蚕勿吃小满叶”等。关于蚕宝宝，有“若得一季蚕，可抵半年粮”；“蚕花廿四分”；“寒食过了无时节，娘养蚕花郎种田”；“清明午前雨、早蚕熟，午后雨、晚蚕熟，一日雨到夜、早晚蚕俱熟”；“做天难做四月天，蚕要温和麦要寒，种田哥哥要雨水，养蚕婆婆要晴天”；“谷雨不藏蚕”；“小满动三车”；“小满见新丝”等。

双林织歌　镇所在湖州地区，凡有织机处都盛行织歌，以双林织歌为最。双林织歌是木机时代产物，明代已负盛名。织机声单调乏味，令人疲乏、厌倦，织工为解闷消乏一边操作，一边唱山歌，其音律与织机声响相协调，久之形成织歌，常在做花楼机时上下二人有节奏对唱。织歌内容大多反映现实生活、风土人情。其曲调自由，以流传吴语歌为主旋律，多为地方民间谣曲，如《哭机房》《双林山歌》等。演唱形式有独唱、对唱，以及群口和唱等。因为木机在操作时有上、下手之分，故而形成对唱，和唱则是在节日对歌中由双方帮腔而逐渐形成。明代，双林镇每逢清明节、端午节，都有举行织歌比赛风俗，在镇上明月桥畔，男女织工对唱，或女工与女工对唱。明月桥因此又称“歌浪桥”。清同治后期至民国初期，双林织业公所曾组织多次比赛，每次赛期3天左右，歌手男女织工均有，以男工居多，在桥堍隔河对唱。1929年前后，电力织机兴起，木机、拉机衰落，织歌对唱日渐消隐，曲调、歌词等也散佚不传。

蚕织诗歌　明代才女梁小玉作《双林包头》诗咏双林包头纱：“轻霞薄雾小香罗，傍着蝉鬟香更多。最爱春山缥缈上，横妆一带浅青螺。”清代诗人张青屿作《乐府·读曲歌》：“婀娜当轩织，明月照高楼。双手叠锦字，心中为谁抽？中妇织流黄，双垂玳瑁床。床前照明月，颠倒看鸳鸯。”清代双林人沈蓉乡作《乐府·花楼曲》：“东家女儿十三四，搴入层梯抛锦字。心手相提巧样翻，湘江一片流红腻。昭眼参差蹴浪纹，写将心事寄回文。深闺无限含秋意，并作天边雁背云。”清代进士、双林人严我斯，官至礼部侍郎，其乐府诗《缫丝曲》：“田家四月桑叶稀，鹁鸠啼雨乳燕飞。吴蚕上山茧如雪，丝车索索鸣柴扉。车上少妇飞蓬首，两月辛勤露双肘。朝忘沐栉夜无眠，那得新衣缝女手！须臾府帖下乡村，里正仓皇来打门。但偿官税苦不是，更向厨中索酒肉。君不见富家女儿娇绮罗，吴绫越绢无人驮？”清代双林人蔡雪樵编《双林记增纂》12卷，收录其《采桑词》：

“绿遍江南三月天，剪刀声破夕阳烟。阿侬不感渔阳梦，巴得蚕眠人好眠。”清代双林姚氏作《姚本仲选本事》诗，咏其姚家包头绢、纱：“织女篝灯午夜阑，西风悽紧角声酸。吾家本绢称加重，庇得人间儿女寒。”清代进士、双林人沈澜，官知府，其组诗《双溪渔唱》之一咏蚕妇：“柴扉风雨响晴岚，桑叶铺筐细养蚕。一月发梳浑不理，马姑祀罢恰眠三。”又其《乐府》云：“商人积丝不解织，放与农家预定值。盘盘龙凤腾向梭，九月辛勤织一匹。”除上述外，还有明代张青屿的《乐府·读曲歌》，清代周灿的《双溪》、赵基的《杂诗》、张薇人的《金缕曲》词等。

缫织车机

木制丝车与工艺　过去缫制土丝主要用木制丝车。因代代传授，农家妇女都会缫丝。宋末元初书画家赵孟頫诗云：“釜下烧桑柴，取茧投釜中。纤纤女儿手，抽丝疾如风。”木制丝车，宋代以前为手摇式，宋代开始出现脚踏式，通过脚踏板传动曲柄连杆回转，仍由两人操作。缫丝车主要由车架、丝灶、烟囱三部分组成。方床四脚，两脚落地，两脚搁于丝灶床。另有集绪、捻鞘、卷绕等26个配置部件，配备烘丝火盆、剥茧

莫建强示范操作脚踏手抛梭木织机
天强绫绢工艺品有限公司　供

小花栖提花织机 金国梁 摄

竹筷、索绪帚及其他工具。车架置于方床之上，用檀木制成4挡，其中1个活挡，1个活盘头装上送丝杆。丝灶之上安置煮茧铁锅，锅上有方架，装有3个12厘米长的竹锥头。明代，双林乡村丝车发展为二绪、三绪脚踏缫丝车。每8千克茧子2天做一轴丝。这种缫丝车及工具一直沿用至20世纪60年代末。其工艺流程，丝车旁边备一口水缸，将茧置水中浸泡至茧衣剥落，再连水倒入丝灶上铁锅中烧煮至沸。煮、缫同时进行。一人备茧、管丝灶、烧火、添茧、加水、调节烘丝炭火等，一人坐于丝灶前做丝，手足并用，脚踏启动板，转动丝车车轴，手拿一根长竹筷在沸水锅中拨动，捞起丝头，每8个茧抽丝拧成一根单丝，以手指挽入牌楼架上的铜绪，丝头引上丝篗，完成索绪、添绪等操作。近代，随着机械缫丝发展，手工木制缫丝机逐渐被机械缫丝机取代。

小花栖提花织机 1988年，双林镇西乡竹漾湾村发现一台小花栖提花织机，机型和明末清初科学家宋应星《天工开物》一书中所记载的“小花栖提花织机”极相吻合，现由中国丝绸博物馆收藏。经专家考证，此机年代为清道光至咸丰年间或更早。据织机主人王菊英老人回忆及行家考证，是历代几经改进小花楂提花织机的又一普及机型，其功能已较完善，品种适应性较强，可织造多种丝织物。经修复和调试，机架完整，总长5.15米，机式前倾，后平分为两节，经面倾斜。机身高2.85米，高处为花楂。织机关键装置一应齐全。门楂长1.24米、宽75厘米，塞木长51.5厘米，老鸦翅为竹制5片长1.71米，铁铃为木制5片长0.94厘米，花楂高98厘米、宽58厘米，杠长1.05米，木齿一为6挡、一为4挡，称庄高90厘米，衢盘上盘竹片16根、下盘竹片18根（各长66厘米），衢脚长54厘米，竹制叠助长2米，等等。唯缺眠牛木，机户用2块土砖代替。其中，老鸦翅和铁铃比《天工开物》所记各多1片，更有利于织造。织机两根花楂柱按织机经向排列，使拽花工位置侧向织造工位置。织机装造是吊耙丈纤衢盘分花式，其花本直接贯穿于提花丈纤上。操作较简便省力。拽花工不仅可用臂力，还可借身体后仰重力拉拽纤线。织工与拽花工两人配合操作，拽花工高坐花楼之上，用手提拉花束综，一根横线一梭；织工坐在下面机板上，双脚踏着踏杆，带动综框升降并进行投梭引纬。

绫绢装裱

双林是绫绢之乡，历来传承装裱工艺，清代时双林丝绢公馆经营裱画。现双林镇有多人从事书画装裱工艺。

工艺流程 分十三步。其一托画心。把画心（原始书画作品）反铺于裱画台，润潮展平，用排笔上浆水，把宣纸刷上，再用棕帚由上而下刷住宣纸，沿画心四边刷上糨糊，后上墙晾干。画心一般经一昼夜后平整干燥，夏天晾干时间相对较短，不到12小时可进行下步工艺。其二托绫绢。将绫绢正面合案铺平，用排笔蘸清水将其刷透，后用毛巾吸干水分，使紧绷案面平直无皱，再刷糨糊，后将卷好的纸对齐绫绢，边展托纸，边用浆刷刷实，完后再以棕帚排实，揭去，晾在墙上，晾干时间与托画心相当。其三配

墨河画苑的书画装裱车间 金国梁 摄

料。绫绢托好后，裱画师根据书画尺寸裁剪绫绢，使之规格相当。一般 90.33 厘米书画作品裱成 180 厘米左右长立轴。其四镶覆。将托好宣纸画心反铺于裱画台，使之与托好宣纸绫绢对齐边口，刷上糨糊，使之黏合。所镶部分包括圈挡、上下隔水、惊燕、绫小边或通天小边等。其五校正。再次核对尺寸，校正、微调各种材料，使上下、左右等各部规格精确一致。其六折边。把托好绫绢折边，使边缘工整光滑。其七配纸。在作品背面刷浆水，粘上覆背纸。之后再用棕刷刷一遍，晾干。其八复浆。重复上一步骤。其九上墙。在作品四周刷上糨糊，上墙晾干。此次晾干历时较长，需一周左右。其十下板。晾干后，用启笔（薄竹片）将书画作品自墙板上取下，用砑石蘸蜡后砑磨，使之光洁、平整、柔软。其十一镶天地头。天地头分别位于画心上下方绫绢部分。有“天长地短”的说法，即裱在画上方绫绢要长于画下方绫绢，一般天头比地头长 20 厘米，把配好料的天地头分别镶在画心两端。其十二安装。再在两端安装天干、地干等。一般天干较小、较轻，地干较厚重，可使作品悬挂起来挺括、好看。其十三成轴。最后在天干和地干上分别装上轴头（立轴），装裱完成。其他有横披、镜片、手卷等形式装裱，其工艺流程稍异。

标准与行规 书画作品装裱美化或保护修复后，使原本皱折不平、易破碎、不便观赏流传和收藏的书画作品平贴，使笔墨、色彩更加丰富突出，增添作品艺术性。黄梅季节气候潮湿，会导致用糨糊装裱的作品不易晾干而发霉，故黄梅季节不宜书画装裱。要选用丝线均匀、丝质好的绫绢，厚薄均匀、洁白的宣纸为装裱材料，所装裱书画作品才挺括、柔软、不起褶。

工艺传承人 沈林江，1948 年生，1979 年师承金华兰溪的老师傅王炳松学习书画装裱，后从西泠印社陈雁滨专攻古旧画修复技艺。善于吸收现代艺术营养，熔古铸今，师古不泥，尤精于揭裱。曾修复蒋延锡、金农、唐寅、文徵明、八大山人、任伯年、齐白石、吴昌硕等名家珍品和清代多幅圣旨，得到浙江省文史馆、浙江省博物馆、绍兴市文管会等单位和专家、学者的好评。为人民大会堂、浙江省政协等单位装裱书画长卷和巨幅字画。为上海、福建及省内培养 10 多名装裱人才。2009 年 10 月，被浙江省委宣传部、文化厅、文学艺术界联合会评为“浙江省优秀民间文艺人才”。2013 年 1 月，被中共南浔区委、区政府评为“南浔区第三届优秀乡土人才”。

蚕织文化遗存

绢庄行坊 现存沈裕生丝绢庄、钮裕成丝绢行、孙万顺染坊、西高桥蚕房等。沈裕生丝绢庄，位于永平里 1 ~ 5 号，南竞路 5 ~ 7 号，坐北朝南。现存三进大门，占地 750 平方米。后进有木雕，横向花格窗保存完好，是典型的清中期前店后坊建筑，楼上红色广漆楼板，并有圆形团花雕刻，横梁均有雕花金漆，至今尚存。初为沈裕生丝绢庄、包头绢庄，由沈同均掌门，后传至沈念慈改名诚昌裕丝绢行，并在江苏、上海等地开设多家分号，联合外销出口，至抗日战争结束时停业。现保存完整。钮裕成丝绢行，位于双林镇沈家桥南堍，四开间门楼，四进深，西有打线弄，为前店后机房工场，清末由经营丝绢转营丝绸业。现存房屋遗址。孙万顺染坊，位于港北埭 11 ~ 35 号，原沿河廊屋大部分被拆除。清同治年间（1862—1874），孙氏先祖孙访仙、孙湘帆父子，孙扑山、孙吉昌父子在此开设染坊，主染淀蓝、蜡染，以染棉布、土羊毛绒、丝织品等。至清光绪中期，家业迅速发达，置房扩展，取号“孙万顺”，堂名“谕义堂”，后相继衍生“行义堂”“思义堂”“敬义堂”“仁义堂”“和义堂”等。孙万顺分老、中、新三部分，连在一起，坐南朝北，人称“孙半镇”。新、中孙万顺分别为三开二进和三开三进建筑，

沈裕生丝绢庄旧宅（2001年） 金国梁 摄

占地345平方米、720平方米，今有"笃实辉光"门楼可见。第三进楼厅后原有河埠，老孙万顺分列3条轴线，占地约785平方米。西高桥蚕房，双林镇境农村养蚕时一向在自家房屋前堂辟置。二十世纪六七十年代，建有专门蚕房，现都不大可寻。此蚕房建于20世纪70年代，位于西高桥西南堍约100米处，坐西朝东，结构为九连体，蜂窝状穹隆顶，保存完好，具有一定时代意义和建筑特色。

绢业会馆 尚存泾县会馆、绢业会馆。泾县会馆（旧公馆），位于双林镇东庄湾6号。清康熙年间（1662—1722），安徽泾县人在镇开设皂坊，专事绫绢运销江宁、徽宁等地，营业极盛。泾县绢商朱、胡、洪、郑、王五姓和旌德刘姓与本镇赈邮会出资，在积善桥建立绢业会馆，名"泾县会馆"。会馆分前后两进，后进设神像。现存三开间二进深门楼，几经修葺。清雍正四年（1726），众绢行又在新绢巷北端建造绢业会馆，称"新公馆"，原泾县会馆便称"旧公馆"。门外有楼跨街，门楼上有舞台。中堂额"崇义楼"，供关公神像。后屋有楼，赁人居住，兼司馆门启闭。绫绢各庄每日午前集此，收乡人售绢。逢农历五、九两月，绢业同人会集于此，演戏酬神。清咸丰十年（1860）毁于兵火，清光绪二十八年（1902）由沈善同集资重建，沈善同被同业公推为绢业董事。

绢业会馆 金国梁 摄

馆内有用绢装裱之所。2014 年，尚存一处门堂旧建筑。

蚕丝绫绢地名 镇境莫蓉有做花堰村、丝绵兜自然村，苕南有桑叶浜村，镇西有纱机埭村、倪家滩村，又有墨浪湖、织旋漾，丝行埭、旧绢巷、新绢巷、歌浪桥等。

倪家滩，为名牌产品“倪绫”发祥地，位于双林镇西南 2 千米，原名倪家壖（壖即滩），有南北两村。村中多为王姓。初无“倪家”之名，后因著名双林倪氏绫绢而成名。村中有倪家桥。倪绫原出双林东庄，明隆庆至万历年间盛名。东庄倪家世代尤擅龙绫，专供装帧御用奏本的封面。上有两条龙，龙睛突起有光彩。其织造秘法一向传媳不传女。清咸丰年间（1851—1861），倪家无子，独生一女名梅英。梅英幼时聪慧，跟父母习织机。苦于祖传织法无传人而失传，见女儿有心，即改变祖法予以传授。梅英勤学勤织，学得龙绫织造真传。年长后，嫁与镇西南小村王姓为妻。此村一向“绫绢半年粮，化钱靠绫绢”，但所织绫绢档次低、病疵多，卖不上价钱。梅英睹其状，违家训，把祖传倪绫工艺秘诀毫无保留地传授给乡里姐妹，又很快传遍附近纱机埭、里庄、雉头村等村庄。倪绫因此发扬光大，且增加纹绢、双凤绫、滕玫、喜鹊等新品种，村落由此发达。梅英虽为王姓妻，但所织绫绢“倪绫”之名不改。久之，村名“倪家滩”相应出名。清同治年间（1862—1874），倪家滩“倪绫”普遍为人称道，同治《湖州府志》载：“近因倪氏无子，因传于女，女嫁倪家滩王姓，而倪绫之名今犹啧啧人口。”农村合作化时，倪家滩一带绫绢业仍较兴旺，镇西有630台绫绢织机加入农业高级社。双林绫绢厂初建时，职工大多是倪家滩人。

织旋漾，位于双林镇东北原苕南水产村一带，昔与风光漾并称“双溪”。织旋又作织漩，向本墟市，纺织家环聚其中，故名。墟市，即双林故镇东林，唐时东林已成村落。织旋位于村西侧，唐贞元中期始建水镜寺，寺周环水，俗称“水居寺”，宋时为胜地，宋室南渡后尤盛。双林绫绢发端于东林。元代，镇在东林，响舲、普光二桥前后集市，普光桥东有10座绢庄，很是繁华。机织户环聚于故镇之西、水镜寺之东。后来湮没为湖，即织旋漾，又名“石街漾”或“石漾”，也有“石溪”“石湖”之称，其东临吹台，西接大溪，中峙水晶寺，其水清浅，可以扬舲岸北，芙蓉掩映，秋月更佳，是双林游赏胜地，“织旋”则唯存其名。

墨浪湖，又称“墨浪河”，位于双林镇南栅耕坞桥东。耕坞桥又名“乌鹊桥”“老乌桥”，俗称“乌桥”，因此墨浪河又名“乌桥港”。之所以称“墨浪河”，因旧时多染绢皂坊，染绢者在河中漂洗把河水染黑，故名。清代诗人姚文泰作《双溪棹歌》描写当时情景：“吴舲越舶纷来到，姚本风行遍四方。耕坞桥边涌墨流，一天砧韵动高秋。”今双林镇的墨河画苑取义于此。

旧绢巷、新绢巷，旧绢巷位于闵家巷东，东通来龙桥，元代吴氏居此，估客收绢，清初绢市东迁，故称“旧绢巷”。新绢巷又名“新开巷”，位于镇东兜，明代为总宪陆矩宅第，明崇祯年间（1628—1644）东迁人孝廉沈棨在此构市廛为收绢所。清初，绢市移此，各省商贾收绢于此。清雍正四年（1726），丝绢业在新绢巷北端建造绢业会馆，设绢庄公所。

歌浪桥，又名明月桥，双林镇每逢清明节、端午节，有举行织歌比赛的风俗，比赛在明月桥畔举行，“歌浪桥”由此得名。

做花堰，位于双林镇东南4.5千米莫蓉，旧时居民多以纸扎蚕花为业，村名缘此而取。

名胜古迹

双林名胜古迹，当以古石桥最显要，尤以双林三桥、旧馆塘三桥、大小虹桥最著名。双林三桥，化成桥居中，东为万元桥，西为万魁桥，在不足400米的河上连跨3座建于元明时期的三孔薄拱实腹石拱桥，世所罕见，不仅是双林镇之胜，也是湖州东南胜景之一，是全国重点文物保护单位。省级重点文物保护单位明溪塘桥、埭溪塘桥、永安桥3座七孔石梁桥（旧馆塘三桥），自北而南依次东西跨镇之西境旧馆塘。大小虹桥即虹桥与望月桥，有著名胜景“虹桥望月”。其次是山水庭园名胜双溪织旋漾、墨浪河、盛林山、还金亭、庆苑公园等。而水镜寺、文昌阁、东岳庙等，又使双林成为一方名胜。

双林三桥

万元、化成、万魁3座三孔石拱桥，南北并排跨镇北双林塘。东西仅347米，化成桥居中，东距万元桥225米，西距万魁桥122米。其中，万元桥东石漾有分水墩、文昌阁、水镜寺，化成桥北接古石路可至旧馆，是昔时陆路去郡城的捷径，万魁桥北有赛双林市廛。三桥可谓双林历史、文化、经济地标性建筑，为中国古桥建筑史上所罕见。几百年来，三桥历经磨难。1940年3月底，国民党军六十二师三六八团凭借双林塘险阻，与日本侵略军隔河交战，三桥弹痕累累至今仍依稀可见。解放后，重型船只通过常与三桥碰撞，受损。2008年，三桥整体维修，历时两年，耗资348万元。为保护三桥，国家投入近2亿元新开航道，所有船只均绕开三桥，无再受冲撞之虞。2012年，双林三桥由省级文物保护单位跃升为全国重点文物保护单位。

万元桥 居三桥之东。明嘉靖年间（1522—1566），遭倭寇破坏圮于水。曾建木梁名“福成”，清雍正八年（1730）砌石改名“万元”，后屡有修建。长51米、高7米，在三桥中最为挺拔秀丽，用料一色为花岗石。三孔拱券采用纵联分布并列砌置，肩墙用

双林三桥（2001年） 金国梁 摄

钉靴式砌置法，以五根长系梁加固。两堍石阶各 44 级（原桥南堍还有东西向 6 级石阶，2008 年大修时未复原）。桥顶护栏为花岗石吴王靠，间有望柱 20 根，饰刻姿态各异石狮 10 对。龙门石浅浮雕“双龙戏珠”。栏板末端有抱鼓石，桥孔两侧分别刻行、楷、隶三体桥联。

化成桥 居三桥之中，镇人俗称“塘桥”。创建年代最早，元延祐年间（1314—1320）化成庵僧始建木梁，故名“化成”。元末毁于兵。明洪武元年（1368），里僧雨云溪募资建砖桥，明永乐年间（1403—1424）易为木桥。明天顺二年（1458），重建十孔砖石梁，后塌，又改建七孔砖石梁。明嘉靖年间（1522—1566），始环以石，成三孔石拱。自砌砖石起至 2014 年，已有 646 年历史。长 46 米、高 6.6 米。拱券采用纵联分节并列式砌置法，肩墙钉靴式砌筑，用五对长系石加固，有桥联两副。桥南阶 41 级、桥北阶 36 级。桥顶有吴王靠，原桥南堍保留有清乾隆五十八年（1793）大修时换下的吴王靠一对。石栏板与 16 支望柱相接，末端置抱鼓石，南北各置一对伏狮，现南堍伏狮不存，北堍东边伏狮系 2008 年三桥大修时补复。龙门石为浅浮雕“双龙戏珠”。桥上设灯杆照明，此更为少见。

万魁桥 居三桥之西，又名“万奎桥”，现桥东额“万魁桥”，西额“万奎桥”。明初始建木桥，清康熙元年（1662）环石，现桥为清乾隆五十五年（1790）改建。民国《双林镇志》记载：“康熙五十三年重修，五十七年落成。增高五尺，夐越化成，西望长超如在几席。”桥长 51 米、高 6.8 米，两端台阶各 40 级。桥顶设吴王靠，桥栏板与 24 根望柱相接，有两对抱鼓石，桥心石长 2.2 米、宽 1.85 米、厚 0.38 米，为江南石拱桥魁首。龙门石浅浮雕“双龙戏珠”。尚存桥联一副。

旧馆塘三桥

明溪塘、埭溪塘、永安三桥，自北而南横亘于双林旧馆塘，形制相似，均为七孔石

永安桥　　金国梁　摄

埭溪塘桥　　金国梁　摄

梁；规模相近，长四五十米、宽两三米、高四五米；工艺相同，均为花岗岩构筑，靴钉式砌筑肩墙，井柱石桥墩架系梁，上铺石梁桥面，上有坐槛式护栏、望柱，两端置抱鼓石。为湖州现存古石梁桥之最，2011 年 1 月被公布为浙江省文物保护单位[①]。

永安桥　位于镇西千亩塌村田心里，东西跨陆家新桥塘，北连埭溪塘，桥西为和孚镇张村。保存较完整，清道光二十年（1840）建，额“永安桥”，款“清道光庚子年”。昔旧馆塘至此无桥，行舟渡，名“白台渡”，因渡又名“白台渡港”，故又称“白台渡桥”，因方言谐音，俗称“白潭渡桥”“白善渡桥”。长 52.5 米、宽 3.15 米，桥面有石栏，望柱 12 个，石狮 6 对，因桥面较宽，故为四石壁排柱，刻有“洋河坝沈华山助”等捐助者铭文。

埭溪塘桥　位于镇西北 2.5 千米土山村先生兜，又名“土山桥”，东西跨埭溪塘，故谓“埭溪塘桥”。保存尚可，始建年代不详，清光绪二年（1876）重建，1914 年再重

① 浙江省文物保护单位将此三桥冠以“幻溇古桥群”之名。幻溇在太湖南岸，此三桥远在荻塘以南双林镇境旧馆塘，本志从实记为“旧馆塘三桥”。

明溪塘桥　　金国梁　摄

建。中孔排柱墩石均被撞损，改水泥立柱，原排柱石墩石保存在桥西堍岸边。

明溪塘桥　位于镇西北 2.5 千米土山村冯家堰东，东西跨埭溪塘清泉漾口。清泉漾俗称“土山漾”，北连旧馆塘，也称“明溪”，故谓“明溪塘桥”。保存尚可，始建年代不详，清光绪八年（1882）重建，1927 年再重建，又名“西远桥”。南距埭溪塘桥约 1.5 千米，二桥规模基本相同，长 55 米、宽 3 米、高 4.5 米。

大小虹桥与还金亭

大小虹桥　大小虹桥东西、南北直角相连，相连处为还金亭，共同构成双林一大名胜古迹。二桥拱券均以纵联分节并列砌筑，肩墙靴钉式砌筑。大虹桥即“虹桥”，位于镇东栅，东西向跨虹桥港，单孔石拱。元至大元年（1308）始建砖面桥，明洪武十六年（1383）环以石。每当晚霞西映，水光环照如虹，故名。清康熙三十三年（1694），费眉生、谈嗣升等重建，增高 3 尺，次年建成。桥长 22.4 米、宽 3.4 米、高 4.7 米，南北桥步各 21 级，桥顶设吴王靠，2 对抱鼓石与桥栏板连接，中间有望柱 6 对，桥联 2 副。小虹桥即“望月桥”，清光绪九年（1883）重建。位于虹桥东南侧，单孔石拱，南北跨虹桥港东出港，单孔石拱。明崇祯中期始建单孔石梁，康熙三十三年里人吴氏、王氏等重建，增高 3 尺，建成单孔石拱。因位于虹桥东南与之相接，故名，以“小”字区分。清乾隆年间（1736—1795）重修，清光绪二十六年（1900）重建。长 15.6 米、宽 2.4 米、高 3 米，两坡桥步 13 级，有桥联 2 副。其龙门石雕花纹为一组禅意之作，鱼身、龙头云纹，佛门称摩羯纹，极为罕见。1989 年 3 月，虹桥与望月桥被公布为湖州市文物保护单位。1995 年修缮，二桥连接河岸处增建护栏石板 5 块，连接 6 个望柱，两头有抱鼓石。自古至今，有“虹桥望月”景观，时在每年农历八月十五至十八。

还金亭 位于大、小虹桥东西、南北交角处，即虹桥东堍，小虹桥北堍。据民国

大小虹桥与还金亭（1930 年） 黄笃初 摄

《双林镇志》记载，明弘治年间（1488—1505），东乡区民进双林必经虹桥。时有一位领取白粮邮闸银的人，因归途中疲倦而在此休息，离开时将黄金遗落。双林人严素庵早晨经过捡到黄金，就坐在原地等待失主，并经验证无误后归还。时任参政陈良谟为宣扬严素庵拾金不昧的事迹，斥资建造一座凉亭，取名“还金亭”。《湖州府志》亦有相似记载，但称建亭者是遗金者，非陈良谟。后亭圮多年，清乾隆二十二年（1757）重建，有碑记，但碑石早废。清光绪二十年（1894），镇人张申甫、蔡召成又重建。蔡召成有碑石记，略云：“身受而表其德与夫旁人（陈良谟）高其义而为之表见，皆情事所有说，虽歧无妨，两存也。”还金亭后损毁于日本侵华战争和1954年台风。1982年，由双林籍湖州书画院名誉院长、著名书法家费新我资助重建，并亲撰《重建还金亭记》刊石，立于亭壁。重建后的还金亭，仅“还金亭”三字石碑是旧物。原石柱散失，故追溯旧式改用水泥结构，亦可想见昔日风貌。

其他古桥

双花桥 位于双林镇千亩塌村东仁埭，五孔石梁，清光绪元年（1875）建，为大、小两桥相连呈“八”字形，中间建有吹台。大花桥北堍吹台用于社戏和水路戏班演出。小花桥于2003年改建为水泥桥。大花桥南北跨村港，花岗岩石质，桥长25米、宽2米。三石排柱墩，上压系梁，置桥面。桥面4块长条石平铺，两侧置坐凳式石栏，有望柱6对，中间4对柱头饰蹲狮，两端为束腰莲瓣。额刻“双花桥”三字，边铭“清光绪七年重建”。2009年大修，至今保存完好。2003年，被公布为湖州市文物保护点。2011年2月，被公布为湖州市文物保护单位。

金锁桥 位于双林塘东金锁路，单孔石拱，东西跨双林塘南出市河口，因锁水口而得名，金锁路以桥命名。清康熙十四年（1675），里人募资建石梁桥，十六年落成，三十八年改单孔石拱，清乾隆三十八年（1773）重建，1930年又重建。桥北面额刻重建年代铭文。杂石构筑，桥长 14.5 米、宽 3.25 米、高 3.12 米，净跨 5.7 米，踏步东坡 17 级、西坡 15 级。桥面中心定心板图案为圆形“飞叶漩涡图”，两侧素面栏板，桥顶置吴王靠，有望柱 6 对，两端安抱鼓石。桥东西两侧均有楹联，南侧已不成对，北侧联清晰可见。2002 年 10 月，夜间有盗贼拆卖桥栏板，被居住在桥东堍的居民钱品荣发现而制止。2003 年，被公布为湖州市文物保护点。2011 年，被公布为湖州市文物保护单位。

镇安桥 位于万安桥北，东连薛家汇，三孔石梁，俗称“小鸡桥”。始建年代失考。初为木梁，清康熙十二年（1673）重建木梁，四十二年改建三孔石梁桥。现桥为清乾隆四十一年（1776）重修。1932 年 7 月发生火灾，桥东堍一桥孔被损，后大修。2003 年 9 月，被公布为湖州市文物保护点。

万安桥 位于双林镇清风巷西、孙家湾北，西接港北埭，北连坝桥埭。桥为北乾巽向，故又称“斜桥”。始建年代失考，清康熙年间（1662—1722）重建，清乾隆四十年（1775）重建为砖桥。现桥为 1944 年改建的石桥，水泥混凝土桥面，额“万安桥”。

耕坞桥 位于双林镇墨浪河西，南北向三孔石梁，长 25 米、高 3 米，保存完好。明代处士沈士靖居桥北，其南有庄田，躬耕自乐，故名。又名“乌鹊桥”“老乌桥”，俗称“乌桥”，故有“乌桥墨浪题咏”。初建时较低窄，清乾隆五十八年（1793），沈柳堂偕里人徐明融等捐资增高、扩建，并辅以石护栏板和望柱。桥耳有兽纹，梁石东西两侧雕刻各异，三对夔龙纹，桥心石是叶子状花纹，并有桥联。尤其梁石下有枕木，采用楠木。现桥下筑坝，楠木被盗。石栏板和望柱不知去向。

永丰桥 位于大通桥东北，木匠埭、港北埭西端。南北向五孔石梁，属镇上少有，里人一直称“长桥”。长 40 米、高约 4.5 米，南北桥步各 18 级，桥阶高差 10 厘米，便于行人上下，更使进镇负重者上下桥不觉费力，乃此桥巧妙和精到处，清乾隆三十五年（1770）始建，清道光二十一年（1841）重修，保存基本完好。2015 年 11 月，被公布为湖州市文物保护点。

妙严桥 又名化坛桥，位于荣家兜东塘。三孔石拱桥，桥东有古刹妙严寺，宋末元初书画家赵孟頫书《妙严寺碑文》帖，桥以寺命名，碑佚，碑文拓片尚存于美国。桥长 44 米、宽 3.7 米、高 8 米，仰天石和券脸石刻枭以增美观。桥高如驼峰，有台阶 39 级，20 根方形望柱上端有荷莲，富有浓郁的佛教色彩。始建年代不详，几经重修，最后一次是清光绪二十五年（1899），桥体两侧三对间壁石均为素面，至今保存完好，有桥联。

永安桥 位于履塔村，南北向单孔石梁。俗称“馒头桥”，桥面略成“弓”形，状似“馒头”，故称。水乡平原石梁此类桥型极少，始建年代不详，桥孔南侧桥墩字堂镌刻铭文“旹至大三年岁次庚戌五月二十一日重☐建☐谨题”。按铭文，桥为元至大三年（1310）重建，可见始建年代更早，为双林现存有石刻铭文的最古老的石桥，基本保存原样。

观音桥 位于庄汇头村东。南北向单孔石拱，桥额“观音桥”三字，无年款，据桥结构和石质判断，始建年代较早，保存尚完整。孔拱跨度 3 米，总长 5 米，是镇境现存最小的石拱桥。

永宁塘桥 位于履泰（塔）村。南北向单孔石拱，清光绪八年（1882）六月里人敬募建。桥无桥栏，桥心石是少见的线刻双草龙图案，头尾相接，有桥联两副清晰可见。桥保存较好。

永广兴桥 位于莫蓉箍桶兜村金家庄，俗名金家庄桥。南北向单孔石拱，清中期始建，原为木梁。1919 年改石拱，长 17 米、高 4.5 米，桥两堍护栏呈“八”字形，有船吊，各有 19 级桥步，桥面有石护栏、望柱、吴王靠，桥顶望柱有形态各异的坐狮 4 只（雌雄各 2 只），有桥联。

八字桥 位于莫蓉向阳村向阳塘前塘，大小二桥形似“八”字，故名。大桥长 50 米、宽 4 米，五孔石梁桥，桥墩中孔由条石砌成方形，次孔与边孔桥墩成梯形。平原水乡这种形式的桥墩甚少见。小桥长 15 米，桥石东西各 9 级。据考察始建于明末清初，日本侵华战争时曾发生过战役，桥面受损。现大桥保存完好，小桥桥面铺上水泥，侧面仍可观其原貌。

假山桥 位于镇西周家兜村，东西向三孔石梁桥，长约 35 米。明万历六年（1578）建，几经重建，保存完好。原桥东北有孝义庵，庵前有太湖石假山数座，桥故名。桥面独特，石面上铺架枕木，枕木上铺设方砖，方砖上又铺设线条砖，但无拦板。保存一般，桥面独特铺设现已不存。

双溪（2016年） 黄新明 摄

山水、庭园

双溪 位于双林塘东西两头，西为风光漾，东为石街漾（织旋漾），合称“双漾”，亦称“双溪”。石漾水自虹桥来，风漾水自长生桥，合流出东双林，故名。又名“商溪”，宋南渡聚商之所，元末名士昆山人顾阿瑛奉母避居吴兴商溪，即清代姚荃汀《双溪棹歌注》所载：“本朝孙少初玉湖渔唱‘金粟山人顾阿瑛，商溪奉母遂初情’，又作《双林纪略》：‘旧名东双林，即东林村，一作商林’。”据《双林支乘》记载：“双林本名双溪，由南北两溪得名，今故道渐淹，然碧水千寻，远山一桁，不减云林妙墨。”因此，双溪既是双林水源，又是双林地名本源。按双林古镇保护规划约0.3平方千米范围中，北部三桥及东岳庙、水镜寺石漾和风光漾地块面积最大，以延续古镇风貌和历史文化特色。风光漾位于双林塘西端，又名“风漾”，上汇西

石街漾景观图（1998 年）　　双林镇志办　供

南诸水，分灌市河，势最雄阔，为一镇水口。今漾滩斗富兜西南临风光漾，昔有半亩园，清嘉庆十至十一年（1805—1806），双林金氏一支金飞岩在原所居绿野堂西辟地创建。栽花叠石，颇饶幽胜，庭中牡丹最盛，花时名流吟赏不绝。清道光年间（1821—1850），金飞岩之子金翰流又建旷怡阁于西南隅，凭高眺望，则远山横翠，近水拖蓝，林树周遮，风帆出没，尽饶野景。石街漾位于东北，又名“织旋漾”“东湖”。原东林村墟市，为宋元时绫绢织户环聚处，漾中原有石街与岸相连。至清代，其东临吹台，西接大溪，中峙水镜寺，成为双林镇游赏胜地，据民国《双林镇志》载，“前代诸名士，花朝月夕多觞咏于此。清顺治九年（1652）里人郑必瑞等佃为放生河，勒禁渔捕，吴若金有碑在乡约所门左”，“溪多歌舫，春暮岳庙赛会，土人架彩棚舟中为秋千戏，士女聚观，画船箫鼓，鬓影衣香，极一时之盛”。水镜寺几经变迁，至 1970 年全部拆除，佛像移至澄心庵。2000 年，在隔岸东岳庙重建。2010 年始募资重建水镜寺，2011 年登记开放。

花溪　位于镇南 1.5 千米花城（今莫蓉），又名“花塍”。元代，沈梦麟筑别业于溪东，花木葱郁，故名。沈梦麟，字原（元）昭，又字徵君，元至正十三年（1353）进士，画家、文学家、诗人，“吴兴八子”之一。时刘伯温《荐花溪田舍》诗有“田间处处三楹屋，门外家家半曲湖。妇踏水车欹抱子，儿撑钓艇笑惊凫”句；沈梦麟《花溪渔隐》诗写道：“苕霅一浮家，全胜奉使槎。摊书篷下读，沽酒店头赊。鱼上花如雪，鸥行水露沙。风流有如此，官课不须嗟。”

花溪（2015 年） 金国梁 摄

墨浪河 又称“墨浪湖”，即乌桥港，位于镇南栅耕坞桥东。之所以名墨浪河、乌桥港，是因为旧时这一带多染绢皂坊，河水被染黑。清代诗人姚文泰有《双溪棹歌》描写当时情景：“吴舲越舶纷来到，姚本风行遍四方。耕坞桥边涌墨流，一天砧韵动高秋。”今双林镇的墨河画苑取义于此。现存西段，东段成为双林中学操场一部分。耕坞桥位于墨浪河西，南北跨坞桥港，处原双林丝厂南大门西，三孔石梁，长 25 米、高 3 米，现桥下筑坝。有桥联云：“北街南畴，农乐耕云锄雨；坞沿北汭，水合明月清风。”

墨浪河畔（1930 年） 黄笃初 摄

清泉漾 位于镇西北土山村，距镇4千米，陂泽环绕，地名“云溪”，也称“明溪”，俗称“土山漾”。漾之南连埭溪塘，北通旧馆镇，西南接重兆。水上跨明溪塘、埭溪塘两座七孔石梁桥。2011年，被公布为浙江省文物保护单位。

盛林山 位于镇南偏西2.5千米花城村与黄龙兜村之间，山无石骨，树木苍翠，故名，俗称“上林山”。山顶原有五圣堂，清康熙中期改三元殿，清乾隆十五年（1750）沈三秀（石塘）额以“小蓬莱”，联云“土从何处称来，白云缥缈；林向几时盛起，流水弯环”。山西北岸有石堤，乾隆四十年东村徐厚斋募筑。解放后，有关部门探测，未发现有石骨，全是泥土基，并在山顶设地标测量点。盛林山桥西有社坛基，俗名“须弥地”，每年春社乡民集于此，社戏连日，今仍有此俗。山麓灵济寺创自元明时期，1998年获批准重建。

木瓜墩 位于镇西2.5千米处长生桥，原镇西公社、乡、镇所在地，习称“长生桥”，原名木瓜墩反渐被遗忘。因形似而名，又作“莫家墩”，至清末民国初已为桑地，双林民谣：“思溪重兆木瓜墩，一条直路到双林。”长生桥南堍是雉头村，过去名“凤凰潭”。木瓜墩与凤凰潭，原是四周环水的两个土墩。凤凰潭即凤凰泉，水深而

盛林山　　黄新明 摄

冽，乡人取以缫丝，洁润异常，泉潭在墩中。明初，两墩间无桥，只有拉渡。后在凤凰潭四边建 4 座石桥，东名“青龙”（俗称“东桥”，在今茧站旁），西名“白虎”（原至西兜、宋家兜，今废），南名“宁悦”（今村心店桥），北名“长生”（原单孔石拱，今改建钢筋水泥），与木瓜墩相连，又在木瓜墩建东西二桥。凤凰潭因四周有桥，地形如“山鸡”，故改名“雉头村”，而木瓜墩顺口称“长生桥”。宋代，木瓜墩有法昌寺，大殿供 3 尊大石佛。日本侵华战争时期，寺庙被毁，遗址位于今镇西卫生院东、供销社北，3 尊石佛今保存在镇西集镇街上。2010 年，木瓜墩被列入双林工业园区范围。

庆苑公园 位于双林镇东庄湾东北、旧绢巷东南沿市河处。1982 年 10 月建成，占地约 5000 平方米，是双林籍香港实业家沈炳麟资助 12 万余元在家乡所建的首个项目。门楼是仿古建筑，门额为沈迈士所题。进门见假山，上有澹然亭、静月池，隔池凌榭，东侧品茗处为恬心轩。北有清桐阁、庆德簃，门额为王个簃、谭建丞所题。庆德簃为陈列室，费新我撰书楹联“令德隆情惠老幼，和风甘雨乐家乡”，高度赞赏沈炳麟。簃中有米芾书《昼锦堂记》木刻四联屏、明代十八罗汉圣像及沈炳麟捐赠的战

庆苑公园　　金国梁 摄

国至清代青铜戈、铜镜、陶瓷器等文物，还有谭建丞捐赠的古琴桌。园内，遍植雪松、红叶桃、铁梗海棠、百年牡丹等名贵花卉及树木百余种，辟有儿童游乐场，是镇人游憩之所。

新我亭和费廊　沈炳麟为费新我而建，是庆苑公园第二期工程，耗时 3 年，1988 年 11 月 26 日落成。新我亭为六角形石亭，顶尖，翼角起翘，通高约 5 米。亭额“新我亭”三字，为林散之所书，亭柱楹联出自陆俨少之手，楹曰：“谦抑君自箴，为道日损；神采书可贵，于我常新。”旁书三行小字：“双林为费老新我故乡，因建石亭，以纪崇德。予综其平生立身行事，书写成此联。戊辰中秋八十叟陆俨少书。”因石质原因，小字今漫漶不清。费廊与新我亭同时落成。面西临河而筑，北敞开、背东南，长约 35 米，两端各建一座方形小亭煞尾，丹梁朱柱。廊呈曲尺形，上开漏窗六孔，孔与孔间嵌费新我书各类书体法书砖刻 11 方，其中第一方为费新我答谢沈炳麟五律诗碑。有阐述费新我对书法艺术领悟之作隶书《答乡亲问书道》。也有表述对故乡依恋之情的，如楷书：“吴兴水木明瑟，鱼疏鲜盈；有三碑遗泽，丹旭先型；有孟頫管姬，韵事流芬；更有名世湖笔，特品裱绫；吴兴，我的摇篮，我的褓裙。”另有行书《漫想与实情》碑：“人类的无

新我亭　　金国梁　摄

费廊 金国梁 摄

穷创作，就是上帝；勤奋正直而又贡献的普通人，也是圣贤；天地间万事万物对我有启迪的，都是老师；家乡的水土哺育我长大，故是母亲。”

寺、观、庙、祠、教堂

据民国《双林镇志》记载，镇有寺、庙、庵、院、宫、堂64座，其中39座位于镇区。建造年代最早的是水镜寺，建于唐贞元年间（785—805）。其次是澄心庵、庆善庵，分别建于唐咸通十二年（871）、唐大顺二年（891），其他大都建于明、清两朝。清末，镇上始出现洋教士，由杭州传入，首站莫蓉（儒林）沈家兜，创办天主教传道会，清光绪二十七年（1901）在双林建基督教堂，三十年开教。1925年，建造天主教堂。解放后，僧人还俗，庙宇基本无人管理，多移作粮库、茧站等他用。20世纪80年代始，逐步落实宗教政策，许多寺庙复建，香火重燃。据2010年统计，镇境有寺、庙、堂等78座，其中天主堂、耶稣堂、东岳庙、水镜寺、福田寺、吉祥庙、灵济寺、陶庵、广陵观等得以重建和扩建，获批准开放。

水镜寺（1934年） 黄笃初 摄

水镜寺 位于石街漾东，又名“水晶寺”，有响淳桥与东林村相连，北岸为斗姆阁，南与文昌阁相望。山门朝西，与对岸东岳庙渡船往来。俗称“水居寺”，因其在水中央。唐贞元年间（785—805）建，明初常遇春攻湖时殿宇俱毁，遂为墙里吴氏墓地。明崇祯十六年（1643），释通隐有志恢复。清顺治年间（1862—1874），僧寂缘募得吴氏墓地重建，其徒照源继承。至清末，水镜寺住持有名望高僧13人，其中元代高僧中峰明本与赵孟頫交往密切，现存二人交往书信多篇，其他有月江、道坚、通慧（双林人）、释通隐、寂缘、照源、素志等。自清中期始，水镜寺规模逐年缩小，至1932年仅占原基的1/4。寺有经书数万册，故在镇上另设经堂（藏经楼），经堂所在巷至今仍称经堂巷。解放后，寺宇地块划为蔬菜场。“文化大革命”期间被毁，仅剩寺房朝西殿和后殿二厢房，小佛像数尊。1968年起，为苕南公社水产大队所在地。1970年，殿宇尽被拆除，佛像移至澄心庵。后苕南公社在此建水泥厂，在原响淳桥西北沿河处发现厕缸15口，可证原水镜寺僧人之多。1980年，与东岳庙间原拉渡处建木梁，后改木梁为水泥梁桥。1997年，批准重建。2010年始，由释行妙（俗名刘昌峰）负责募资重建，任监院。2011年，登记开放，住持释中德，有僧人9名。至2015年年底，有天王殿、财神殿、香积厨、五观堂、念佛堂、僧寮、客房、综合房等。

福田寺 位于双林北谢村寺兜西岸，唐大中年间（847—860）创建，原为谢灵运故宅，大顺时改今名。明代，为湖州二十七教寺之一。庙宇除大殿、经堂等外有99间，有僧人130多名，占地约1公顷，庙产田地100亩。多次损毁，几经重修。至“文化大革命”时仅剩僧人1名，后彻底被毁。2012年，批准复建。有僧人13名，住持释演法（俗名马建明）。

灵济寺 位于盛林山麓，建于元明时期，历代修葺，为胜地。清咸丰初期，里妇郑凌氏捐资改山门为金刚殿，又于其东建土地殿，后建僧楼。清咸丰八年（1858）八月毁于寇，存金刚殿，后逐年兴建。民国时，曾驻军队，战事数起。1995—2005年，信徒和徐某某等人资助修建大殿，请佛像等。其间，1998年批准重建，并登记开放。2014年年底，释果明（俗名吴留朋）任住持，有僧人3名，建有大雄宝殿、观音殿、老爷殿、综合楼、吹台等。

陶庵 位于陶庵前村，古称“大四圩”，因庵改今名，又名“净因庵”。明代里人沈春渠别驾祠，供肖像，住尼姑，后住僧人。清乾隆年间（1736—1795）废，至清末民国初供如来、观音像，但香火稀淡。“文化大革命”中被毁。1993年重建，1998年登记开放。占地1200平方米，经宗教部门批准，供如来、观音、陈周亲母像。曾有万元坛传人王阿荣住庵主持。2010年，改庵为寺，名依旧。2013年4月，住持释觉成（俗名马树林）入寺，建有天王殿、大雄宝殿、陈周殿、财神殿等。

华严庵 位于三元弄与爱国路4支弄交叉口，本名“法真道院”，又名“三官殿”，羽士所居，后易僧。南宋始建，几经毁建。清雍正八年（1730），里人王德斋、谈静庵等捐资重修，供天官、地官、水官、护法等神像，临河修筑青石栏。清光绪三十三年（1907），作双林第一国民小学。解放后至2015年，先后改驻第九居民会、爱国路社区等。现存屋三开间，一进深、二厢房。

广陵观 位于镇西曹桥村，也称“广陵侯庙”，俗称“北石淙太君堂”，南宋咸淳十年（1274）始建。与石淙太君堂、双林太君堂同，均为祀水神庙宇，三庙至今香火旺盛，东至嘉兴、嘉善，南至德清、塘西，西至长兴、安吉，北至太湖各漤香客常来膜拜。除农历正月十一、九月十六两次重大庙会活动外，平时多有拜太君、满月、周岁、满罗汉等活动。历经多次重建。1954年，改作茧站。“文化大革命”中，庙基、神像被毁。1999年、2002年，耗资120多万元重建、扩建，资金主要源于镇西一些企业资助及众信徒捐助。2002年7月，批准为道教场所，改名“广陵观”。占地4256平方米，其中大殿占地373平方米，供太君神像，后殿奉百子神像，东西各有厢楼相连。与前殿相对有吹台，供各类活动和祭祀演出。道长沈子新主持，常住一人在观管理。

灵济寺

黄新明　摄

东岳庙　位于双林塘万元桥东北约150米处。历史上原地为旧乡约所，清顺治八年（1651）建，次年吴之荣主持乡约所，殿额挂“承恩”。清康熙中期，改为岳庙，挂“天钟正气”额，宁波陈一夔撰联：“纬武经文，事业昭垂两浙；精忠亮节，灵爽炳著千秋。”其间，复建范承谟祠（地藏殿），后毁于火。清乾隆三十年（1765），里人陈鲁传捐修，并募修敞厅、行宫、吹台。僧圣风建露印庵，兼司乡约所香火。至清道光至咸丰年间，香火甚旺，东南角增设轿房，西北建楼房，每年农历三月二十八东岳圣诞，灯彩辉煌，铺陈华丽，吹台演唱，百戏杂陈。清咸丰十一年（1861），毁于寇。清同治七年（1868），里人募建寝宫，宁波人建敞厅，轿会人建轿房，从此庙事又盛。清光绪二十六年（1900），因夜会滋事，有人提反对意见，遂自绝。抗日战争结束后至解放前，东岳庙逐年荒芜，无人管理。1950年后，归双林粮管所作粮仓，仅剩大殿和2个石狮。1969年，庙地归苕南公社农机站农机厂，拆除全部原有建筑，2个石狮其一被翻入正南帮岸下，其二被翻入东南角帮岸下。1997年，苕南机械厂迁至东双林，批准原地重归东岳庙。2000年，由香客及各界人士募款重建。2015年年底，吴新芬任道长，常住6人。有大殿、前后观音殿、后宫、西天王殿、太君、吕王、经堂、祖师、神王、南林安乐王殿等。

东岳庙（1932年）　　黄笃初　摄

吉祥庙 原为吉祥庵。位于莫蓉七星村，为民间草庵，额“吉祥庵”。2005 年建，占地 1227 平方米，建筑面积 700 平方米，由当地信徒和徐氏、杨氏、陆氏共同资助建成。庙内供奉神像，一座是宋时兵马总监刘猛漕粮押运官神像，称“都天安乐王”；另一座称“本堂三爷”，是刘伯温在花城的一位好友，在世时对民众体恤，救灾平乱，后被奸臣所害，甚至死后还想着百姓安危，入殓时，头怎么也装不正，一直歪着，故又俗称“歪头老爷”。2015 年，道长沈金海主持，另有 1 人负责日常管理。

文昌阁 正名“奎文阁”，位于石漾东南、虹桥港北水口，与水镜寺隔水相望。镇境内原无文阁。旧时镇人认为镇人考取功名者不多，皆因虹桥港北水口关锁未紧之故。清乾隆三十六年（1771），汤在文、俞厚村等聘请沈朗亭定基于此，募资筑基，建阁西向，三十八年落成，四面轩窗，正对万元桥中洞。上奉文昌、武曲神像，由水镜寺僧主持。清嘉庆二十年（1815），重修。清道光十七年（1837），郑祖琛又修，垫址加阔，护以石栏。清咸丰十一年（1861），神像轩窗俱毁于寇，后里人重修。每年农历二月初三文昌诞辰，镇人群往拈香礼。此阁四面皆水，来往不便，原靠水镜寺僧唤渡往来管理。清末至 1956 年，一直无人管理，经风雨侵蚀，逐年圮垮，只剩花岗石基。1975 年，又

文昌阁（1929 年） 黄笃初 摄

因船只常搁浅于基石，航道部门用炸药炸之，但未成功，后立航标，引导船只过往，基石至今基本完好。

祠堂 民国《双林镇志》记载，有祠堂56座，其中贞节祠1座、孝子祠1座、圣祠1座、总管祠1座、个人祠4座（凌汉章祠、沈敬斋祠、凌振锋祠、朱自闻祠），各宗室祠堂48座。黄氏支祠，位于俞家弄8号，坐北朝南。清咸丰八年（1858），黄祖琇与族人同建。清咸丰年间（1851—1861）毁，后又重建。分列东西两条轴线，双林现存其中一座。大门上方可见“黄氏支祠”四字。陆府前蔡氏祠堂位于东庄湾2号蔡宅，清末建筑。坐北朝南，分列三条轴线向北延伸至原芦菲漾，建筑体量大，用料考究，营造精良，占地约1350平方米。

耶稣堂 位于化成桥北堍偏东。中文译名“圣特耐堂”，属基督教。清光绪十三年（1887），苏州连环在南浔地区设循环司。由洋人葛麦思和夏治川边办学边开教，华人曹子实开始传教。清光绪二十七年（1901）建，1919年扩建。教堂所办学校是常州、闵行、湖州、无锡、南翔、双林等11所早期教会学校之一，称东吴第九小学，抗日战争前夕迁至南石竞更名“石竞小学”，抗日战争开始后停办。在教堂任传教士的先后有夏治川、葛麦思、柏士英、吴直民、李云林、张一山、郑得山、林之叶、章金森、彭茂颀、林启祥、章炳春、明美丽（美国籍）、韩文伯、吴剑秋、王维翰、汤志范、赵兵荻。1966—1986年，教会停止活动。其间，“文化大革命”中教堂被挪作他用。

耶稣堂（1935年） 黄笃初 摄

1986年归还，1987年恢复活动，由徐英华负责。1994年，得当地政府支持和香港爱国同胞沈炳麟资助40.96万元，翻造老教堂，现大门右侧立有“香港爱国同胞沈炳麟先生为纪念母亲逝世三十周年，捐资重建双林基督教堂，一九九四年十月立”字样碑石。另一碑石刻“AD1920中华民国九年大关监理公会建，真理基础，南浔崔恒大，徐恒兴承造”。1995年，由神学院进修生张新琴负责（2008年升牧师）。2007年，在西高桥外（今新教堂路）西侧购地6691平方米，投入644.5万元新建教堂，取名“新恩堂”，2008年5月1日举行落成典礼，近万人参加，主堂门楼朝东，四层，高30.55米。2010年，成立堂管会，传教范围包括双林、镇西、重兆、塘南、旧馆、苕南、莫蓉、马腰等地。2015年，有信徒2700余人。

天主堂 位于双林镇塘支湾10号，双林中学东大门口。清光绪三十年（1904），由外国神父马安德等人在此租民房开教。民国初，属江西和杭州牧区，以圣女小德兰为主保。1925年，神父马安德和魏振东购地1600多平方米始建教堂。1928年，扩建教堂及其他用房5间，193.42平方米。天主教罗马教廷在湖州设立总本堂，双林堂由总本堂神父包壬道主持。民国中后期，爱尔兰籍陆凯、尹尔高等人先后在附属用房内开设西医诊所，边行医边传教。1947年，成立教堂所属路加诊所，由黄士谓医师主持，有2名护士。1953年，外国神父回国，路加诊所由政府接管。“文化大革命”期间，被双林中学用作图书馆和室内运动场地。改革开放后，经神父包壬道、修女薛云霞及众教友多方联

天主堂（1985年） 金国梁 摄

系，教堂得以归还。1984 年 3 月，由神父朱峰青主持复堂。1989 年 7 月，神父柯德华到教堂考察，资助整修、扩建，新增两层楼 4 间，教堂顶增设钟楼 1 座。天主堂施教范围涉及双林、镇西、重兆、莫蓉、马腰、轧村、旧馆、荃仁、苕南、鲍家兜、徐家桥等地，有教友 1000 多人。有常住神父、修女，以及教友服务性组织，每天举行感恩祭及其他圣事活动。沈家兜天主堂为镇境另一处天主堂，清光绪二十三年（1897）始建，由薛姓者引入杭州教区外国人传道。20 世纪 80 年代，登记、开放。2005 年 12 月 15 日，重建新堂落成，同时举行庆典。

名人故居

徐有壬中丞第 位于耕坞桥东北、环兴桥西南，雨花庵弄 8 ~ 20 号。清道光年间（1821—1850）建，坐北朝南，分列东西两条轴线，占地约 1930 平方米，五开间四进深，两侧长廊，临河石磅口 2 座。徐有壬，字君青，又作钧卿，清道光九年（1829）进士，官至江苏巡抚、荣禄大夫。精于算学，是清代数学家。据原有砖刻所记，耕坞桥东北老

徐有壬中丞第　　金国梁　摄

宅第建于清顺治年间（1644—1661），徐有壬宅第于道光年间始建于河界桥西南，现建筑由道台徐铸久重建于清光绪十年（1884）。另据徐氏后人徐德宏所述，长廊北末端有水阁，水阁有大石柱，共三层，而三层四面和顶部都是玻璃。因徐有壬既是数学家又是天文学爱好者，夜间在水阁观察天象。正厅屋顶并列排有 12 把钢叉，故双林有“钢叉墙门徐家里”之说。2003 年 8 月，市文物局以“徐有壬旧宅”之名公布为湖州市文物保护点。

沈稠中丞第　位于今沈家桥北。清中期，成为泾县丝绢公馆，即式好堂，其旧屋今尚存。沈稠，字时秀，号观颐，沈珍之孙，双林镇吴家庄人，明嘉靖三十八年（1559）进士，官至佥都御使巡抚福建。

姚学塽进士第　位于原钟秀坊西，姚家弄 8 ~ 10 号。坐北朝南，分东西两条轴线，堂名“玉彝堂”，门前有石元宝一枚。姚学塽，清嘉庆元年（1796）进士，历官兵部主事、郎中等职。1 ~ 2 号“映玉堂”，三开间二进深建筑，为姚学塽后代姚其湘（梁希岳父）所有。12 ~ 15 号“传玉堂”，清末风格，四开间一进深建筑。3 座建筑至今尚存完好。

李宗莲进士第　位于南竞路东与俞家弄交叉口 11 ~ 15 号，今尚存。李宗莲，字友兰，号小浮玉山人，清同治十三年（1874）进士，历黔阳县知县、辅长沙知县，擢郴州直隶州知州等，致仕后参与陆心源主编的《唐文拾遗》《宋诗纪事补遗》，为陆氏《皕宋楼藏书志》作序，著有《怀岷精舍诗集》2 卷、《怀岷精舍文集》2 卷、《怀岷精舍金石跋》4 卷、《怀岷精舍金石跋尾》1 卷，辑《金盖山志》《杜工部祠墓志》。进士第占地

姚学塽进士第　　金国梁　摄

李宗莲进士第（一） 黄新明 摄

李宗莲进士第（二） 黄新明 摄

约 1750 平方米，三进深，梁架及轩廊雕刻精美。第内原有清末“肃静”“回避”硬牌等遗物，1980 年前后被毁。内有“小姐楼”，2009 年被房屋开发商损毁。2010 年，据李氏后裔李斯元寻根时提供资料所述，李宗莲老宅原在耕坞桥一带，名“荫德堂”。2013 年，以危房为由，进士第被拆除西半部分。

古民居

虹桥陈宅 位于虹桥弄路 5 支弄。明末至民国初建筑群，坐北朝南，分列东、中、西三条轴线，南北共三进，占地约 1500 平方米。东轴线前后共四进，其中有清中期天井青石雕花坛，是双林现存唯一，所用建筑材料考究，建造精良，雕刻工艺精湛。其中北幢，原北临河，有廊椽水砀口，中西结合建筑风格。内部有半西式木楼梯，彩色玻璃窗，厅堂天花板装饰西方色彩。与南浔张石铭宅正好相反，一个是“金屋藏娇”，一个是“外洋内中”。

虹桥陈宅 金国梁 摄

虹桥蔡宅 位于虹桥路 18 ~ 22 号。清中期建筑，坐北朝南，分三条轴线，占地约 2000 平方米，建筑体量大，营造精良，工艺精湛，外墙厚 60 厘米，内部有大量砖雕、木雕，保存尚可。蔡氏自元代由处士蔡希到双林定居，成双林望族。族中多人从官，但在位不高，如兵马副使蔡商、恩科举人蔡原青等。蔡蓉升以授徒为生，晚年以贡生官武

虹桥蔡宅（2001 年） 金国梁 摄

义、桐庐教谕，后创蓉湖书院，编有《双林记增纂》12 卷等。

沈史曾旧宅（2001 年） 金国梁 摄

沈史曾旧宅 位于金锁路杨树弄 1 支弄 10 号。民国初建筑，坐东朝西，三条轴线展开，占地约 700 平方米。传统扶梯、花窗等融入西方特色。传统木雕装饰保存完好，仪门上方书“维新气象”四字。沈氏为双林镇大姓望族，爱国华侨沈炳麟、沈本瑛、沈庆同等均为族人，现为沈澄衷及其子女居住。

南竞路潘宅 位于南竞路 24、25、28 号。民国初建，坐北朝南，内部木雕精美，占地 550 平方米，分列东西两条轴线。保存尚好。

旗杆埭陈宅 位于旗杆埭 25 号，前后二进深，民国初建筑，中西式立面。双林老字号酒楼“三凤楼”老板陈杏荪建造。坐北朝南，两条轴线，占地约 300 平方米。

经堂巷高宅 位于经堂巷 12 ～ 16 号。现存三开间三进深，坐北朝南，占地约 620 平方米，其中后两进建于清末，第一进建于民国初。

九思弄陈宅、沈宅 陈宅位于九思弄 1 ～ 2 号。坐北朝南，四开间一进深，民国早

九思弄（2003 年） 金国梁 摄

九思弄陈宅 金国梁 摄

期建筑，是重兆陈云轩在双林的宅第。抗日战争时期，作镇公所、民国吴兴县路东办事处等，解放后一度作双林人民法庭。1958 年，双林大公社驻此，保存尚好。沈宅位于九思弄，清中后期建筑，坐北朝南，分两条轴线，占地约 400 平方米，两轴线间以备弄相隔，东轴线建造年代略早于西轴线，原为沈绍梅、沈春林二人居住。

东庄湾蔡宅 位于东庄湾 2 号、8 号。均建于清后期，其中 2 号坐北朝南，建筑分列三条轴线向北延伸至原芦菲漾，建筑体量大，用料考究，营造精良，占地约 1350 平方米，内含蔡氏祠堂 1 座，现辟为镇劳动服务所。8 号为三开间三进深建筑，占地约 580 平方米，建筑内木雕精美，与泾县会馆相邻。

凤凰路赵宅 位于凤凰路 31 号。民国中期赵作富建，仿西式立面。解放后，作双林镇财税所。20 世纪 70 年代后期，在此筹办双林墨河画苑。现保存较好，赵氏后裔仍居此。

胡善庆旧宅 位于宝庆巷 9 ～ 11 号。坐北朝南，二层楼房，五开间一进深。民国初建，用额枋承重，料较大，并雕刻缠枝花卉。胡善庆曾于底层开设“同泰康”中药铺。

陈锡藩旧宅 位于财源弄 6 号。坐西朝东的为新宅，民国初建。坐东朝西的为老宅。二宅由过街拱形桥楼相连，占地约 400 平方米，颇为美观。1947—1956 年，陈氏新宅被辟为双林镇邮政所。

王氏志远堂 位于港北埭 23 号。清中晚期王氏筑，取名“志远堂”，坐北朝南，前窄后宽，三开间二进深，占地约 250 平方米。

东荡里陆宅 位于东荡里 32 号。双林轮船码头东侧，坐北朝南。民国初建，三开间二进深，占地约 300 平方米，东侧原有廊房，与东荡相接，北侧大硚口，民国时用作

东庄湾蔡宅　　金国梁　摄

码头，至1976年弃用。抗日战争时期，国民军六十二师在西侧楼上架设机枪，抵抗日军入侵双林。

郑氏住宅 位于浮霞墩三元弄2～13号。坐北朝南，原分为店铺和住宅，一弄之隔，占地约1000平方米。店铺“郑元记布庄”建于清中期，属双林镇布庄同业之最，2008年年底被拆除改造。住宅至今保存完好，二进深三开间楼房。1927年4月20日，双林人、中共地下党员金鼎在郑元记布庄老板郑同赓的协助下，在此宅楼上秘密组织召开“清党”对象座谈会。现由多家租户居住。

金万堂 位于蒋家弄10号。清中晚期建，是双林人对百年酒楼“金胜叙”宅第的俗称，堂名“承德楼”。坐北朝南，分列东西两条轴线，占地约800平方米，前后三进深三开间，也称“里金万堂”。南宋时，金氏由徐州支系而来，分布在金家庄、金家兜，其中一支在斗富兜建半亩园，后在镇上置地建里外金万堂。外金万堂原有私家花园，建水榭亭楼、荷花池，分北楼、南楼，1979—1980年建自来水厂后，花园消失。现存宅屋保存完好。

天成里陈宅、胡宅 陈宅位于天成里2～8号。坐北朝南，三开间三进深，清晚期

金万堂　　金国梁　摄

天成里老宅　　金国梁　摄

建筑，占地约580平方米，装饰木雕精美，重兆陈四阿大所建。胡宅位于天成里3～11号，坐北朝南，三开间三进深，清晚期建筑，保存较差，占地约530平方米，现北端墙脚有一尊“石敢当”，颇具特色。

俞守纯、俞杰甫旧宅　位于南石竞6号、32号。清末民国初建筑，均坐北朝南，分列两条轴线，三开间三进深建筑，两处占地共约600平方米，保存尚好，其中一堂名“复善堂”。

沈河坊9号民宅　位于9号原双林中心幼儿园内。现存大门和一进楼厅，较高大，建于清末，占地约210平方米，据传原有武状元张某居此，前后进间曾有石碑坊1座，今保存一般。

油车弄蔡宅　位于油车弄32号、48号。清末建筑，坐北朝南，三开间二进深，占地约400平方米，保存尚好。原为蔡铨贤所有，开设生大南货店。

金锁路许宅　位于金锁路44号。清末建筑，坐东朝西，三开间二进深，占地约400平方米，保存尚好。

王英甫旧宅 位于菩提弄12号。清末建筑，原非王宅，王英甫民国早期任双林保卫团团总时居此。坐北朝南，分两条轴线，占地约900平方米，保存一般。

蒋家弄汪宅 一处位于蒋家弄7号，清末建筑，坐东朝西，三开间三进深，占地约350平方米，双林汪氏一支，开设西栅汪氏米业。20世纪50年代，作盐业仓库，“文化大革命”中作抄家物资仓库。另一处位于蒋家弄3号，民国初建，坐北朝南，三开间二进深，占地约310平方米，原为汪氏，后售与沈氏，保存一般。

苕南吴宅 又称“东南角吴宅”，位于苕南严家板桥村。清末建筑，占地约450平方米，坐北朝南，三开间二进深。

罗汉里李宅 位于苕南西阳罗汉里村。三开间二进深建筑，清末建。有“克昌厥后”字样灰塑门楼，后厅有柱联尚存。建筑体量大，用材考究，装饰工艺较好。

汪家弄汪宅 位于汪家弄4～6号。建于清末，三开间四进深建筑，占地约870平方米，内部木雕精美。原汪宅与现存汪宅南北距离300米，南部建筑无存。2001年，拆毁最后一座，即双林丝厂北大门以南一带，曾是汪宅尚德堂，内有私家花园访园，曾驻日军司令部，后辟为祥和茧库、生产资料仓库等。

汪家弄汪宅一角 黄新明 摄

汪家弄 黄新明 摄

千亩塥吴宅、姚宅 位于镇西千亩塥东汇角村港南沈家门自然村。均为晚清时门堂式楼厅建筑。吴宅三开间二进深，坐北朝南，有轩廊、梁架，牛腿雕刻精美。姚宅五进深五开间，有东西厢房，前后贯通成走马楼，花岗岩墙基石，占地约 350 平方米。抗日战争期间，吴兴县战时流动政府及李泉生部队曾驻此。

镇西杨宅 位于镇西雉头村 83 号。杨郁生医生故居。三开间三进深，原大门前有一条小河，现河被填没。宅楼保存较好，占地约 650 平方米，正厅和前天井完整无损。杨郁生，双林医院创办人之一，曾留学日本学喉科，回国后在杭州创办西湖医院。现仍有杨氏后人居此。

其他古建筑

西荡航船埠头 位于新街社区。明代，双林开埠后即有，整体呈“凹”字形，坐东朝西，南北驳岸，东侧河埠，占地约1060平方米，1956年复修，保存尚好。2011年2月，被公布为湖州市文物保护单位。

西荡航船埠头 金国梁 摄

启泰当铺 金国梁 摄

启泰当铺 位于墨河画苑西侧，庆苑公园西北，占地1680平方米。清同治年间（1862—1874）建，清末双林镇四大当铺之一，曾作粮库和粮管所属食品厂，现由双林粮管所卖给私人所有。内部结构损坏严重，外墙近一半保持原状，石灰石墙脚保存基本完整。

高兴记米行 位于米行埭19～25号。坐西朝东，清末建筑，分列三条轴线，占地约560平方米，各处建筑木雕精美，保存尚好。清咸丰十年（1860），高氏米业掌门人高菊亭在此开设恒茂米行，清末民国初由高庄夫更名为“高生记”，后在其北开设“高兴记”，由高义清、高尹石接掌经营，并在金锁桥另一侧塘口（万元桥南堍）由高子辉开设“高庆记”米行，机器碾米，高氏米业是双林业界巨头之一。老屋尚存。

高氏米行 金国梁 摄

张公和米行　　金国梁　摄

张公和米行　位于虹桥港望月路 19 号，民国初建。张氏建筑在虹桥路原有两处，一处在原双林人民医院，“文化大革命”中改建双林人民医院，另一处在现址。现存三开间二进深及偏屋 3 间、后天井 1 座，占地约 500 平方米，此为张公和米行营业处，为双林三大米行之一。张氏早期在虹桥港一带经营生活、生产资料。清后期，改营米业。民国时期，后裔大都外出。老屋尚在。

双林粮仓　位于双林镇塘北，属双林粮食管理所。现有粮仓 7 个，占地 1350 平方米，20 世纪 60 年代建。粮仓分南北向排列，被列为国家储备粮库之一，有新型无木圆顶库多座。

轧米车间　位于双林镇塘北路，今双林粮油公司内。坐北朝南，二层砖木结构，占地约 125 平方米，20 世纪 70 年代建，现仍在使用。

卫生院旧址　位于现双林丝厂托儿所。坐北朝南，1956 年建，二层砖结构，面阔三间，进深五间，占地约 300 平方米，建筑四周空阔，保存较好。

大观楼（天韵楼）　位于新市场（明月巷 6 号）。民国初，由熊蒲昌开设茶楼，三层七开间一进深加北附屋，占地约 300 平方米。民国初至抗日战争结束，是双林各界息事处，三楼为包厢，二楼大堂有堂戏之类活动，一楼为大众喝茶处。时有跑堂倌 12 人、服务员 5 人，还设晚上茶室。后大观楼开始败落，三楼存二楼。解放初，经改造与天韵楼饭店合并，二楼为天韵楼饭店，底层为茶室，改称国营“天韵楼”。

古遗迹

石街、砖街、石路　石街，在石漾（织旋漾）中，元代为墟市，绫绢织户环聚，旧有石堤为街，久没漾底，旱时可露出水面。砖街，在普光桥西北（今东双林村工业区），明时东林市街，由砖铺成，砖长二尺余，砖坚于石，细腻如羊脂，可作磨刀石、砚台，今湮没。石路，在镇北，民国《双林镇志》载："自化成桥至旧馆二十里石路三千六百十余丈，明季义民陈元筑，顺治己亥［十六年（1659）］凌宪募成，乌程陈肇英有记。"解

金锁埭上的石砾口　　金国梁　摄

放后，尚保持完好，为双林经旧馆至湖州主要陆路。20 世纪 90 年代，村级公路兴起，多段石路遗迹尚存。

花岗石圆帮岸 位于河界桥西南（原沈宅前），西与徐有壬故居紧邻。清末，沈子庄祖上族人建。沈宅竣，家族却败落，又毁于火，仅存花岗石圆帮岸，为双林现存最完整、最整齐的石帮岸。镇上他处现存市河多石砾口、石砌帮岸。

古香樟、古银杏树 澄心庵古香樟树，清顺治年间（1644—1661）澄心庵住僧谛辉植。至 2014 年，树龄 350 年左右，主杆直径 1.5 米、高 25 米，树冠直径 20 米，分叉 4 支，叶茂，无枯萎迹象。被湖州市林业部门定为二级古树。梁希故居古银杏树，清道光年间（1821—1850）梁氏家族植。至 2014 年，树龄 200 年左右。主杆笔直，直径 1.2 米、高 25 米。被湖州市林业部门定为二级保护古树。2015 年，入选“浙江最美古树”。

湾西小圃 位于凌家湾。清代凌昌言于此设馆教授，创小圃，宣城沈楞崖有记。凌昌言之子沈应钧、沈洪仁俱肄业于此。小圃北有荷花池，秋海棠最盛。沈楞崖诗：“高馆署湾西，沄沄望欲迷。闲门乱水合，片石杂花低。人比岨崃逸，风疑罨画溪。狂奴态不减，乘醉漫留题。”今有遗迹。

澄心庵古香樟树 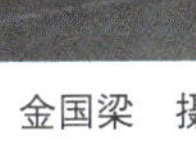 金国梁 摄

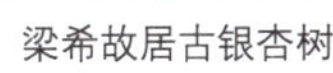
梁希故居古银杏树 金国梁 摄

鞏三庄 位于邢窑北下鞏三圩，即今下平山、瓦平三。清乾隆三十六年（1771），俞涵创建。他利用内外涝田数顷，仿古井田法开沟渠、修田埂，植桑柳于池周。经营十几年后，建楼5间，课农之暇憩此，题名“乐耕”，引为自号。后归桐乡徐姓。现尚有土墩、围塘遗迹。

伴石居 位于墨浪河北，大通桥东南双林丝厂、双西茧库一带。古时称“盘龙府”。清乾隆二十一年（1756），张心、陶志泳创筑，亭台高阁，累石曲廊，有半舫在二池前，古树盘郁，四时花果不绝。沈莪村曾课读其中，名之曰“伴石”。清末民国初，归蔡氏，名“借园”。日本侵略军侵占双林后遭破坏。今有两方池塘，遗迹可寻。

文化遗址

洪城遗址 位于双林塘北岸、洪城村南侧（今属南浔马腰）。面积约10公顷，遗址西部出土以夹河泥质红陶为主，器形有腰圆釜、泥质红衣陶豆、牛鼻形器耳、双耳式圆形鼎足等。东部以夹沙灰黑陶和泥质灰黑陶为主，器形有镂空高把豆、鬶、罐等。石器有刀、斧、锛、镞等。遗址保存完好，遗物丰富。是公元前2100年至前1600年奴隶主洪氏的土城遗址，对研究新石器时代文化和太湖流域发展史有重要意义。1989年12月，被公布为浙江省文物保护单位。

丁泾遗址 位于苕南西阳村东丁泾自然村。新石器时代至商周时期遗址，面积约1.4公顷。1985年文物普查，在丁泾塘河西侧断面发现马家浜文化地层堆积，采集到腰圆釜、牛鼻形器耳、圆锥形鼎足、鳊鱼鳍形鼎足、豆把、穿孔石斧、印纹硬陶残片等标本。2003年1月，被公布为湖州市文物保护单位。

邢窑遗址 位于苕南邢窑村村委会西侧。新石器时代晚期至商周时期遗址，面积约4公顷。1989年3月，被公布为湖州市文物保护单位。

花城遗址 位于双林镇南花城村。新石器时代晚期遗址，面积约2000平方米，

花城遗址石碑 黄新明 摄

1975 年冬至 1976 年年初，市博物馆配合开河工程发掘清理，发现良渚文化时期较完整的木构窖穴。出土珍贵文物多件，其中有黑皮陶，对进一步认识湖州地区良渚文化特色提供新思路。1989 年 3 月，被公布为湖州市文物保护单位。

盛林山遗址 位于莫蓉与镇西黄龙兜村相邻处。新石器时代晚期遗址，面积约 2.5 公顷，发现夹砂红陶鼎足、泥质陶竹节把壶口沿、印纹硬陶片，饰回纹、云雷纹、水波纹、弦纹、席纹等。2003 年 8 月 27 日，被公布为湖州市文物保护点。

盛林山遗址石碑 黄新明 摄

荣村遗址 位于苕南三田漾石桥头村藏缸圩。新石器时期至春秋时期遗址，面积约1公顷。采集到夹砂陶有鱼鳍形鼎足、泥质灰陶竹节把、罐、钵、印纹硬陶，饰曲线纹、米饰纹、云雷纹、水波纹、田子纹、方格纹等。

谢村遗址 位于苕南三田漾谢村。春秋时期遗址，面积约1公顷。发现大量唐宋时期建筑用砖瓦，有少量夹砂陶鼎足、泥质红陶片、印纹硬陶残片等。

宝塔漾遗址 位于莫蓉儒林村渔船墩自然村北。商周时期遗址，面积约1.3公顷。发现有夹砂陶鼎、罐、壶等，以及泥质陶片、竹节形豆把和少量印纹硬陶残片。

环桥（前营桥）遗址 位于莫蓉儒林村环桥一带。商周时期遗址，现存面积约1公顷。遗址西部发现夹砂红陶片、泥质灰陶、印纹陶残片。1992年7月8日，儒林村环桥西北侧坟头村砖瓦厂原堆放砖坯处取土时发现南宋时期青铜器窖藏。同年7月9—16日，市博物馆进行抢救性清理，出土青铜器12件，其中青铜提梁卣、三足炉、方形盘、壶等6件经鉴定为二级文物，青铜鼎为三级文物。

效五圩遗址 位于双林镇西土山村效五圩自然村西。商周时期遗址，表面发现泥质陶豆残把，饰有弦纹、划纹、戳印纹，另还出土印纹硬陶片。

俞家兜遗址 位于双林镇西土山村俞家兜。新石器时代至春秋时期遗址，面积约5000平方米。采集到泥质灰黄陶豆把陶片、夹砂红陶、印纹硬陶，饰有回纹和方格纹。

花盘兜遗址 位于莫蓉花盘兜及西湾村西桑地，西临鹚泊漾。文化层埋藏较深，疑有唐宋时期墓葬，时间跨度约为新石器时代晚期至商周、唐宋时期。

山后头遗址 位于莫蓉花城山后头自然村。新石器时代晚期至商周时期遗址，面积约2公顷。

古村落

东林村 即东双林村，位于镇东，现双林镇故镇，南濒双林塘与织旋漾，东西长约

1.5 千米。盛产蚕丝，世以织绫绢为业。宋南渡时聚商于此，又名“商林”。明代，东双林普光桥西北有市街，用砖铺成，名“砖街”，至清末民国初尚存。旧时曾以普光桥为关栅，东南临织旋漾，西以响渟桥和古水镜寺相连。元代名士昆山顾阿瑛奉母寄居于此，并筑楼名“白云海”。直至清末民国初，向为游赏胜地。现有居民 30 多户、100 多人。总管庙重建，吹台又筑，西临水镜寺与东岳庙。

花城村 位于镇南 3 千米莫蓉花溪，又名“花塍”。元末沈梦麟于溪东筑别业，花木葱郁，故名“花溪”。刘伯温时与其子嗣寓居溪上梅花庄坐馆授徒，与沈梦麟宅相邻，多有诗札、墨迹往来存于世。别业现无迹可寻。1975 年，发现花城遗址，属新石器时代晚期，发现良渚文化时期较完整的木构窖穴，出土珍贵文物多种，其中有精美黑皮陶器。村西有盛林山、山后头 2 处古文化遗址。盛林山三面环水，山前灵济寺，东登瀛桥，西有西林桥，东南有牌头山，南有瓦将漾。盛林山桥西有社坛基，俗名“须弥地”，约 3 亩，每每春社乡民集此，社戏连日，今仍有此俗。花城古村落包括北岩、盛林山、牌头、蛮五、庙山等地，东西向沿花溪一线，有 300 多户、1000 多人，溪上留有积善、史家 2 座古石桥。除文化遗址外，盛林山灵济寺重燃香火，牌头塲湾遗迹尚存。花溪两岸花木葱郁，是钓鱼的好去处。

儒林村 位于镇南 4 千米，东北侧与花城相邻，别称“仕林”，周有前营桥、后营桥、屯兵桥、洗马湾等。前营桥俗称“儒林环桥”，桥北即古花城。南宋时驸马杨镇驻军于此，营造府第，方圆近 1.5 千米，延至北岩一带。有环桥（前营桥）、宝塔漾 2 处古文化遗址。环桥（前营桥）遗址发现南宋青铜器窖藏，1992 年 7 月 9—16 日出土 12 件青铜器，其中提梁卣、三足炉、方形盘、壶等 6 件为二级文物，青铜鼎为三级文物。儒林村有墨池潭，即南宋驸马杨镇故园址，前后有 2 个潭。清顺治初期，耕者得古碑，额“墨池”二字可识。1978 年，村西一家砖瓦厂取土掘得此碑，今尚不知去向。村中一户杨姓人家拆建老屋时于壁中得一枚鎏金铜印，印面刻“驸马都尉”四个字，今存。历史上所属北岩自然村（今属花城村）石砌帮岸，河道弯曲，老屋数楹，极幽静。儒林向为双林镇南的游玩佳处，主要包括石桥、环桥、西埭、北埭等地，有 300 多户、1000 余人。环桥南北有市尘、庙宇，为热闹处，解放后有供销社、茧站等。

西阳（丁泾）村 位于镇北。所辖西阳、丁泾、庄汇头 3 个自然村，有近 100 户、300 人，东西长约 1.5 千米，境内有古遗址，村群错落有序。境内河港交错贯通，有大小独岛近 10 个，水质佳。西阳自然村有 31 户、140 人，历史上是苕南北片一处集市，有庙宇、戏台各1座，秀源、迎紫、博济、登云、伏虎、观音等古石桥，其中观音桥为小跨径单孔石拱，是双林境内现存最小的石拱桥。丁泾自然村至今保留清中后期古建筑群，体量大，占地200平方米，雕梁画栋，门坊古色古香，尤其墙脚石精美浅浮雕较罕见。

履塔村　位于西阳村南部。包括履塔、丁家湾、庵后头等自然村，东西长600米，有近200户、650人。小河贯穿，东通丁泾塘，西通西庄河，河上保留永安、瑞丰、永宁塘3座古石桥。抗日战争时期，庵后设有中共地下党双林联络站。

履塔村一角　　金国梁　摄

谢村

现履塔自然村留存清末民国初民居原貌约15家，河道石帮岸整洁，河水清澈，树木茂密，民居错落有致。

谢村　位于镇北苕南三田漾村荻塘三济桥南岸，因谢灵运故宅而得名。村落呈东西“一”字形排开，坐北朝南，前临谢村河，东跨老虎桥，西有福田寺。福田寺，唐大中年间（847—860）建，原谢灵运故宅，唐大顺年间（890—891）改今名。解放前，有金银首饰加工、食品南北货、酱酒、烟什、估衣、钱庄、茶馆等店铺10多家，河埠2处，古戏台1处。今有近200户、600多人，分列谢村河南北岸，寺兜保留清中期陆氏老宅1座。福田寺重燃香火。谢村河东西长500米、宽20米，有大兴、永福2座古石桥。东连邢窑塘，西通谢村漾。

谢灵运故居　　金国梁　摄

公余庄　位于双林镇北，距双林三桥约1千米，西靠邢窑塘，南邻新开航道。有五孔石桥与村相连，属邢窑村一个自然村，又名“归云庄”。公余庄原为双林严氏庄园，名“耕乐”。明人董份购得后重新构筑，在池四周植桑、柳，芙蓉饶岸，菱芡漾波，多台榭，池岸四周筑太湖石，邀名士读书其中，有如诗云“高台曲榭绕川原，仿佛尚书旧泌园”。1980年，池内所留太湖石移筑双林庆苑公园，今池周尚有少量假山石。

金国梁　摄

公余庄

黄新明　摄

雉头村 位于镇西双林塘南。村北过长生桥塘北，即长生桥集镇，原名“木瓜墩”。雉头村有凤凰潭，凤凰潭即凤凰泉，水深而冽，乡人取以缫丝，洁润异常，是历代绫绢织户集中地。20 世纪 70 年代，附近竹匠湾自然村发现清中期木构老式提花绫绢织机，现仍有家庭散户纺织绫绢。木瓜墩与凤凰潭原四周环水，潭在木瓜墩中，有桥相连，地形如“山鸡”，故改名“雉头村”。村北有桥名“长生”，南北跨双林塘，南雉头、北木瓜。木瓜墩后即镇西公社、乡、镇驻地，缘于长生桥叫得顺口，木瓜墩渐渐淡出无人称谓。墩上原法昌寺毁于日本侵华战争，遗址位于今镇西卫生院东、供销社北，三尊石佛今保存在镇西集镇街上。至 2015 年，保留东西向 2 条村街，约 200 米，有民国时期民居近 40 间，有杨郁生故居及中药铺 1 间、古石桥 2 座。

千亩塥村东汇角自然村 镇西南千亩塥村一带是双林镇境较富裕的村落，东汇角至今保留姚家大院、吴家大院两幢清同治年间（1862—1874）古建筑，分别由姚富宝和姚富财、吴照春和吴伯林建。他们除在地方耕耘农业，还在上海虹口创黄浆作坊，为上海造纸业提供纸浆原料，从而赚得大量资金，分别各用1万银圆建造大院。抗日战争时期，两座大院与附近横港北桥头九莲庵为中共双林地下党重要活动地。村河东西贯村，长

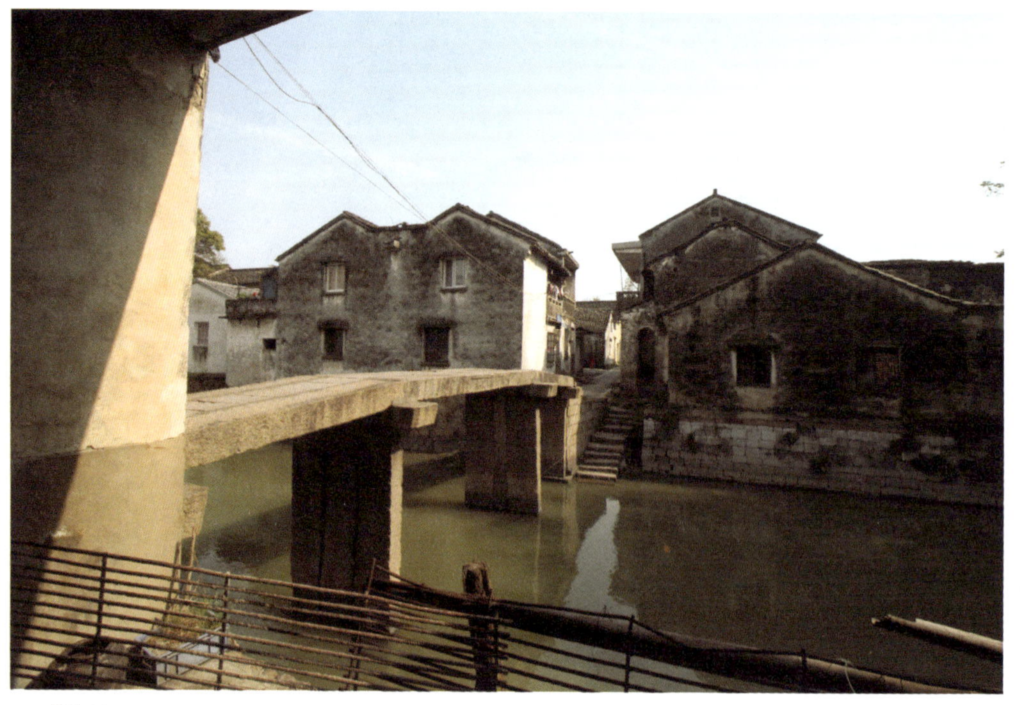

雉头村 金国梁 摄

800米、宽15米，东入新开河。小村幽静古朴，有23户、88人，村中河之南北岸的姚家大院和吴家大院，格外注目，保存良好。姚家大院，门堂式大院五进深五开间，东西厢房，前后贯通成走马楼，花岗岩墙基石，占地约350平方米。吴家大院，门堂式大院三进深三开间，东西厢房，前后左右贯通走马楼，楼各部位构件均为人物、花卉浮雕，一色花岗岩墙基石，东西墙脚角分别有石刻对联："北风山海镇，泰山石敢当。"

文物、文保

文物藏品

双林镇部分文物藏品一览表

表2

编号	名称	质地	时间	尺寸或数量	现状	鉴定等级	现保存处
1	黑衣陶残豆把	陶	新石器时代	残高14	残体	一级	湖州市博物馆
2	青石凿	石	早商	长20.8×宽3.8×高2.8	完整刃部缺口	一级	湖州市博物馆
3	青铜提梁卣	青铜	南宋	口径8.6×9.9、底径15.2×11.8、高37	盖残损	二级	湖州市博物馆
4	青铜三足炉	青铜	南宋	口径15.4、高11	缺一足	二级	湖州市博物馆
5	青桐长方盘	青铜	南宋	口径17.4×24.5、高11	完整	二级	湖州市博物馆
6	青桐长方盘	青铜	南宋	口径17.4×24.5、高11	完整	二级	湖州市博物馆
7	青铜壶	青铜	南宋	口径6.6、底径9.6、高21	口至颈部缺损	二级	湖州市博物馆
8	青铜壶	青铜	南宋	口径6.6、底径9.6、高21	基本完整	二级	湖州市博物馆

续表 2

编号	名称	质地	时间	尺寸或数量	现状	鉴定等级	现保存处
9	良渚玉环	玉	新石器时代	直径 11.9、孔径 6	基本完整	二级	湖州市博物馆
10	三系篮纹陶壶	陶	商	口径 18.7、底径 9、高 35.5	口粘接残缺一处，腹一洞，磕伤二处	二级	湖州市博物馆
11	宽把灰陶匜	陶	商	口径 11、底径 12.5、高 14	基本完整	二级	湖州市博物馆
12	双系三足黑陶壶	陶	战国	口径 8.5、底径 11、高 15	一足残丰	二级	湖州市博物馆
13	细泥黑陶双系凸肩罐	陶	战国	口径 5.2、底径 9、高 13	完整	二级	湖州市博物馆
14	灰陶三足觚	陶	商	口径 9、高 14.4	上部粘接修补，一足残损	二级	湖州市博物馆
15	沈宗骞泉声岚影图轴	纸	清乾隆	长 176× 宽 67	稍乏	二级	湖州市博物馆
16	黄笃初摄老照片	复制照片	民国	559 张	清晰	—	原底片由黄晓帆保存
17	沈宗骞石门观瀑图	绢本轴	清乾隆	—	—	—	中国国家博物馆
18	沈宗骞名山读书图	纸本轴	清乾隆	—	—	—	上海朵云轩
19	沈宗骞琵琶行图	纸轴	清乾隆	长 93.5× 宽 36.3	—	—	天津市历史博物馆
20	沈宗骞洛神图轴	纸轴	清乾隆	—	—	—	浙江省博物馆
21	沈宗骞溪桥闲步图	纸轴	清乾隆	—	—	—	浙江图书馆
22	沈宗骞竹木大堂	纸质	清乾隆	长 95× 宽 70	—	—	嘉兴市博物馆
23	沈宗骞人物画册	纸质	清乾隆	6 幅 长 24× 宽 17	—	—	嘉兴市博物馆
24	沈宗骞仿古山水	设色纸质	清乾隆	12 开 长 25.4× 宽 19.6	—	—	南京市博物馆
25	沈宗骞承天寺夜游图	纸墨笔	清乾隆	长 89.2× 宽 34.5	—	—	南京市博物馆
26	沈宗骞山房清坐图	纸墨笔	清乾隆	长 123.5× 宽 60.3 设色	—	—	南京市博物馆
27	沈宗骞山水册页	纸	清乾隆	24 开 长 28× 宽 21	—	—	常熟市文管委
28	沈宗骞为陈焯画山水	纸轴墨笔	清乾隆	长 82× 宽 31.6	—	—	山东省博物馆

续表 2

编号	名称	质地	时间	尺寸或数量	现状	鉴定等级	现保存处
29	沈宗骞扪虱图	纸轴墨笔	清乾隆	长 92× 宽 19.5	—	—	山东省博物馆
30	沈宗骞城南山色图	纸轴墨笔	清乾隆	长 145.5× 宽 63	—	—	广东省博物馆
31	沈宗骞西塞山庄第二图	纸卷墨笔	清乾隆	长 281.9× 宽 26.7	—	—	广州市博物馆
32	沈宗骞苗民嫁聚图	绢卷墨笔	清乾隆	长 210× 宽 29.3	—	—	旅顺博物馆
33	吉祥石元宝	石	明	长 130× 宽 30× 高 46	—	—	金国梁家
34	快乐石元宝	石	清	长 130× 宽 31.5× 高 43	—	—	不详
35	林则徐书给郑祖琛石碑	石	清道光	—	文字被抹，篆额	—	新开河郑氏十三支祠东壁
36	沈宗骞书义冢碑	石	清乾隆	长 203× 宽 70× 厚 23.5	残缺 10 个字	—	双林水镜寺
37	重建还金亭碣	石	清光绪	长 118× 宽 39× 厚 15.5	字迹尚可辨	—	金国梁家
38	费新我重建还金亭记碑	石	1982 年	长 87× 宽 31× 厚 10	部分字迹已损	—	虹桥还金亭
39	还金亭配套三字碑	石	清光绪	长 145× 宽 41.5× 厚 25	字清，竖石 73 厘米长裂纹	—	虹桥还金亭
40	自治所通告碑	花岗石	1919 年	长 160× 宽 37× 厚 13	字迹清楚	—	跳家[illegible]村河埠
41	汤经常书家规匾	木	清同治	—	字迹清楚	—	双林中学某教师家
42	吴秀为妻所书刻墓志铭	砖	明万历	长 58× 宽 58× 厚 9	无损，字迹清楚	—	莫蓉金家庄农户家
43	曹孝公神像	白石	宋	—	缺头部	—	苕南坞塍曹公堂东北侧
44	清中晚期木质家具数件	—	—	—	—	—	双林人民医院
45	民国 6 年版双林镇志	宣纸线装	清末民国初	3 部	完整无损	—	双林中学图书馆、金国梁家
46	双林记增纂	手稿本	清同治	—	缺人物卷	—	中国人民大学图书馆

续表 2

编号	名称	质地	时间	尺寸或数量	现状	鉴定等级	现保存处
47	双林镇志新补	手抄本	清光绪	—	完整	—	嘉兴市图书馆
48	东西林汇考	手稿本	清乾隆	—	完整	—	上海市图书馆
49	字画、木刻米芾昼锦堂记、青铜器陶器、瓷器	—	—	—	—	—	庆苑公园庆德簃、青铜阁藏
50	石马	白石	宋末元初	—	石马腹部有阴刻奔马图	—	镇西陆家兜石毛坟地
51	费新我书刻石碑	石	—	11 块	完整	—	庆苑公园内费廊
52	费新我及名人书画真迹	—	现代	—	—	—	费新我艺术馆

说明：表中所述尺寸单位为厘米

现存碑碣 先室盛氏墓志铭。明万历十二年（1584）吴秀为已故盛氏立，砖刻，砖刻楷书 339 字，长 58 厘米、宽 58 厘米、厚 9 厘米。铭刻无损，字迹清楚，现存莫蓉金家庄一农户家。

义冢碑。清乾隆二十八年（1763），沈云麟、茅应奎等人立碑，湖州知府李堂撰、著名书画家沈宗骞书。2010 年，重建双林水镜寺时发现。碑高 241 厘米、宽 70 厘米、厚 23 厘米，属碑刻白石。文 440 字，楷书，额“义塚碑记”四字为双钩等线篆书，有 12 字磨损。当代金国梁识并录文。现存双林水镜寺。

郑氏十三支祠堂碑。清道光年间（1821—1850），郑祖琛立，林则徐书碑文，“文化

双林陆府遗物明代石元宝 金国梁 摄

姚学塽府第遗物清代石元宝 金国梁 摄

大革命”期间文字被涂，暂无法辨认。篆书碑额。碑质白石，高 220 厘米、宽 110 厘米、厚 15.5 厘米。现存双林新开河郑氏十三支祠东壁。

王英甫纪念塔碑。清光绪年间（1875—1908）立，碑文由里人沈鹏题。纪念塔位于织旋漾中风水墩，塔为钢筋水泥结构，呈上小下大四方锥体，高数米，白色，刻有“双林保卫团团总王英甫先生纪念塔”字，石基镌刻沈鹏所作碑文。塔毁于“文化大革命”，碑文存。碑铭曰：“功业无大小，其成就则同；名位有尊卑，其操守则一。如王英甫先生者，蓬矢桑弧，天生英武。少壮之时，列名行伍。从征朝鲜，立功异域。平匪叙奖，荣归祖国。节麾所经，京奉江浙。寓彼双林，果行育德。不卑小官，任团总职。抚绥有众，保卫一方。垂三十年，始终不渝。其成就焉，既如彼；其操守焉，复若此。宜式其闾，昭示来世；纪念之顿，千秋长峙。”

自治公所通告碑。1919 年，双林镇自治公所自治委员沈善同刊石立碑。1992 年，双溪金国梁在全兴桥东村庄河边砾口发现，现称“环保碑”。碑石系优质红色花岗石阴刻，字清楚，无残损。碑文 94 字，通高 160 厘米、净高 138 厘米、宽 37 厘米、厚 13 厘米。据考，碑石原立于双林镇虹桥港虹桥南约 50 米处砾口。碑铭文：“自治公所通告　中华民国八年拾月虹桥港居民陈请：南自费氏宗祠，北至费姓住宅沿河一带，为附近居民汲水要津，永禁停泊粪船，并洗涤污秽，以重卫生。如有违犯，重则送达严究，轻者罚款修岸，特诏炯戒。自治委员沈善同刊石禁。此布。”

自治公所通告碑
金国梁　摄

重建还金亭碣。清光绪二十年（1894）十一月，蔡召成撰文并立碑，行书 345 字，字迹尚可辨认。1990 年，里人金国梁在乡间桑地觅得，碑质白石。长 118 厘米、宽 39 厘米、厚 15.5 厘米，基本无损，字迹清楚。经对照碣文相合。今由金国梁保存在家。

还金亭配套三字碑。清光绪二十年（1894）立，长 145 厘米、宽 41.5 厘米、厚 25 厘米，字清，竖石 73 厘米长裂纹。存虹桥还金亭。

重建还金亭记碑。1982 年，费新我捐资重建还金亭，亲自书丹，重刻碑石，全文 201 字，碑长 87.5 厘米、宽 31 厘米。“还金亭”三字石碑为光绪年间原物。

费廊碑刻。1988 年沈炳麟捐资建造庆苑公园第二期工程的一个项目，称“费廊”，廊呈曲尺形，嵌有费新我表达对故乡的情深和对书的领悟，计砖刻 11 块，其中 41.5 厘米 ×78 厘米 4 块、43 厘米 ×78 厘米 1 块、53 厘米 ×78 厘米 5 块、56 厘米 ×88 厘米 1 块，文字为费新我独特行、楷、隶诸体。

文保单位 镇境有全国重点文物保护单位双林三桥 1 个，省级文物保护单位旧馆塘三桥、洪城遗址 2 个，市级文物保护单位虹桥与望月桥、丁泾遗址、邢窑遗址、花城遗址、西荡航船埠头、双花桥、金锁桥 7 个，市级文物保护点徐有壬旧宅、盛林山遗址、镇安桥、永丰桥 4 个。

双林镇文物保护单位（点）一览表

表 3

序号	名称	地址	时代	文物保护级别	公布时间
1	双林三桥	镇北双林塘	元、明	全国重点文物保护单位	2012 年
2	明溪塘桥	镇西旧馆塘	不详	浙江省文物保护单位	2011 年
	埭溪塘桥		不详		
	永安桥		清		
3	洪城遗址	南浔镇洪城村与双林镇接界处	夏	浙江省文物保护单位	1989 年
4	虹桥、望月桥	镇东栅	元至清	湖州市文物保护单位	1989 年
5	邢窑遗址	邢窑村	新石器时代至商周	湖州市文物保护单位	1989 年
6	花城遗址	镇南花城村	新石器时代	湖州市文物保护单位	1989 年
7	丁泾遗址	西阳村东丁泾	新石器时代至商周	湖州市文物保护单位	2003 年
8	西荡航船埠头	新街社区	明	湖州市文物保护单位	2011 年
9	双花桥	镇西千亩塌村东仁埭	清	湖州市文物保护单位	2011 年
10	金锁桥	双林塘东金锁路	清	湖州市文物保护单位	2011 年
11	徐有壬旧宅	雨花庵弄	清	湖州市文物保护点	2003 年
12	盛林山遗址	莫蓉与镇西黄龙兜村相邻处	新石器时代	湖州市文物保护点	2003 年
13	镇安桥	双林镇区	不详	湖州市文物保护点	2003 年
14	永丰桥	木匠埭、港北埭西端	清	湖州市文物保护点	2015 年

民间文化

双林民间文化，除以蚕丝绫绢文化为主外，还突出表现于戏迷、书画、文艺、技艺等。戏迷，以谚语“游过三十六码头，难过双林塘桥头，过了双林塘桥头，还有花城排篓头”一言以蔽之。书画，以墨河画苑、费新我纪念馆及诸多书画社团为代表。文艺，包含民间刊物、民间文学、民间音乐、民间曲艺、民间器乐等。技艺，除国家级非物质文化遗产绫绢织造技艺外，还包括莫蓉湖笔、双林盆景、女红、民间美术。

戏迷

源于水路戏班（又称“擂船班”）演剧。水路戏班始于清嘉庆至道光年间，盛于晚清至民国初期，双林镇成为江南徽班、绍兴高腔班和昆戈班等地方戏班演出的著名戏码头，业余京剧票友活动随之兴起。双林向有“农隙习武”传统，闲暇季节由老拳师带领舞棒弄枪，蔚成风气。吴家漾、莫蓉儒林、镇西土山等村都有各色武术表演队，镇上素有“丝绢帮”“武拳帮”“渔船帮”等，领军人物皆谙熟京剧武生行当，皆为“文武双全”之辈，观众欣赏戏剧要求高，演员台上稍有不慎，即刻喝倒彩，故谚有“游过三十六码头，难过双林塘桥头”之说。

水路戏班 杭嘉湖水路戏班演剧，始于清嘉庆至道光年间。当时镇境祠庙、会馆都有吹台、歌台，经常有江南徽班、绍兴班和昆戈班等地方戏班演出，双林镇成为江浙一带著名的戏码头。水路班子又称“擂船班”，俗称一个戏班“十八顶半网巾”（十八个演员，烧水师傅为半个），吃、住、行、演戏都在一条船上。演出以折子戏、小武戏为主，如《小放牛》《三叉口》《杀庙》《汾河湾》等。清同治至光绪年间，进入杭嘉湖地区的有南方京剧、徽昆戏班、梆子班及南词滩簧班等。由于京剧艺人加入，擂船班发展为有堂名或舞台名的戏班。清末民国初，杭嘉湖一带较有名气的水路京班有大鸿寿堂、大福鸿堂、双鸿寿堂等班。这些水路京班以演武戏为主，兼演文戏和文武并重戏，演员很多是湖州、嘉兴人，大都是农民，或是落魄武秀才、武举人。常演剧目有《嘉兴府》《刀劈三关》《长坂坡》《斩黄袍》《铁公鸡》《乌龙院》等。民国时盛况有增，至20世纪20年代，水路戏班进入全盛时期。据1928年11月《梨园公报》统计，当时已加入梨园的水路京班有60余个，其中田记、嘉兴、龙凤、中央、长胜、三星、庆升、中山、群英、东方、国民、齐天、天然等诸多班社，都先后到过双林演出。其中，孙佰林、穆汉文、王全芳、荆剑鹏、小毛豹、小小毛豹、达子红、张俊臣等演员，深受观众欢迎。演出的大小众多戏班，有唱红的，也有唱砸的。好多水路京班艺人说：“在杭嘉湖演戏要数湖州4个台口难唱，南浔张家庙、菱湖百升堂、新市刘王堂、双林塘桥头。”故谚曰：“游过三关六码头，难过双林塘桥头。”日本侵华战争爆发后，水路戏班逐渐萧条，有些大堂明班相继解散。解放后，杭嘉湖水路京班都改为江、浙两省各城市国营和集体所有制京剧团。

难过双林塘桥头 塘桥位于双林镇北栅，即跨双林塘万魁、化成、万元三桥中间的化成桥，俗称“塘桥”。桥西堍有一处古老的戏台。每逢农历节日和农闲，外地戏班都到此演出，均为地方或乡绅个人出资，乡民看戏不要票，俗称“草台戏”。届时，男女老幼汇聚在一起看演出。双林自古演戏活动频繁，尤其“酬神戏”特别多，城乡民众无不热衷于此。每年正月初至清明前，乡镇各地都要搭台演“春戏”，趁此机会，亲友互访、请客吃饭、看戏，以维系亲谊，相沿成习。演戏所需经费，一般由村中头人按各农户田亩多少派收。其中，镇南盛林山演戏在桥西社坛基。每年春社演戏，一直延至农历二月二十四方止。双林人酷爱看戏，自然门道也精。双林又素有“农隙习武”的传统，青年农民或渔民，在闲暇季节，由老拳师带领，舞棒弄枪，练拳习武，蔚然成风。吴家漾、莫蓉儒林、镇西土山等村庄都有各具特色的武术表演队。镇境也一向有丝绢帮、武拳帮、渔船帮等。拳帮中领军人物俞巧生诨名“豹子头林冲”，金家生号称“杨七郎”，鲁金夫绰号“时迁”，京剧红生演员仲俊卿之父“大聋朋”既懂拳术又懂戏曲。新中国成立后，还有钱阿四、张毛毛等，擅长拳术，他们或演戏开打，或授徒教艺，可谓人才济济，代不乏人。故，双林镇又是出武生之地，他们只要学会几句唱，即可上台演出。有时，在水路京班刚到那一天，就有拳船活跃在塘河中，耍刀弄枪，跌扑滚翻，这也让戏班感到一定压力。如果在演出中戏班没有拿出看家本领，或是技艺平平，便会遭到哄场。本地人还会上台来个“全武行”，或与戏班唱“对台戏”，演给他们看，让他们心服口服。为此，一般武功水平较差的戏班不敢到双林演出。双林人爱戏、懂戏、票友多，他们到场喝彩捧场，也对戏班演出格外较真。

京剧票友 双林业余京剧活动始于民国初。魏公甫，业余爱好唱京剧，在上海期间，是上海滩上京剧票友，名噪一时。在双林养病期间，组织双林京剧票友研习剧情、唱腔、做功，沉醉其间，从而带动双林民间业余戏剧文化的发展。20世纪30—40年代，名票友有老生陈召平、红生王荣堂、大面“豆腐德宝”、麒派老生吴奎林等。抗日战争胜利后，这支戏迷队伍能歌善舞、会说会唱、会拉会弹，还会上台演出。解放后，京剧业余活动更趋活跃。20 世纪 50—60 年代，双林镇工人业余京剧团颇具规模。“文化大革命”期间，镇上京剧样板戏演得红火，往往一出戏有多个业余剧团演出，形成唱对台戏的热烈场面，如邢窑大队《红灯记》、坞塍大队《智取威虎山》、三田漾大队《沙家浜》。1967 年，京剧爱好者陈孔元和李阿兴夫妇召集有戏曲天赋的沈丽华、李勤明、李小康、陈莉金、金晓星等几个孩子，成立小京班，最大的 11 岁，最小的 8 岁。经陈孔元夫妇组织精心排练，不久后小京班第一次在双林老剧场演出京剧毛主席语录和京剧清唱《沙家浜》中“智斗”一场，观众赞叹不已，名声大振。各地纷纷发来邀请书，不仅双林周边乡村，湖州、南浔、菱湖、练市、红旗水库、杨家埠化肥厂等地也都留下小京班的身影。小京班先后排演《红灯记》刑场斗争一场、《沙家浜》智斗一场、《智取威虎山》打虎上山一场，嘉兴地区京剧团演员仲君亮前来辅导。其中，一次在练市演出，闻名而来观众近万人，可见小京班名气之大。改革开放后，双林京剧清唱、彩唱活动继续，在文化部门组织下成立京剧协会，参与人员众多，老中青三代济济一堂，经常外出交流，在杭嘉湖一带乃至沪苏都颇具影响。1986 年，邀请嘉兴、平湖、湖州等地京剧票友到双林举行联谊活动，之后双林京剧票友活动开始在文化站领导下有组织、有计划地开展。1991 年，京剧俱乐部发展到 30 多人，演唱水平得到提高，被邀请到嘉兴、平湖、湖州、安吉、长兴等地演出。同年，成立湖州京剧票友协会，协会总部设在双林镇，吴伟良为首任会长。1994 年，京剧俱乐部举办“纪念梅兰芳先生 100 周年诞辰”大型京剧演唱会，邀请浙江京剧团专业演员联合演出，省京剧协会会长魏克玉亲自登台，来自三县二区和嘉兴、平湖、苏州、塘栖的票友参加活动。2005 年，双林镇企业高林不锈钢

小京班演出《红灯记·刑场斗争》剧照 沈丽华 供

第六届江浙沪皖京剧票友演唱会 双林文化中心 供

材料有限公司董事长高水根慷慨捐资，支持票房活动。同年，俱乐部改称现名高林京剧社。1999 年，高林京剧社主任沈丽华参加省京剧票友大赛获银奖。2002 年，代表湖州市参加杭嘉湖京剧擂台赛获团体第一名；2005 年，参加省中老年戏曲大赛获金奖；2007 年，参加中央电视台全国京剧票友大赛，进入复赛，演出录像在中央电视台 11 频道播出。至 2010 年，高林京剧社举办湖州京剧票友演唱会 4 届，除湖州三县二区票友外，还有来自江苏、上海、杭州、东北、洛阳、平湖、嘉兴的票友，浙江省戏曲协会会长、省京剧团著名演员魏克玉多次应邀演出。2014 年，先后 7 次受邀到苏州、嘉兴、湖州、德清、安吉等地参加“京剧过把瘾”大赛票友演唱会、联谊会等活动，获得好评，其中沈丽华获优秀奖。2015 年 4 月，由镇政府主办，双林文化中心、高林京剧社承办第八届江浙沪京剧票友演唱会，来自上海、江苏、浙江（杭州、嘉兴、湖州）等 11 个地区的票友，参演 45 个节目，著名票友高韫庄、翁恩虹等也参加演出。同年 6 月，剧社沈丽华、琴师姚誓禹等一行 10 人应邀赴青岛拜访青岛京剧院国家一级琴师杨绪虎，并与青岛市群艺馆京剧票友联欢。

京剧演员　清末民国初至 20 世纪 40 年代，双林京剧演员仲俊卿是湖州红胜京剧团台柱，以擅演关羽等红生闻名。其子仲君亮、女儿仲耐秋亦是专业京剧演员。吴兴县民众教育馆在双林成立双林评剧研究社，县党部在双林成立励志剧团。50 年代，又有镇人赵兴隆、赵松新、章国栋等人参加湖州市京剧团，赵兴隆以武丑见长，章国栋以“跳加官”动作获好评。镇人赵松凯加入宁波市京剧团，擅演花脸。费玉书加入浙江省昆曲剧团，还有业余老生陈召平、红生王荣堂、大面“豆腐德宝”、麒派老生吴奎林等。京剧演员吴奎林等人自编大型京剧《太平天国》。2009 年，现代戏曲爱好者沈丽华创作《雪原丰碑孔繁森》，以戏曲联唱的形式参加南浔区第二届廉政文化建设专题文艺会演获好评。

双林凤凰艺术团　2012 年，在 20 世纪 80 年代双林越剧组基础上成立民间艺术团体，以演出传统越剧剧目为主，同时结合文化下乡需要，还有许多老百姓喜闻乐见的歌舞类、小品类节目。韩晓琴为艺术团团长，团员包括演员、琴师、后勤等 30 多人，筹措和投入民间资金近 30 万元。2015 年春，艺术团正式定名双林凤凰艺术团，被南浔区委宣传部列入全区文化下乡演出团体之一。先后演出 200 多场次，得到各方面好评。

曲艺　曲艺书（曲）目以弹词最古老，宋元发端，明清流行。双林才女郑贞华和周颖芳母女创作许多弹词。郑贞华，字淡若，号蕉卿，代表作为长篇弹词《梦影缘》，清道光二十三年（1843）创作，殁后清光绪二十一年（1895）由竹简斋刊绘图石印本，共48回12册，约80万字。周颖芳，字蕙风，代表作为长篇弹词《精忠传》，1931年由商务印书馆排印本，书名为《精忠传弹词》，分上、下两卷，共73回，七至十二言联目，李枢、徐德升作序。现代文学评论家郑振铎高度评价："《精忠传》作者的文笔很严谨，有时也很动人。在一般弹词里，这一部确是弹出一个别调的。"现代弹词创作者张志良，1984年夏与陈平宇合作中篇弹词《爆炸之谜》，由湖州市评弹团与德清县评弹团部分演员联合排练，以湖州市代表队名义参加年内浙江省评弹会书获奖。1988年，张志良与陈平宇、王文稼创作中篇弹词《陈英士传奇·行刺遇奇》第一集3回书，由湖州市评弹团演员排练，同年6月在嘉兴参加浙江省第二届曲艺会演获奖。

剧场书场　清末民国初，双林剧场兴起。最早的室内剧场是林园剧场，在下横街光郎桥堍（今双林中百商店）附近，进门茶室，后进是剧场，有座位300个。演出各类戏剧，经常有外埠剧团演出，也放映过无声电影。1931年遭火毁尽，一直烧到光郎桥。抗日战争胜利后，在塘桥弄中段原潘老大房子内，室内剧场可容纳100多人，主要演出越剧。著名演员余艳秋、金月楼、邢燕娇等到此演出过。1958年，在长板桥堍建双林人民剧场，有座位1102个，均为长靠木椅，每椅坐5人。舞台与后台均简陋，后门与丝绢公馆相通，剧团老宿室设在丝绢公馆关帝庙。后因双林横街向东延伸而拆毁。书场，过去多为茶店（楼）兼营，镇上有大观楼、永庆楼、财源楼、凤凰楼等。以演唱苏州评弹居多，间或演唱湖州地方曲艺和滩簧。日本侵华战争爆发前，专门书场有曹荷生"春柳书场"、镇东张宝奎"奎记书场"、财源弄郑和清"财源书场"、镇中下横街尹春生"同乐书场"。汪伪时期，在塘桥弄内潘老大房子内戏馆，除主要演出越剧外，也接纳评弹演出。解放后，除茶楼兼营书场外，还有两家清书场，专门营业说书，书票内包含茶费。1962年，双林有4所一类集镇书场，业务归文化主管部门管理。1966年"文化大革命"开始后，演出先后停止。20世纪80年代初，双林工人俱乐部在现工人路办双林书场，后关闭。农村也有不少地方在家里开书场。

戏台　有草台、庙台两种。草台于田野搭台，台顶盖芦扉或稻草，故名草台。乡间按照田亩派钱搭戏台演春戏，看戏之人络绎不绝。庙台建于寺庙中，讲究些。双林戏台多为庙台，如西阳戏台、六总管庙戏台、七总管庙戏台、丝绢公馆戏台、花桥戏台、广陵庙戏台、东岳庙戏台、盛林山戏台等。正月初始到清明前止，乡间各圩堡唱戏。其间，盛林山戏台每岁春社社戏连日，今仍有此俗。西阳戏台，在西阳村，台址尚存。七

塘桥头戏台（1935 年） 黄笃初 摄

总管庙戏台，在东双林村，建于清康熙二十六年（1687），民国时损毁，1994 年当地民众捐资重建。丝绢公馆戏台原在新绢巷内，清雍正十三年（1735）建，1958 年拆建成双林人民剧场。塘桥头戏台，原在化成桥堍六总管庙，也称六总管庙戏台，清乾隆年间（1736—1795）建，清道光二十五年（1845）与六总管庙同时毁于火，后各丝行捐款重修，乡贤姚学塽为戏台石柱撰联。清咸丰十至十一年（1860—1861），乱中戏台及庙内神像俱毁，后广州、福州丝绢商人在路西重修戏台，此后经历清末、民国，至 1957 年拆建改造成双林招待所。1995 年，招待所被拆，成为旷地。原址被占用屯货。花桥戏台，在镇西双花桥北堍，清光绪元年（1875）建，戏台规格较大，东西宽 15 米、南北长 20 米，每年农历二月十二至二十八，有日夜社戏。广陵庙戏台，在镇西土山广陵庙处，1999 年重建庙宇时建台。

书画

墨河画苑 1979 年 1 月，镇委决定由李仲健负责组建画苑，借用镇其他单位 2 人，

墨河画苑 金国梁 摄

聘请2位退休工人当顾问，组成筹建班子制订计划。同年，费新我取“耕坞桥边涌墨流，一天砧韵动高秋”诗意，题匾“墨河画苑”。同年6月10日，借双林财税所外庙兜房屋挂牌运营。为自负盈亏的镇集体所有制文化企业单位，宗旨为繁荣和发展文化事业，解决劳动就业。经营书画仿古产品、书画装裱加工、文房四宝及工艺礼品等，从业20余人。谭建丞、费新我、沈祖仪为画苑作艺术指导。1980年春，吴兴县书画篆刻界茶话会在双林召开。全县艺术同人谭建丞、吴迪庵、吴个钝、陈石波、商晋卿、傅浩正等挥毫泼墨，共磋技艺，画苑沈祖仪、李仲健代表双林参加会议。会后，正式聘谭建丞为画苑名誉主任兼艺术指导老师。画苑由双林镇委书记陈正兼任主任，钱树年任副主任（法定代表人），沈祖仪任中国画指导老师，王炳松任书画装裱指导老师，葛心涵任财务会计，韩文颜、费畏三、韦宝林任专职业务人员，陈阿芝任画苑综合服务部主任。下设装裱部和绘画部，装裱部有沈林江、傅国、范美华、马建国等人，绘画部有李仲健、蔡忍冬、蔡德泉、吕松浩、俞兴祥等人。1981年春，香港爱国同胞沈季安偕子女沈善询、沈善成回家乡，慷慨捐资赞助画苑。同年秋，中国美术家协会副主席叶浅予到苑参观，对创办墨河画苑给予高度评价，并赠画题字。1983年，新苑落成，陆俨少、费新我、陆伯龙、沈本千、王秋野、吴寿谷、郭仲选、陈振濂、闵学林、姚耕云、孔仲起、童中焘、卓鹤君、岳石尘、王伯敏等亲临指导，并留下珍贵墨宝。同时，举办“费新我、谭建丞书画展”，后陆续举办“傅伯星、周文清书法绘画展”“双林镇书画收藏展”“双林中青年书画汇报展”“古今字画展卖”等。1984 年，墨河画苑被列为湖州市首批对外开放单位，先后接待加拿大代表团、日本观光团及中国台湾、香港地区旅游团。1985 年，谭建丞九十岁大寿祝寿活动在墨河画苑举行。1985—1998 年，实行经营承包责任制，逐步与市场接轨，建立自负盈亏经营体系。成为湖州市首家集书画装裱、收藏、营销及文人墨客雅集于一体的场所，受到社会各界关注。建苑 30 多年造就许多书画工作者和装裱艺人，他们的作品多次参加全国各地展览，远销东南亚及世界各地。

费新我艺术馆　2010 年，筹备费新我艺术馆，由中国美术学院总体规划设计，2012 年夏动工，2013 年 12 月落成。坐落在双林凤凰文化广场，与双林镇政府一河之隔。一道斜坡，从文化广场缓缓通向二楼大型露天平台，将广场和艺术馆融为一体，可供游人休闲和观赏。艺术馆占地近 2000 平方米，建筑面积 3290 平方米，财政核定工程总概算 3565.58 万元。分上下两层。一层以“新我之路——费新我生平与艺术陈列”为主体，集中展示费新我艺术生涯和书画作品，分墨河孕珠、沪上谋生、姑苏创业、逆境奋搏、左笔旋风 5 个单元，展出费新我生平事迹和相关资料，通过早期美术活动、国画风采、新我书法 3 个方面展现费新我艺术作品。馆藏有 230 余件，其中费新我真迹近 100 件、名人字画 100 余件、印章 11 枚。二层为费新我书画院、双林镇文史馆、书画名家工作室，供全国名家切磋交流，不定期邀请国内书法家协会会员、社会名家前来参观、创作和指导，为艺术收藏品爱好者提供集鉴定、展览、拍卖、评估、销售为一体的书画作品交易市场。另设有临时展厅，可不定期展出全国名家作品和双林书画者代表作品。2013 年 12 月 21 日是双林籍著名左笔书法家费新我 110 周年诞辰，举行费新我艺术馆开馆仪式和纪念活动，由中国书法家协会、浙江省书法家协会、中共湖州市南浔区委、南浔区

费新我艺术馆开馆仪式（2013 年）　镇宣传办　供

人民政府主办，中共双林镇委、双林镇人民政府承办，苏州市档案馆、湖州市费新我书画艺术发展基金协会协办。艺术馆开馆时，一楼举办“全国名家邀请展”。首次收藏作品 49 件，其中中国书法家协会主席张海作品 1 幅、中国书法家协会副主席及顾问作品 16 幅、浙江籍书法名家 19 幅。费新我艺术馆长期免费对外开放。

民间书画组织 以出现先后为序，有双林石湖书画社、蓉湖印社、双林钢笔书法协会、凤城书画社、墨河七友会、双林镇书画爱好者协会。

双林石湖书画社，1924 年 10 月创立，吴兴双林东有石湖（石漾），故名。由镇人汪仰真、费友石、高念慈、施子韵、谢冠群、马淑六、黄敦良、费新我等组成。时有雅集，开双林文会之风，青年研求者纷纷要求加入。日本侵华战争爆发后，成员大多散居他处，社址被日本侵略军夷为平地。

蓉湖印社，1990 年成立，主要成员为双林中学教师和学生。胡小龙负责，陈三士等美术老师作指导，聘请金国梁为名誉社长，并为印社篆刻“蓉湖印社”社章。有社员 30 多名。

双林钢笔书法协会，1991 年 3 月 30 日成立。王玉华任会长，王跃祥、项法元任副会长，富建林、潘东健、方正、徐敬龙、沈世明等 8 人为首届理事，有会员 60 多人，年龄最大的 50 多岁，最小的 12 岁。

凤城书画社，1991 年 8 月 15 日成立，当晚 7 时在双林文化中心会议厅举行成立大会。首批社员 20 多人经过民主协商，选举产生首届社领导，通过书画社章程。书画社下设书法、美术、篆刻、理论 4 个组。同时，在文化中心展览厅举行首届凤城书画社社员作品展。宗旨是弘扬民族文化，发展双林书画艺术事业。主要成员有李仲健、傅国、胡韵、金国梁、李清等，聘李英为名誉社长。2005 年，有社员 33 人。2014 年，与双林镇书画爱好者协会合并。

墨河七友会，2005 年成立，成员有傅国、莫梅根、陆燕青、蔡兴强、胡韵、李仲健、沈晓龙 7 人，由胡韵负责。

双林镇书画爱好者协会，2005 年秋成立，有会员 90 余人。艺术顾问周文清、费之雄、傅伯星、朱元更、刘祖鹏、慎召民、王利坚，主席胡韵，副主席傅国、沈金华、蔡兴强，秘书长莫梅根。会员中有众多爱好书画收藏及关心双林书画人士，基本为汇集外地的双林籍和本地书画人士。成立后，先后举办“双林菱湖书画交流展”“双林镇书画爱好者协会会员作品展”以及名人、名家书画交流展，并出版《墨河笔韵》画册。2013

年，胡韵的作品《天地大美》被人民大会堂收藏。协会成员中，有中国书法家协会会员2人、浙江省书法家协会会员6人、中国美术家协会会员1人、湖州市书法家协会会员9人、湖州市美术家协会会员4人。

文艺

民间刊物 以出现先后为序，有《双星》杂志、《涵漾》报、《湖报战地版》、《青读》杂志、《墨浪》杂志。

《双星》杂志，1922年以旅沪为主双林人士创办，专以革除社会恶习，灌输人民知识为宗旨。为不定期出版，至1925年有第一、二、三、四、六、七、八、十、十一期共9期传世。所刊文，如第一、二期徐青萍的《创刊宣言》、高敬基的《对于吾镇蚕丝业之感想及商权》、曹乐澄的《今后乡镇教育运动》等，第三期不专的《告沈田莘》、徐造青的《改革社会的一部分》、魏功甫的《吾镇创设公立医院之必要》等，第四期高敬基的《吾对于吾镇青年之希望》、杨郁生的《作事不必当权》《行善不必有钱》，第六期徐望之的《公德与私德》等，第七期徐望之的《拟创立双林公共图书馆商权书》、德明的《知识阶级的责任》等，第八期杨郁生的《双林是天堂？还是地狱？》、莫良夫的《本

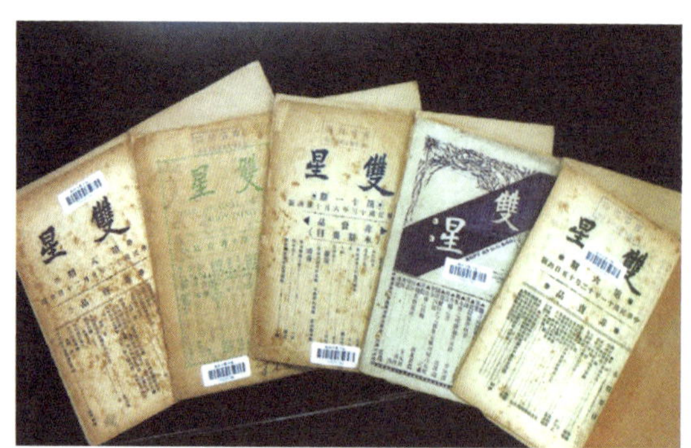

《双星》杂志 金国梁 摄

镇所需要的几桩公共事业》，第十期一心的《平民教育》、徐造青的《孝》、一白的《努力来建天堂》等，第十一期高事恒的《公共图书馆之组织与情形》、雁虚的《为双林各界进一言》、魏功甫的《盘剥重利与乡人》等。刊物 14.5 厘米 ×20 厘米，活铅字排版印刷。武汉、上海、南京、杭州均有代理人发行。刊社设在上海天津路景行里 91 号，第八期始迁上海县西街 80 号。

《涵漾》报，由费畏三、陈雁秋等自愿组合创办，初名《涵社》，月刊，后改《涵漾》。《涵社》月刊至今未见其实物。《涵漾》仅存创刊号，1937 年 3 月出版，四开铅印，二张八版。内容除报道双林社会生活外，大都是杂文，辟有“妇女园地”“南风”“青年生活”等版面及“菩萨信箱”等栏目。“妇女园地”中有“打倒残余的封建势力，造成一条新阵线”口号及《束胸之害》《谈谈家庭女子》等文。“南风”有向公的《返乡杂志》、承镛的《川陕旅行记》等。约在“七七”卢沟桥事变后改出油印《重要消息》，报道抗日战况。

《湖报战地版》,《湖报》抗日战争中改出《湖报战地版》，1939 年 4 月创刊，社址在双林镇南郊一祠堂内，二开四版日报，每期发行 1000 份，5 号活体铅字排印。社长凌以安，编辑主任李大风，编辑记者包铁铮、施星火等。白天疏散，晚上编排、印刷。内容来自抄收上海《大美晚报》、华美电台新闻稿及通讯社透露的八路军和新四军抗日消息。1940 年，因日本侵略军占领双林，印刷点下横街日升纸店遭破坏而停刊。

《青读》杂志，1939 年 5 月 1 日，由双林青年救国团创刊，至同年 8 月 13 日出版 7 期，其中第四、五期合刊，每期约 1 万字。

《墨浪》杂志，双林文化站主办的不定期文化刊物。20 世纪 80 年代初创刊，由双林区文化站组织双林镇文学爱好者韩铁夫、吴伯良、郑吾山、费畏三、汤作民、徐成荣等人组成编辑、写作班子，钢板蜡纸刻写、手工油印 32 开本。1981 年 12 月，出刊创刊号。至 2002 年 12 月，出刊 43 期，其中许多作品被《人民日报》《光明日报》等众多报纸转载。《墨浪》内容以民间文学为主，尤其注重发掘、收集、整理双林及周边地区民间故事、传说、寓言、谚语、山歌、儿歌、民谣等。双林前辈文人郑吾山、韩铁夫、吴伯良及汤作民等不辞

《墨浪》杂志　　金国梁　摄

辛劳，不计报酬，为之付出极大心血。书法家费新我题刊名，著名老作家周楞伽、双林籍作家韩天航、书画家谭建丞、著名老中医叶橘泉、上海文人张百千、南京文人吴云坡及费新我、费之雄父子都曾为之撰稿。1990 年第 9 期始，扩容为 16 开本，内容由单一民间文学逐渐发展为多元社会文化，篇幅由最初每期数页逐渐扩大，最多时达 67 页，印数由数十册增至 200 册。至 2002 年 2 月，出刊第四十三期终刊，第四十三期是文学专辑，刊散文、随笔、诗论、小品、新编故事、小小说、评论等文章。

民间文学 双林口耳相传的民间文学主要有神话、传说、故事、歌谣等，都与双林地方密切相关。神话如《木瓜墩与凤凰潭》《雄石狮变男人》等，传说如《三姐妹桥》《双林又称凤凰镇》《“石街漾”来历》《邢窑传说》《徐文长与双林》《盛林山的传说》《福殿寺的传说》等，故事如《难过双林塘桥头》《四先生与孙半天》《求婚》《不爱笑的姑娘》，歌谣如《双林塘桥头歌谣》《节气歌》《杏鱼笃笃蛋》《杏古塔》《天上一只鸟》《外婆桥》《踏水车》等。

民间音乐 分专业创作和民间音乐（民歌、器乐）两类。专业创作者少，如双林音乐家陈志洪。陈志洪自幼受隔壁豆腐店老板阿惠影响拜师学二胡，7 岁学会，13 岁参加吴兴县有线广播站直播演出。1963 年，进湖州歌舞话剧团配乐，三弦、大提琴等样样都会。后转创作，为《红灯记》《焦裕禄》等重新配乐。创作歌曲《西塞情》，融合笛子、二胡、大提琴等多种乐器，旋律舒缓悠扬，歌词以唐代诗人张志和《渔歌子》为基调改编，犹如一幅山水画。2010 年 4 月，其作品获全国首届“民族之声”声乐、器乐作品征集及歌手、乐手选拔活动铜奖。其创作的作品还有儿童歌曲《蒲公英》。两首歌曲入选《祖国之春·中国民族歌曲选粹》（十）。民间音乐广泛，多半忙时起兴、闲中乘兴或庙会时唱，调子为地方山歌、谣曲、滩簧，唱词民间流传，有时也随事即兴现编，如民歌《蚕娘苦》《夯歌·桥》《苕南央娜唱词》《双林商号歌》等。以“双林织歌”最典型，缘于千年绫绢古镇，织工多、织业悠久。歌唱内容大多反映男女爱情、织工辛苦及本地风俗等，如《哭机房》《双林山歌》等。

民间曲艺 主要为滩簧和说书。滩簧，形成于江浙一带的曲种，兴起于清乾隆年间（1736—1795），有前滩与后滩之分，前滩移植昆剧剧目将曲词通俗化，后滩取材于民间小戏，又称“滩簧调”。一般村中有人去世，都要请滩簧班子来演唱。镇境花盘兜等村举行庙会时也会请人唱滩簧，主要为图热闹。现村里还有三四位老人会演唱滩簧。由两人演唱，二胡、鼓板伴奏。曲目内容大都为男女青年谈情说爱的故事，有反封建思想，幽默、诙谐，能打动人心。代表曲目有《尼姑庵中卖草囤》《拔兰花》《十打铺》《卖花》等。说书，过去农村文艺活动少，说书非常受欢迎。民间说书人以此为生。无固定书场，村里人请人说书就临时搭一米高台，上置一桌一椅即成。说书人用三根木条（左手两根、右手一根），敲出节奏，有说有唱，夹叙夹议。一人扮演多个角色。书目有《岳传》《说唐》《三国演义》《武松打虎》等。农闲时，说书人从东村说到西村，十天半月不得歇。镇境箍桶兜村曾有说书人章永林，人称“永林盲子”，夫妻搭档说书，名播方圆百里。三田漾谢村姚家港姚茂生、西阳村沈宝法在当地说书深受喜欢。镇境现极少有说书活动。

民间器乐 流传下来的有《敲锣鼓》。清末民国初，逢过年或村里唱大戏，有锣鼓班子在村口或戏台前敲锣鼓。村民用敲锣鼓的形式以示喜庆和欢乐。敲锣鼓由五人组合，敲起来节奏感很强，在远处听起来十分悦耳。锣有大锣、称锣、小罄、大罄及一面鼓。敲时每人认定一件，如要换人，定要经过训练，不然敲得不好听。现在一些村里做庙会，还有敲锣鼓表演。双林《敲锣鼓》音谱如下：“2/4 引子：次春 愣长｜愣愣 刮春长｜次长 次长｜吉巴 咚咚长｜咚春 咚长｜吉巴 咚隆吉｜长春 次春长｜刮长 刮长｜次春 次春｜劈 0 刮春｜愣长 愣长｜ 0 0 愣长｜次次 次 0｜长长 长 0｜巴巴 愣长｜一愣长｜ 转 123：吉巴 吉巴｜ 长 0｜吉巴 吉巴｜长 长｜吉巴 吉巴｜长 长｜长 0‖ 转 321 一遍 转 121：吉巴 吉巴｜长 0｜吉巴 吉巴｜长 长｜吉巴 吉巴｜长 0｜ 转 212：吉巴 吉巴｜长 长｜吉巴 吉巴｜长 0｜吉巴 吉巴｜长 长‖ ：转引子结束。”（以双林方言注音）。

技艺

双林镇境民间最典型的技艺是缫制蚕丝和织造绫绢，如東（涨）叶墩、丝车制作与缫丝工艺、绫绢织造技艺、绫绢装裱工艺。此外，民间手工制作技艺历史悠久，传承至今，如莫蓉湖笔、双林盆景、器用、茶食、女红、美工等。

非物质文化遗产　有国家级非物质文化遗产绫绢织造技艺。2006 年 12 月，被列为南浔区第一批非物质文化遗产。2007 年 6 月，被列为湖州市非物质文化遗产。同年 6 月，被列为浙江省第二批非物质文化遗产。2008 年 6 月，被列为第二批国家级非物质文化遗产。2008 年，第二次全国非物质文化遗产普查登记，双林镇整理民间文学、民间手工技艺等 16 个大类、209 项非物质文化遗产项目，其中民间文学 65 项、民间美术 4 项、民间音乐 8 项、戏曲 1 项、曲艺 1 项、民间杂技 1 项、民间手工技艺 33 项、生产商贸习俗 5 项、消费习俗 11 项、人生礼俗 16 项、岁时节令 10 项、民间信仰 22 项、民间知识 22 项、游艺与传统体育及竞技 8 项、传统医药 1 项、其他 1 项，确定民间艺人和传承人 15 人。

莫蓉湖笔　莫蓉与笔都善琏毗邻，向有生产湖笔传统，特别是花盘兜、兴隆桥、七星、莲花兜、西汤兜等村，制笔法同善琏。1963 年，莫蓉民间制笔艺人在花盘兜自发成立湖笔组，集中系统工序。1973 年，儒林村（莫蓉公社所在地）成立湖笔社。1979 年，莫蓉湖笔社更名为莫蓉湖笔厂，有员工 140 多人，制笔水盆 60 多只，年产各档湖笔 100 多万支，注册“凤凰”牌商标，成为湖州市制笔行业最早品牌之一，产品销售内地及港澳台地区，远销日本、东南亚各国，逐步成为市境屈指可数的湖笔专业生产企业之一。1994 年，莫蓉湖笔厂改制为莫蓉湖笔工艺厂，由莫蓉湖笔厂费松泉传承，在原有基础上多角度、多层次地拓展制笔工艺，创“云鹤”品牌，得到众多书

莫蓉湖笔　　金国梁　摄

"中国杜鹃盆景第一镇"牌匾　　金惠方　供

第二届精品杜鹃盆景展　　金惠方　供

画家青睐，纷纷为笔厂题名、题字。2015 年，镇境除各家庭作坊外，韩国等地制笔企业及业主、书画家在花盘兜、兴隆桥等地开设定制笔庄，传承湖笔工艺，主打韩国市场，如宋竹笔庄、丁马笔庄等。

双林盆景　双林深厚传统文化后续发展中，盆景艺术是其中之一。明清时期，大户人家建园林多有盆栽。民国时期，有郑同梅盆栽兰花，培育出"梅兰"名品，成为江浙一带名兰盆栽名人。20 世纪 80 年代后，逐步形成独特天地，相继诞生百草、奇丹、怡和、丛林、屏松、黄家、郎栎等私家盆景园。沈建平、黄学林等精品盆景应邀在中国第八届花卉博览会上展出，以树桩、松、杜鹃为特色，尤以杜鹃盆景著名。2014 年，《中国花卉盆景》第十二期整三版介绍黄晓泉首创"杜鹃嫩枝嫁接新法"。2015 年 9 月，中国盆景艺术家协会会长苏放一行考察双林多个盆景园，肯定松柏盆景可与全国会展展品相媲美，杜鹃盆景已在全国遥遥领先，苏放建议几年内将双林建成中国杜鹃盆景之乡。2016 年 4 月 16 日，中国盆景艺术家协会在双林镇举办"中国杜鹃盆景第一镇"授牌仪式。同年 10 月 6 日，在南浔镇召开无国界世界盆景大会，36 个国家和地区与会嘉宾到双林考察双林世界盆景休博园。

女红　包括绣花、打棉线搓针底线、缝绰裙。绣花，明清时期，镇区邢窑村等地妇女在自织衣服、被褥上绣花，此工艺一直流传至今。其工艺，用毛竹篾青做成圆圈形花棚，也称"竹弓"。将布绷在竹弓内，先在布上描绘花朵、动物，如牡丹、荷花、天鹅、蝴蝶、松鼠、龙、虎、凤等，然后用绣花针穿上红、绿、黄、兰、紫、金等颜色的花线刺绣。也用于枕头套、床罩、电视机罩、肚兜等。代表性作品有帐沿头、荷包、肚兜、老虎头鞋、枕头等。缝绰裙，绰裙是旧时航船班主拴在腰间的衣物，农家妇女、老人也使用，冬日御寒。绰裙有长、短之分，航船班主和老爷用长绰裙，农家妇女用短绰裙，没过膝盖。后来青年人多改为短绰裙。绰裙布料为蓝色，缝绰裙的线为白色。绰裙上方两边都打方褶干，褶干上交叉缝线。褶干横长 3 ～ 4 厘米、宽 2 ～ 3 厘米。拴在腰间既可装饰，又能保暖。现尚有制作绰裙传承人。

民间美术 双林镇境民间美术表现于多方面，如画灶头、面塑、做蚕花等。画灶头，旧时镇民灶头砌好后都要在粉白色面上描绘各种风俗画。画师用毛笔黑线镶边，中间用黑线画长方格，先在烟囱底部画一个“囍”，用尺和笔画出空心字。下面长方格内用红、蓝等颜色画上各种花果，前面底万灶垄中间有万年青、聚宝盆等。灶头外侧面上画“福”字，下面长方格内有“水中用米”“招财进宝”等字，灶后面斜写“火烛小心”，右面写上建灶年月。还有仙桃笔架、八仙过海、观世音菩萨、二龙抢宝、鲤鱼跳龙门等图案。特别是画上万年青，寓意万古长青，香火不断。面塑，当代传承人孙兰花拥有 60 多年面塑制作经验，其面塑作品栩栩如生。孙兰花祖籍江苏盐城，祖父和父亲均是民间面塑艺人。当时面塑工艺传男不传女。但孙兰花从小感兴趣，偷着学会。后到双林从事此项技艺，以此为生。其做法：一配料，500 克面粉加 100 ～ 150 克糯米粉。二蒸面，面粉用水和匀，捏成扁状，放在笼中蒸熟。三上色，蒸熟后捞起晾干分成小块，拌上各种颜色，用手捏匀。四塑型，把各种颜色的面团经过揉塑，使其依附在竹签或者铁丝上，形成各种人物、动物或花草造型。面塑题材一般以神话人物为主，比如《西游记》中孙悟空、猪八戒等。面塑可作小孩玩具，也可放在家中欣赏。

风土民情

双林风土民情，除绫绢文化和民间文化外，还极富风物，并以习俗和方言与之交融。双林特产板羊肉、姑嫂饼、子孙糕、水晶糕、八珍糕，板羊肉雅名“琼脂白板羊肉”，清同治年间（1862—1874）双林著名酒楼“金胜叙”馆所创，系北方白烧羊肉与本地湖羊肉制作工艺的珠联璧合，唯双林独有。姑嫂饼、子孙糕，其名极富人情味，姑嫂饼是清光绪六年（1880）所创百年老店“沈德大”特产。这些，都是千年绫绢古镇双林风土的结晶。至于双林之春社乡戏和民谣织歌，更是双林一方水土所孕育。

物产

双林镇特产风物以卤味板羊肉和传统糕点姑嫂饼、子孙糕为最。

板羊肉 雅称“琼脂白板羊肉”，始于清同治年间（1862—1874）双林著名酒楼“金胜叙”馆。结合北方白烧羊肉与本地湖羊肉制作工艺，唯双林独有。金胜叙馆毁于1931年火灾，其时双林镇上有7家羊肉饭店，其中陈昌盛、戴顺兴、陆顺泰、张顺兴4家沿袭原制作红烧工艺，相继经营板羊肉，其他几家仍单纯经营红烧羊肉。解放后，特别是20世纪60年代后，板羊肉逐渐淡出市面。直至1981年，双林食品站根据当地群众和回国探亲海外侨胞要求，恢复传统名菜“琼脂白板羊肉”，重置加工设备，请老羊肉饭店师傅出山，先后烧煮3次板羊肉，供不应求，轰动一时。现虽有书面资料传世，但真正会烧制者难觅。双林市场现流行改进型红烧拆骨剪羊肉和小块红烧带骨羊肉，较有名的是刘伶羊肉和郭阿三羊肉2家。莫蓉、镇西、苕南农庄和农家饭店也有烧售，有10多家。羔羊肉则更受双林人喜爱和双林籍侨胞青睐。制作步骤如下：一是选羊、屠宰。选肉厚、膘肥、无伤、无病的当年生公羊，屠宰后烫毛须小心仔细，不可损伤羊皮，以求外形完整。然后斩下羊头，开膛去内脏。二是整理。将宰后整羊“以内作外”，即用剔刀将羊四腿大骨剔除，将胸腹腔往外翻出，4只羊脚朝外反转，塞进腿洞内，用细麻绳捆扎结实后浸入清水缸内约两小时浸出血水后漂去，然后提出挂起，滤干。三是制汤。俗话说“姑娘靠妆，厨师靠汤”。将适量螺蛳和虾壳加水煮约1小时，滤去螺蛳、虾壳并澄清，滗出洁净汤汁，去掉底下沉渣，即可将羊肉放入烧煮。至于需汤汁多少，视羊大小和经验而定。四是烹调。用直径约1米的大铁锅，放入适量的螺蛳和虾壳汤汁及盐、糖、黄酒、白糟油、茴香、桂皮、老姜、大蒜等辅料，然后将整只羊投入汤内（一般整只羊一分为二），盖好后用木柴（以前用桑柴）旺火烧约3小时，焖1小时后，用特制抓钩验羊身熟酥程度，感觉适度即可翻身，放入特制竹蒸架，并在上面用石块压住，使羊身全部浸入汤内，使调味均匀浸入羊肉内，加盖文火再焖 2 ~ 3 小时即可起锅。板羊肉的胸部五花精肥相间，鲜美可口，入口即化。以羊肚、羊肝佐酒，更是享受。板羊肉基本无羊膻味，很多顾客常将板羊肉用干荷叶包上，回家放在香粳米粥（俗称白米粥）里，与白米粥一起吃，其味更佳。费新我有《忆乡味》诗二首，其一曰：“一包板羊肉，两碗白米粥。离乡久不忘，几时温口福。”

姑嫂饼 相传清道光年间（1821—1850），双林镇闵家巷有马大娘身体不适，不思饮食，儿媳知婆母爱甜食，动手做甜饼孝敬。姑娘调皮（也有称姑嫂不和），乘嫂不备在甜饼中放一撮盐。马大娘一尝，咸甜可口，食欲大增。此法广为流传，取名“姑嫂饼”。传说虽无据可查，但后经几代人改进传承，选用白面粉、黑芝麻、猪板油、砂糖、精盐等精细加工成小而扁圆、厚薄均匀、细腻油润、酥脆而甜中带咸的小饼，其历史传承百年以上。双林姑嫂饼名闻遐迩，旧以“沈德大”最有名，在 1929 年 6 月 6 日西湖博览会上获甲级金奖，又在国际博览会上获糕饼类铜质奖状并颁发证书。制作步骤如下：以 5 千克炒面计，按比例加减。炒面 5 千克、芝麻屑 5 千克、白糖 7.5 千克、飞盐[①] 0.05 千克之内、花椒粉少许，撮合均匀后边加猪油边用手擦，直到能捏成团不松散为止。放置半小时左右使其走油均匀，再擦一遍即可用饼模试样。为适合一口一个，饼模呈深 1 厘米、直径 5 厘米的圆形花纹状。将上述饼料压入模子成型倒出。如倒出困难或倒不出来说明油分太重，应略加干料再擦一遍，如倒出后略用手指一碰即破碎，是油分不足应加油重擦，以既能倒出又略碰不破为度。定型后，十块一卷，包装上柜。姑嫂饼初用植物油，因植物油无黏性，取食不便，后经推敲改用猪油。经精工细作，达到香、甜、

姑嫂饼　　金国梁　摄

① 将普通盐用容易透水的粗纸包扎紧密放入水中浸湿浸透，把湿盐包放入已熄灭的炭火中焙干，拆包后盐成整块状，过磨过筛，越细越好，有吸附作用，不易还潮，故称“飞盐”。

酥、糯而又不腻，不粘牙，入口即化，老幼皆宜。姑嫂饼除夏季因猪油融化不宜生产外，余三季均可生产，冬季产品可保持半年以上不变质。唯现在筒形包装需改进，因用纸太薄易走油，用纸太厚又易破碎，如改用塑纸盒包装，既便于携带又不改变形状。据老师傅回忆，姑嫂饼至今已传至第六代。近年，港澳同胞和海外侨胞到双林镇，必以品尝为快，返回时购买，带往他乡以作馈赠。近年，双林食品厂继承传统制作工艺，又作改进，姑嫂饼质量、包装更为完美。

子孙糕和水晶糕 两个糕点均为米粉类传统名点。子孙糕是双林镇地方名点之一，百余年来畅销不衰。由出身茶食世家的南京人王双喜于清光绪三十一年（1905）前后始创。王双喜随父母到双林后，在长板桥设摊，用双林百果软糕和南京百果月饼馅料改制成子孙糕，每块 12 个铜板。因制作精良，味道独特，很快被消费者接受。由此形成双林民间习俗，老蚕上山做茧时，亲朋好友互赠子孙糕，预祝蚕花茂盛，条条爬高（糕）上山，条条做茧丰收。子孙糕，以皮薄、馅多、味甜为主要特色，又因有多味的特点而有“多味糕”之称，且外观挺而不硬、软而不颓，面张清亮、色呈琥珀，上口韧而不粘、油而不腻，甜味纯正、清香诱人，是馈赠的上乘礼品，故凡定亲祝寿、婚嫁迎娶、造房盖屋、逢年过节以子孙糕馈赠，祝贺新人子子孙孙，年年高升。王双喜的配方原料选用当地优质糯、粳米粉，糯七粳三，辅以绵白糖、糖橘皮、糖佛手、糖板油、玫瑰酱、核桃肉、花生仁、杏仁、瓜子仁、青梅、金丝蜜枣、桂圆等。“张万兴”糕团店创始人张季安改用红枣、花生仁、桂圆肉，对留用原料要求更精，如猪油须上等厚实板油，用重糖（以糖当盐用）腌制 10 ~ 15 天，并用自制玫瑰酱，从而使馅料更馥郁芬芳，色、香、味及外观更佳。子孙糕为方形，长 7 厘米、宽 7 厘米、厚 4 厘米，以 16 块为一板，送礼一般以 16 块、18 块、24 块不等，以图吉利。子孙糕上用食用胭脂红打上“子孙糕”“福”“寿”“囍”等，如今沿用最多的是正楷“子孙糕”和篆体“寿”字

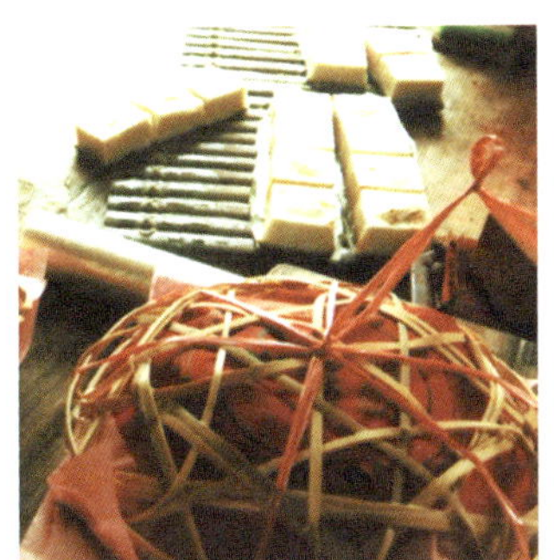

子孙糕　　金国梁　摄

两种。顾客如需，则用簧篮包装，便于携带。每个簧篮均附有一张包装纸，纸上印有糕名、店主名、店址等，还有仙童两个，一个扛大荷花，一个捧大盒子，旁题“和合二仙”，上面再覆盖一张大红蜡光纸，上印“子孙糕”烫金大字，红底金字，气度不凡。子孙糕并不由创始人传承。时，王双喜有双林糕点世家朋友张季安，对子孙糕颇感兴趣，虽王双喜对子孙糕制作配方、工艺极为保密，还是被张季安仿效使用。后王双喜因家事而停业，张季安便被推为正宗嫡传。1951年，在双林召开吴兴县城乡物资交流大会，传人张桐声、殷桂喜、顾根生、姚福林等制作的双林子孙糕和水晶糕，供不应求。次年，在嘉兴地区城乡物资交流大会上，子孙糕影响再度扩大。1989年11月，杭州举办全省小点心展·评·销大会，双林子孙糕被评为米粉类糕点第一名。2008年，湖州市非物质文化遗产普查，子孙糕被列入双林镇“民间手工技艺”项目申报并获通过。当今制作传承人有罗阿寿、朱水林、吴培坤、王新泉、潘明荣、丁阿六等。水晶糕是猪肉馅，以皮薄为特点。形状上小下大呈斗形，重量约为子孙糕的一半。制作水晶糕，米粉干湿度较难掌握，湿度大会造成水晶糕坍塌，干则不糯。其工艺看似简单，但已失传。

八珍糕　双林特产。清光绪中期，由双林“贝泰来”中药店创制，用以驱小孩肠道寄生虫。解放后，店员徐永泰根据祖传中医配方精制，大量销往桐乡等周边地区。八珍糕又称“参糕”“千糕”，以米粉、白糖为主料，山楂、茯苓、芡实、米仁、白扁豆、山药、麦芽、五谷虫8味中药为配料。关于“五谷虫”，民间传说用火腿肉喂养出来的入糕，才是八珍糕中上品。

米酒　双林历史上有发酵型三白酒。制作步骤如下：一取材，原料糯米。二配料，糯米、酒药比例约为100∶1，即50千克糯米加0.5千克酒药。三蒸制，备大底缸一个，先将糯米蒸熟，摊开晾凉，然后入缸。四拌酒药，把相应酒药倒入饭内拌匀，入缸内使上面平整。中间挖一个小坑，坑内放一个酒抽（取酒用具，用竹篾编成）。五加花水，过10天左右，在酒抽加入花水（温开水），比例为0.5千克米加400～500克花水。六盖盖子，缸口盖上用稻草制成的盖子。15天左右，酒即酿好。自酿米酒口感醇厚，纯天然无添加，是健康绿色食品。酿酒时温度高低直接关系到酒质量好坏。温度过低则不发酵、不出酒，温度太高酒会发酸。如温度低，则在四周用稻草封缸，以增加缸内温度。如果浆酒口感不甜、有点辣则加水，一般以50千克米酿50～60千克酒标准计算，加花水40千克，酒水需要再加10～20千克。

熏豆　农家烘熏豆技术代代相传，历史无从考证，现农村大部分人家沿用。制作步骤如下：一取材，农历八月十五后，摘地里毛豆。二剥豆，剥豆一般都用手剥，现先把毛豆带皮煮一下，使剥出的毛豆颜色较青，且速度快得多。三熏烘，放入盐水中煮至八分熟，捞起沥干。以铁丝筛摊开青毛豆置灶头上以小火慢烘，隔 10 分钟翻一遍，直至水分烘干，熏豆烘成。四储藏，熏豆烘干后放凉，再放进石灰桶里以防潮。过年过节时，可用熏豆、芝麻、胡萝卜干泡熏豆茶招待客人。

熏豆茶 双林镇志办 供

镬糍 是双林民间的一种点心，产妇坐月子一般都以镬糍作为主要点心，可补气、养元气。过去逢年过节几乎家家户户都会做，在农家灶头上进行。具体历史沿革已经无从考证。现村里一些上年纪的人会做。制作步骤如下：一备料，将糯米煮成糯米饭，备用。二加温，灶膛烧火，烧烫铁镬。三搅拌，灶前人拿铲刀摊糯米饭，在锅内不停搅拌，使糯米贴在镬壁上，注意要使糯米层厚薄均匀。四成形，经不停搅拌糯米贴在镬壁，加热后逐渐干燥，镬糍成形。铲下镬糍等其冷却后即可装袋保存。摊镬糍时，灶前灶后要讲究配合。特别是火候把握得越好，摊出来的镬糍就越好。

摊镬糍 双林镇志办 供

方糕 是双林百姓用米粉做成的点心。喜事中，把方糕放在木制圆盘里堆成塔形，称为“喜糕”。制作步骤如下：一选米，糯、粳米按一定比例碾成米粉为佳。二掺水，在米粉中掺清水，使其成为半干米粉。三装模，掺好水后，把米粉过筛，使颗粒均匀细滑的米粉落入事先准备好的方糕模子内，用尺刮平。四印花纹，先在刻好的花糕板里撒上红色米粉，然后把花糕板反盖填入米粉方糕模子上一敲，花纹就印在方糕上。五割，用尺把方糕模子内一整块大方糕划分成 16 块。六蒸，把方糕连同模子一起放入铁皮蒸笼蒸熟，方糕即做好。

寸金糖 果肉片、寸金糖、粽子糖等都是双林流行的小零食。手工制作传统小零食风味独特、纯天然无添加，受老百姓欢迎。寸金糖因其长度约为一寸（约 3.33 厘米），颜色金黄而得名，是 20 世纪 90 年代前正月里走亲访友的必备礼品。制作步骤如下：一煮糖，取 7.5 千克白糖放在锅里加两勺水，再加一碗饴糖放在煤炉上煮 30 分钟左右。二冷却，糖煮好后放入一个用白铅皮做的圆盘，放在盛满水的水缸上冷却。三团，用一块小铁板不停翻动，直到翻成一个软糖团子。四打，把糖团子放在木桩上用一根 50 厘米长的小木棒翻打，使其颜色变白。这时由于里面有了气泡，体积比原来大一半左右。五放馅，把翻打后的糖团子摁扁，在上面撒上 3.5 ~ 4 千克由白糖、米粉、干橘子皮做成的馅，包裹成饺子形状。六成形，馅裹好后由一人不停地往外捏成一条长约 50 厘米、直径约 3 厘米的糖条。再由其他人剪成 1 ~ 3 厘米的段。七裹芝麻，把剪好的糖段放在箩里，表面裹上熟芝麻。芝麻“寸金糖”即做成。

年节圆子 逢年过节、办大事等都要做圆子，不同场合做不同类型的圆子。起始年代已经无从考证，但过年过节吃圆子习俗一直流传。邋遢圆子，小孩满月剃头，要做圆子分给邻居，称“邋遢圆子”，共 7 个，底 2 层，每层 3 个，顶上 1 个，各种颜色错开。分给邻居小孩，寓意长大后能合群。溜沙团，小孩出生后，第一次到亲戚家做客，亲戚会送溜沙团，内有馅，外面滚一些米糠（或豆粉之类），意思是孩子顺利、健康成长。生日圆子，做成寿桃形，俗称“寿桃圆”，意为长寿。 欢喜圆子，外甥生日，舅舅家要做欢喜圆，上面用米粉做一个花石榴。传讯圆子，女儿出嫁前夕，娘家要准备很多圆子，送至女儿家，让夫家送给各家亲戚，式样多种，意为通知各家亲戚要办喜酒。上头圆子，结婚当日清早，新郎新娘各自在家吃上头圆，六甜六咸，每个都要吃一口，亲戚朋友前来贺喜也要吃上头圆，意为婚姻圆满。顺风圆子，家里碰到新事都要吃顺风圆，如年初一要吃顺风圆，还有新郎官出门接新娘时，家中新起灶等都要吃，无馅，意为办事顺利。新官圆子，男人过生日，扎新官，做成圆子称“拿麻头”，圆子要做出一只脚，脚上划三道，意为有出头之日。汤圆，正月十五闹元宵吃汤圆，意为合家团圆。清明圆子，用南瓜叶做青，再和粉，做成半青半白的圆子，再做一只多色清明鸟，还做蚕茧形“茧圆子”，以期养蚕做茧像茧圆一样大。立夏圆子，又称“立夏塌饼”，用紫梅头和粉做成圆子，立夏当天吃，有腊肉、蚕豆、竹笋、芥菜等馅，可以防暑。冬节圆子，冬至前三日和后四日祭祀祖先亡灵，冬节圆子不可少，请祖先保佑全家人平安、团圆。送灶圆子，用南瓜和粉做成，也称“黄番瓜圆子”，农历腊月二十三制作，做成元宝式，放在蒸具内，底下大元宝，上面小元宝，中间聚宝瓶，一起蒸熟，放在灶进堂内“送灶”，正月十五取出，意为保平安。打狗圆子，先人亡故，儿女做圆子放几个在已故人手上，意为保佑逝者平安上路。还有囡囡圆子、娘娘圆子等。

器用及制作工艺

造木船、渔船 其制作步骤如下：一选木料，起船板选有一定弧度，有利于船造型。造渔船要用石块把已做好的船板和船舷压成首尾翘起形状。二拼船底，制作时根据船尺寸先将木料锯好，拼船底。中间先定心，用 9 块板拼成一只船底。三做船身，封好头尾后再上圈板，然后做栅子，整个船身由 23 块木板可以成型。四拼装，装上有弧度的船头面板、船艄，最后装栅。五打油灰，渔船打好后板缝间要用麻丝、油灰嵌足，以防漏水。六刷油漆，一般船板要上 4 次白桐油，最后一次要加入 0.5 千克红桐油，添上桐油不易脱落。油干后船可下水使用。相关材料有 3 种，即柏树木、油树木、杉木，以老木料为好。造长 6 米、宽 1 米的渔船需用 0.8 立方米的木材和 15 千克直径 0.6 厘米、长 7 ～ 10 厘米的铁钉。工具有斧子、刨子、凿子、锯子等。

木橹 现橹已很少使用。镇区钱品荣自制木橹一支，至今保存在家中。其制作步骤如下：一锯料，料用墨汁弹好线后一分为二锯开。二做橹胚，再弹线，制成上面小、下面宽的毛料橹板。三刨光，用斧劈去多余毛料，再各用大中小刨子刨光表面。四在橹板上包好百脚铁。五装橹床、橹梢，橹板上身先后装上橹床、橹梢。六打箍，在橹身上打藤箍或铁箍，橹上身开一个橹脐。七刨鲫鱼背，用刨子在橹上刨出鲫鱼背，下面刨出鸭肚皮样子，即可以交付使用。

竹制罱（捻）篰 罱篰用来罱河泥，河泥主要用作桑地肥料。其制作步骤如下：将毛竹剖成很薄的竹片，编织成有一定容积可以开合形如河蚌的物件，再套上两根很长的毛竹即成。罱篰前端两个口装有刀口状竹片，便于取泥，背上有个圆洞，两根竹竿从洞里插到罱篰口，一根叫靠杆，一根叫提杆。两根杆子头上都有长方眼，用竹片

竹制罱（捻）篰 双林镇志办 供

风箱 双林镇志办 供

插入罱篰口。靠杆装上口，提杆装下口。提杆在罱篰上面有点弯，有利于手提。两杆分开罱篰口即张开，用手一推泥进罱篰内，两杆一合罱篰口即合，泥就被锁在篰里了。到船沿一靠，一只手一提，两杆分开，泥就掉进船里。

箍桶 镇区张炳江家四代以箍桶为生。主要做马桶、脚桶、提箩、“百年好合”木盒子及锅盖等。其制作步骤如下：一配料，加工时根据规格先配料。二做桶圈，用斧头劈去多余部分，钻眼子，刨光，开槽，做铁箍，用竹钉拼拢，成桶圈。三做桶底，根据桶圈大小做桶底，刨光，与桶圈拼装一起，即成。四刨光，用刨子将桶内外刨光即可。

风箱 旧时农家多使用老虎灶，为生活方便，常用风箱来鼓风。木板风箱呈长方形，大小规格不一，有大、小风箱，里面边上有风门。出口一个风洞，两头两只进风叶子，肚里两个拉杆，里头装上一块板，板边上护上鸡毛。目的是使风箱密封，不漏风。两根拉杆，一头通外边，装上手拉档，用手拉推。

刻花糕板 花糕板是做喜糕的必要工具，用来印制喜糕表面花纹。刻花糕板技艺由专门民间艺人在长期生产、生活中积累传承。镇区周家兜村张林宝（1926 年生），从事传统木工技艺制作 50 多年，是位有丰富经验和精湛技艺的老木匠。现仍从事传统木工技艺制作。其制作步骤如下：一描花路，先把板四周用两条细线描成正方形，在里面描绘各种图案花纹，一般为花卉和诸如“福”“禄”“寿”“喜”等吉祥文字。二雕刻，用长、方、扁、圆、凹、弯、直等大小不一的十几种凿刀沿描好的花纹雕刻。三组合，一片板由 8 块糕花组成，每块糕花约 8 厘米见方，2 片花板合为一组。做方糕花板要用年久、基本无香气的樟树板，因樟树纹路不一致，不易产生裂缝。

补碗、生铁补镬子 金锁桥旁有位补碗艺人，经常去邢窑村等地补碗、补盆子。

邢窑村有位民间艺人顾阿荣，生前以生铁补镬子为生。补碗，用一只很小的金刚钻，用小绳子带上一根小铁杆（称钻头），将破碗原胚打上小眼，用铜钉固定然后用矾、盐、石灰等涂抹在破裂处，就如同原胚。补镬子，用耐火泥制成坩埚，将生铁放在坩埚中煅烧，等其溶化后，用一块很厚的圆形毛绒垫子，垫子上放草灰，并用耐火小勺将溶化的铁水倒在垫子上，然后按在破洞处。冷却后用刮子刮平，补后镬子如同新镬子一样可用。所用耐火泥从宜兴丁山取得。

高跷 旧时穷人家买不起雨靴，就用高跷或木拖鞋代替。用坚固竹子或木棍，下半部分绑一个横档，即成高跷（两根高跷成一副）。雨后在泥泞乡间小道行走，高跷要比木拖鞋更方便。特别是冬天，不会冻着脚。所以解放前农村很多人逢下雨天走村串户办事，都会用高跷出行。走高跷需一定技巧。双手分别扶住高跷柄，双脚分别踩在横档上行走。

墟市、名店

双林旧名东商林，宋南渡后成为聚商之所。古时多设墟市，有东西荡、羊叶汇、煤水滩、丝行埭、米行埭、木匠埭、上横街、下横街、新湾街、老绢巷、旧绢巷、新绢巷、经堂巷、闵家巷、小猪街、塘桥街、广福街、鱼行口、北塘口、赛双林、化成桥南堍、长板桥、倪道桥、沈家桥、众安桥、店桥、渔捕桥、泾县会馆等处。古时传承老字号名店有“沈德大”（茶食）、“孙万顺”（染坊）、“金胜叙”（酒馆）、“天韵楼”（酒馆）、“高兴记”（米行）、“郑元记”（布庄）、“沈裕生”（丝绢庄）、“贝泰来”（中药店）、“大观楼”（茶楼）、“高德兴”（瓷器店）、“穗香春”（糖果店）、“天禄”（茶食糖果店）、“长兴馆”（面馆）等。

古代墟市 东西荡，乡航泊之所，西荡航船埠头 2011 年被列为湖州市文物保护单位。上横街，镇商贸聚集地，前后左右皆街市，又名“棋盘街”，清初有衣庄 70 多家，又名“衣裳街”，元宵等节庆时节灯彩特盛。下横街，多酒馆，日夕喧闹，有“小苏州”之称。新湾街，多包头绢衣庄。老绢巷，宋时乡民卖绢之地。旧绢巷，宋元时吴氏居此开设估客收绢所。新绢巷，明时沈孝廉构市为收绢所，并有公馆，馆内有用绢装裱之所，各绢庄每日午前集此，收购乡人所产绢，先后有序。广福街，广州、福建包头绢商及其丝绢生意人集此。店桥，又名“铁蹬桥”，旧时东林丝绢每日凌晨在此交易。经堂巷，屠户列肆之所，水镜寺经堂在此。闵家巷，明时闵午塘开市廛。塘桥街，市廛稠密之处。北塘口，舟航聚泊之所。鱼行口，元墙里吴氏业渔行者居此。赛双林，茅鹿门宪副所构市廛，旗亭百队，瑰货喧阗。化成桥南堍，向缆客船，多乘夜行，称夜航埠，桥畔设立灯杆，杆顶灯光烂然如昼，四方商贾望杆云集。长板桥，深潭水阁如节，桥上成市肆。倪道桥，明万历年间（1573—1620）陆府旧第改作街肆。众安桥，天民苗裔葛姓居桥畔，以操舟渡业和买卖珍珠为生，是双林最早的珍珠交易之所。渔捕桥，为渔舟聚泊交易之所。泾县会馆，泾县人在镇开设皂坊，专制绫绢，运销江宁、徽宁等地，营业极盛。另有金陵会馆、宁绍会馆、米业公所、药业公所、商务公所等商贾之所。

沈德大 清光绪六年（1880），祖上沈氏带领一家到双林上横街开设自产自销糕饼店，经营马饼、月饼、寸金糖、姑嫂饼、腰子饼、玫瑰酥糖等，兼营南北货。传至沈少英生意兴隆，营造三开间三进深二层大宅，前店后作坊，墙门上额“沈德大”三个字为门店招牌。第一进屋内西边以糕点类为主，东边柜台为南北货、腌腊品，楼上为货栈和职工住处。二进为原材料堆放处及制作糕饼和包装工场。三进为烘烤糕饼厨房。传至沈石麟时，有职工 12 人，产品以酥糖和姑嫂饼最有名，享誉江浙沪一带。1929 年，姑嫂饼在首届西湖博览会获奖，奖牌被挂在大门口右上方，以增光辉。沈德大又在下横街光郎弄西侧营造栈房和作坊，是经营最辉煌的阶段。民国时，沈德大抵制洋货，大门两侧墙面为双林“宣传之墙”，贴满抗日内容的各种宣传招贴。解放后，沈石麟带头参加私营工商业改造，公私合营，后进入国营烟糖商店和双林食品厂，毫无保留地传授制作名点姑嫂饼的技术，使这一传统名点在嘉兴、桐乡、乌镇、新市、菱湖、湖州等地广泛传承，在双林有第四至第六代传人，分别是陈叔英、潘明荣、管博经、管新毛、张敬华、方铭华、梁卫民等，得到广大消费者认可。

孙万顺 为染坊。清中后期盛极一时，号称“孙半镇”。西栅港北埭至新开河一带全部是孙氏用房。孙氏祖籍绍兴乐安，清乾隆中期始迁双林莫蓉大和兜蒋家村定居，以务农、织绢为业。乾隆五十五年（1790），迁双林新开河，开始经营染坊，同时经营丝

孙万顺旧宅　　金国梁　摄

庄、米行，家业逐年兴旺发达。购地建宅多处，先后建喻德堂、和义堂、行义堂、思义堂、敬义堂、仁义堂，南向为坊屋及经营场所，北向居住。在新开河建孙氏支祠，位于现新开河双林第二毛纺厂，占地800平方米，五开间六进深。至清同治初，由孙吉福、孙吉昌开设染坊，正式设号“孙万顺”，门楼匾额“笃实辉光”。主要业务以淀兰蜡染和淀染印花棉布为主，同时染土羊毛及毛纱、丝织品等，以“笃实”为经营原则。现孙万顺旧宅屋基本保存完好。西至小桥，东至斜桥，尚有房屋近百间。至2005年，健在染师有韩阿贵、王阿泉、潘万翔等人。

天韵楼　民国中期，由施颂声开设经营，以冷菜为主的小酒馆。后雇苏州人王金荣为厨师，始增热炒，扩大经营。王金荣主打菜肴酸辣烩草鱼极合双林人口味，备受欢迎，声誉鹊起。解放后公私合营，与新市场大观楼、长兴馆合并成立天韵楼饭店，既经营酒肆，又经营茶水。1958年，属双林区供销社饮食服务商店，为国营店。1960—1965年，归吴兴县国营商业局下属双林饮食服务商店。1982年，双林饮食服务商店在原上横街新新百货店、长兴馆等店面基础上新建天韵楼饭店，占地500平方米，建筑

天韵楼　　　　金国梁　摄

面积 2800 平方米，内设点心部、餐厅部、客房部、小卖部等，在湖州市享有较高名望。“天韵楼”三个大字由著名书法篆刻家单晓天题写。

贝泰来　位于双林镇原下横街现横街中段。清光绪元年（1875）开设，原名“叶泰来”，后盘给贝晋眉、贝祖武，改名“贝泰来”。贝泰来老板一般不在双林，先后聘王祖荪、叶宝成、傅文礼等人为经理。药店以“经营靠信誉、进货靠经验、炮制靠技术、服务靠礼貌”理念，赢得市场和信任。历经沧桑，成为双林百年老店、名店。“文化大革命”中受到冲击，改革开放后恢复店名，房屋几经改造仍在原地。占地 881 平方米，马头墙三开间五进深。店门口正中悬挂“贝泰来”金字匾额。饮片、丸散在东，饮片屏风书“功回造化”四个金字，丸散屏风书“法金全生”四个金字，堂正中墙上挂一面大方镜子，两旁木刻金字对联：“修合无人见；诚心有天知。”木质地板，堂外置茶几、椅子供顾客休息。二进客堂间，匾额“内有人生”白底红字，两边置红木茶

贝泰来匾额　　　　金国梁　摄

贝泰来店内一角　　　　金国梁　摄

几和太师椅，中间摆八仙桌和长桌，悬挂“刘海戏金蟾”中堂画，是跑街先生谈业务和聊天之处。楼上为伙计住宿。第二进还有灶间和磨坊烘间。第三进供切药加工，屋顶备有晒场，楼上设仓库和细货房。第四进为煎药间。第五进楠木厅堆放草药。天井里种有大青叶，饲养克蛇乌龟。初期有职工 12 人，后增至 19 人，最多时 24 人。员工分头刀、二刀、三刀、四刀、磨工、烘工、煎药工等，营业柜分头柜先生、二柜先生等，以恪守医道、精选饮片、依法炮制、博采古方、修丸散来赢得顾客信赖。每帖药一物一小包，一帖一大包，包装印有“贝泰来”大红色店名及经营品种、地点等，并印有吞、冲、后下、先煎等用药细则。贝泰来药店经营药品 835 种，除门市营业，还对双林周边农村小药店批发。

民情

居住 旧时镇境农村房屋以砖木结构为主。建房均选择高爽向阳之地，大多坐北朝南，少数坐西朝东。纵向一般为前平房、天井、灶间、楼房、后屋（厕所、饲养牲畜），俗称一埭四进深。也有二埭三进深、三埭三进深，此为极少数乡绅，一般贫者两间平房，更有仅草棚安身。绝大多数城镇居民均租房而居，只有少数家庭祖上遗产有私家住房。20 世纪 80 年代始，逐渐解决温饱，住宅建设占消费主位。农村新建房屋均为砖墙钢筋水泥楼板结构，大多两开间，前置阳台，中间厨房，后为平房或楼房，供年长者居住。建房先打墙脚称“动土”。上梁是建房重要环节，亲友要送“上梁利市”，有肉、鱼、糕、粽等，也有送电风扇、沙发椅的，一般亲友送“份子”，主人摆上梁酒。镇区开始建三层或四层新套房，分别由大套三室一厅、小套二室一厅，加厨房、卫生间、阳台组成。一般六户或四户共用一个楼梯。90 年代开始，农村出现三层楼房，均独门独户，并重视外观装饰，讲究舒适美观。镇区也有少量别墅建造，后逐年增建。进入 21 世纪，居住更加讲究，农村富裕家庭子女结婚，或为子女能到镇上读书，纷纷到双林镇区购买商品房。为子女能享受更全面、更优质的教育，贷款到湖州市购买商品房的为数不少。乔迁新居，都要摆搬家酒，亲戚备礼品或给予礼节祝贺。新屋安顿毕，客人放爆竹，主人煮顺风圆，然后设宴款待来宾。镇区酒席大多设在酒楼饭店，农村酒席一般设在家中。原镇区农村家家有灶头。居民砌灶一般“三眼”，大家庭“五眼”（现在已经很少见）。锅与锅间靠里嵌一口尺锅，灶外沿嵌铜汤罐，利用余热取温水用。设灶君神龛。灶墙上画花、山水、万年青等。在外锅侧面写“米中用水”，中间一竖从米字到水字贯穿其中。灶洞口写“火烛小心”，但“火”字颠倒写。今普遍使用煤气灶。

家庭　家庭传统观念向以孝悌为正宗思想。解放后，逐渐法治化，传统家庭观念仍相当稳定。一般家庭祖孙三代，现四世同堂也不少，甚至个别家庭五世同堂。二十世纪七八十年代实行计划生育后，独生子女现多成家，其子女大多也为独生，与老一辈不居住在一起，往往为三口之家。男子结婚称“成家”。弟兄全部成家后，就要分家。分家是弟兄平分父母财产。娘舅、姑夫是俗定公证人，具有很高权威。分家要摆分家酒，一般在“二月、八月，两中平”，取双方都公平发达之意。分家后，父母或自立，或一家一个，或吃轮家饭。解放后，分家淡化。有女无子者，招男子进门成婚称“招女婿”。解放前被招女婿要改姓女家姓，解放后入赘女婿一般不改姓，但生下子女姓女家姓。现在大都是独生子女，许多人家子女多不出嫁，也不招女婿，称“两头香火”。新房购置及结婚费用各承担一半，至于小孩姓谁家姓，均于婚前商妥，或姓男方姓，或姓女方姓，或两姓均放，或等子女长大后再作定论。

饮食　双林人历来以大米为主食，小麦面为辅。大米分籼米、粳米、糯米。籼米、粳米煮粥做饭，糯米除直接做饭外，一般都做圆子、粽子及糕点等副食。旧时许多农家粮食不够吃，就将大米制成蒸谷米、黄米、冬舂米，使其贮藏时间长，做饭有胀性，以补粮食不足。平时除一日三餐外，还有吃点心的习惯。点心品种有圆子、汤圆、软糕、粢米饭、大饼、油条、包子、馒头、馄饨、面条、豆浆、粽子等。农忙时农民每天吃四餐，即在下午3时左右增加一餐，俗称“小点心”，食品有圆子、年糕、糯米饭、面条、番薯、芋艿、南瓜等。特色食品有双林板羊肉、烩草鱼、全家福、葱椒盐白斩鸡、各色交面、馄饨、年糕、镬糍汤等。

饮茶　镇人饮茶称“吃茶”。除一般家饮外，还有坐茶馆吃茶，以老年人为主。旧时茶馆兼设书场，请苏州评弹、湖州曲艺、本地评书等艺人说唱。解放初至“文化大革命”时期大都停业。1982年庆苑公园建成后，公园内建有茶馆。20世纪90年代至今，茶馆发展迅速，大多茶馆兼营棋牌室。镇郊（原三乡）集镇也开设多家茶店，供农民喝早茶、自产自销农副产品、打牌娱乐。茶馆按营业分早茶与午茶两类。镇人有吃早茶习惯，茶店凌晨三四点就开门。附近农民也到镇区吃早茶，兼卖小宗农副产品。天亮后店内茶客盈座，谈天说地。有些店主播放录像或电视，无其他形式活动，价钱便宜，大多 1 元一杯茶，红茶只需 0.5 元，好一点的绿茶 2 元。尔后茶客搓麻将。此时，吃早茶客人大多散去。午茶不分时间，大多在下午，分两种形式：一是棋牌室打牌为主，茶资较贵，少者 5 元，多者 15 元。营业一直延至晚间。二是高档茶室、茶楼，以会客、会友、品茗、叙旧、洽商为主。气氛高雅，以名茶为主，也有咖啡、奶茶、饮料，还有茶食，茶资也高，几十元、几百元不等。营业一直延至半夜甚至凌晨。2010 年，镇区高档茶楼有蓝波湾休闲中心、蓝岛咖啡、东方明珠、双龙阁茶室、任和茶室、至尊会所 6 处。熏豆茶是双林农家特色茶饮，其色葱绿，香气清逸，原汁鲜味，口感独特，是本地农家常年储备、享用、待客的风情茶。主要由细芽茶叶、熏豆、芝麻（炒熟白芝麻）、橘子皮（去膜鲜橘皮切碎后腌制）、野卜子（炒熟）、丁香萝卜干（切丝腌渍晒干）等组成，个别地方也放咸豆干粒、桂花等。

礼仪

出生 孩子出生前，外婆家就要准备好衣服、襁褓、粽子、糖蛋、风鱼、火腿等送至女婿家，称“催生”。贫穷人家一般送些自产物品，如鸡、蛋等。亲戚用鸡蛋、鱼肉、糖枣等物馈赠产妇。孩子出生后，外婆家要送福物圆子祭拜太君，称“拜三朝”，请亲友吃“三朝面”。满月时，外婆家送衣帽、糕粽、福物等称“做满月”。孩子满月时剃胎发，亲友送铃铛、手镯、猪蹄、糕点、百岁钱等祝贺，主人请留饮，称“满月酒”。周岁时，做米饼祭拜太君，陈设各种器物观看孩子侍弄，俗称“抓周”，也称“晬盘”。

冠笄礼 旧时男子 20 岁行加冠礼，也称“成年礼”，表示已成年，可成婚，可参加各项活动。女子 15 岁行加笄礼，在订婚后、出嫁前举行。后渐简化，都在成婚日凌晨举行，俗称“上头”，要奏鼓乐、供佛、祝词。亲友馈赠蒸糕粉团，称“上头圆子”“上头糕”。上头人须选择亲族中结发夫妇并且有儿子之人前来行礼，为男子戴上大帽。女子也在出嫁之日加珠笄髻簪，仪式与男子相同。男称“加冠”，女称“加笄”。上头完成后，要拜见父母尊长。男子结婚之日宴请亲友时在大厅西上方设正席，与东上方媒席并排安放，弟侄辈都要坐在固定位置，这是古时士冠礼中父亲为儿子斟酒举行冠礼留下的仪式，只是从简而已。有些人认为这样做怠慢客人，就在别处屋中设席款待宾客。女子出嫁仪式相同，也要行斟酒礼。冠礼废弃已久。但近年农村还延续此礼，青年男女结婚要“上头”，吃“上头圆子”，只是有些礼节简化。

上学 旧时，士族子弟五六岁上学，有的请老师，有的在私塾，视各家经济实力决定。商人、农民、手工业者子女有立志要读书的也如此。挑选日子，请人介绍后，拿拜师帖，准备茶果糕点粽子之类馈赠老师，并在同学间相互分发，完成上学礼。十几岁能写文章后即参加童试。先前乌程、归安二县考试时间不同，有人就凭借两个学籍参加两次考试，后定在同日考试，但学籍还是按籍贯定。清光绪三十年（1904）后，根据父子同籍，兄弟可分两地考的原则参加考试。现儿童年满六周岁，家长有义务送子女上学。舅舅买书包和文具用品，仍是旧俗。20 世纪 90 年代始，父母在孩子上学前摆酒席，邀请亲朋好友喝上学酒。孩子上大学时，几乎家家摆酒席，庆祝孩子考上大学。

婚礼 旧时，论婚事先占卜问卦。婚期定后，将送亲迎娶日期用帖呈上，告知女方家，随送微礼银函。帖上写：“道日之敬。”女方回帖写：“应允。”婚前半月或十天送珠冠袍束衣裙，钗钏首饰，奢俭不一。除外加袄裙及执服、膝带共七样，称“七如意”。成婚当日天不亮或隔夜杀猪宰羊准备各物酬神，称“婚姻利市”。主婚家长穿上礼服带着新郎一同行礼，请人鼓乐吹奏，道士祝献。成婚前夜，一定要备筵席请媒人，称“启媒”，也有人家从简在正席敬媒人。新婚三天内有闹房习俗，亲友一同酬钱祝贺或请乐工劝酒，或唱戏暖房。民国后，有在迎亲仪式中用西式军乐，并称之为“文明结婚”。新人衣服用西式，大都租借，很费钱，然而一生就此一次，无论贫富都承受。新中国成立后，遵守《中华人民共和国婚姻法》，青年男女自由恋爱，交流了解满意后，上门让父母过目，征求父母意见，父母同意后，举行婚礼。一般农村女儿出嫁要聘礼，城镇女儿出嫁不要聘礼，现在大都独生子女，讲求“两头香火”，礼节也从简。

寿庆 俗称“做生日”“做寿”。人生第一次寿庆是“周岁”，习惯以农历生辰为准。

到十六岁算成人，做生日，一方面“谢太君”，另一方面“斋星官”。外婆家送寿面、寿桃，父母为子女摆“罗汉酒”，亲朋好友送“份子”。现今酒席当天，有不少父母还专门为子女制作光盘，将其从出生至十六岁的各种照片用大屏幕滚动播放，让亲朋好友欣赏。逢十做寿或逢六做寿，人们普遍看重。逢十做寿，实际是逢九做生日，如三十九、五十九，雅称“晋九”，俗称“做九不做十”。六十寿庆是大庆，最为隆重。亲戚，特别女儿女婿要备寿面、鱼肉、寿烛、百子炮仗及用米粉制成的寿桃、寿果（现多用新鲜水果），如双老健在，礼品必成双。设寿堂，以红绸（布）做寿幛，中贴金色大“寿”字，辅以寿联如“福如东海，寿比南山”等，男寿多用椿树、蟠桃，女寿多用萱草、梅花为联。鸣放鞭炮，寿星正中就座，晚辈叩拜，名曰“全礼”。礼毕宴请，献寿酒，吃寿面。今跪拜之礼免除，余者多数从简。儿女及其亲属晚辈，送新衣、新料、礼品等，表示孝心。今镇区多数人家周岁开始，几乎年年举行生日纪念，均为家庆。一般视不同年龄，长辈赠衣服、食品、学习用品、玩具等生日礼物，除吃寿面外，还有生日蛋糕，点生日彩烛。受庆者，吹熄蜡烛，双手合十闭目许愿，播放生日快乐歌曲，或全家同唱，或伴以其他自娱节目。现还流行做六十六岁生日，认为六十六岁是人生一大关煞，以做寿“冲煞”。俗有“吃六肉”，由出嫁女儿（如无则由过房女或侄女）为父（或母）送上一碗红烧肉，一般划为六大块和六小块，并以长生果（花生）、米面垫底，上放 6 颗小鹅卵石，喻义石寿。

祭祀　各家各户均祭祀高祖、曾祖。清明节、中元节、冬夏二至及岁腊，一并祭奠。中元节，只用素膳，僧家接受施与，主家以所有亡者名氏身份施舍，称“节关”。除祭祀祖先外，还设席祭祀地主，双林俗称“地主阿太”，意为保护全家生活在这块土地上平安无事。祭墓大都在清明和十月初一，称“扫墓”或“上坟”。扫墓时先祭祀后土，后祭祀坟墓，在树上悬挂纸幡，称“飘白纸”。祭祠堂每年春秋两次，祭期每家不一，双林镇建造祠堂多是宗祠或支祠，虽不需聚族而祭，但到祭祀当天也是长幼咸集。

祭神　逢时祭拜土地和灶神。在端午、中秋等大节祭拜，除夕还要祭魁星、元坛等。所设神坛多至数十种，祭拜完毕，要放爆竹度岁，尤其隆重。农家兼有祈田蚕，祀猛将，祭马头娘、总管堂子、门神、水神，无处不拜，清明尤甚，即谚语所谓“清明大过年”。

丧葬　在长期的生活实践中，双林镇形成了独特的丧葬习俗，随着时间的推移和人们思想观念的改变，丧葬习俗中一些繁杂的程序如今已有简化，一些迷信的东西有所淘汰，有些习俗仍在传承。

丧家在死者去世当天找道士辨别生肖忌讳。撕裂麻布、白布用来讣告亲族，小幼辈则还加袍袿裙衫，如果是新亲还未结婚就用蓝色绸绫或讣仪银函。一日小殓，三日大殓，现也有从简，合并大小殓为一次。如第二日半夜后大殓，称“紧三朝”，亲朋先便服探丧，女婿家必先送殓被褥，入殓日素服临吊，供飧筵。旧时丧事待客用素膳，如今多为荤筵。死者入殓后客人散去，称作“送殓”。之后备好木主灵幡请道士接煞，孝子捧神主灵幡，道士摇铃钹在前引路，每过一门，孝子亲人号哭跪接。回煞结束，安设灵座。凡三年内灵座未撤，出嫁女儿逢清明送粽子，冬至送圆子，中元节送素筵纸锭，夏至送凉床，立冬送冥衣、暖炉等物（都是纸糊）。子孙逢节请和尚礼忏。以上都据大例而言，贫富不一。至于安葬，无定期，有的生圹先建，一周年后安葬，贫穷人家无力选择坟地，就租地浮厝或寄放在义塚。入葬仪式，富家在坟地设篷厂、搭厨房、请鼓乐等，安葬日亲友前往拜祭并送礼，称“送葬”。主人备筵席，宴请宾客及乡人，或请人唱戏，称“坟安戏”。也有人在庙上捐钱，不唱戏。贫穷人家不能操办的，则暗里经营，仓促安葬，称“偷葬”。双林旧有火葬习俗。家属去世当天就用土砖在桑地厝棺，有安放一两年，也有十数年，视棺木腐烂程度，再选择火葬时机。逢清明或冬至前一天举火焚烧，然后把未烧尽的尸骨贮于坛中，乡人称“骨殖甏”。新中国成立后，丧事渐简。现实行火葬，死后第三天送至火葬场火化，家属哭送，有关单位或亲友送花圈。骨灰盒带回家，也有直接将骨灰盒送墓地安葬的。不披麻戴孝，只挂黑臂章，曾孙辈戴红臂章。

岁俗

正月　年初一黎明时，置糕果，煮汤圆、顺风圆，接灶、拜“开门土地”，悬挂先人画像、供糕果。开门放爆竹，自子夜到天明响声不绝。家中拜完后，到宗祠和各庙烧香。回家后，男女长幼依次递拜，称作“拜年”。从年初一到上元有敲铜鼓，称“年节鼓”。大年初一早晨吃汤圆和顺风圆，中午和黄昏都不开锅，吃除夕备下的食物，称

“年饭”。整天不扫地（年初三相同）。妇女不动针线活。薄暮时分，在土地堂前、灶前燃香烛，拜祖像（初二、三日相同）。初二晨起拜神像、祖先像，长幼相率出门庆贺，门房或厅堂安设红本子，客人到来就自己署名或送上帖子，只求知道有谁来过，只有女亲眷应见者必进内堂拜贺，至亲还要拜祖先像。有丧事人家不受拜贺，门上贴“在制”二字，过初三才出门答拜。年初三为小年朝，天未亮起床拜土地、安灶（年初一接灶神模供奉在灶龛外，初三放回），安灶神须早，不能听到鸟叫声。年初四夜四五更时备牲礼，祭祀财神，称“接路头”。爆竹声不停，比除夕夜更盛。太平桥庙里供五路财神像，商家结社赛会，先在初四晚上鼓乐娱神，夜半时分用仪仗迎神像，走遍四栅。年初六祭祖，收先人像（也有至初八收）。年初七、初八，儿童到东岳庙斋王，到十六岁止。年初九玉皇大帝生日，每家每户都在屋檐下供奉香烛。正月十一太君神诞，渔船、射船等竞相往协顺庙和放生桥太君庙祭赛。从早到晚都演戏，由包头业和黑坊中人主办，其他商贾互相结社祝献，来往之人纷纷不绝，士女如云，庙旁、湖中船只密密麻麻。正月十三上灯节，旧例街衢两边悬挂灯笼，好事少年制造龙马等各种形状灯笼，锣鼓开道，沿整条街行走，也有被人邀至家中，表演滚龙走马戏，主人给予蜡烛或赏钱，直到正月十八落灯节才停止。乡村中于岁末用竹木缚稻草至 10 多米高，然后竖立在田边，末端用丝帛系上九聊灯，上灯节连夜点灯，金鼓喧阗，同时伴有赞词，集中一起焚烧称“烧田蚕”，祈求年成丰收。正月十五上元节，是天官赐福时辰。每家都煮年糕汤，祭祀土地和祭灶。至此日，灶上供奉糕果才撤去。儿童都到华严庵拜三官，民间有三官会，每家都在门前立高灯，从年初一开始全家持斋，甚至不洗荤腥各物，到上元节有醮事或演戏酬神才各自停止持斋。正月里从初一到元宵节前后，亲朋间必邀饮年节酒。谚曰：“鸡豚秋社，芋粟园收，张三李四，来而便留。”新婿新妇到外家拜年必须先预定日期。除享宴外，还要馈赠新人细粉圆子，称“灯圆”。

二月 二月初二煮年糕拜土地灶。到三墩土地庙和松亭乡禹王宫等处烧香。村妇老妪准备糕点圆子各种物品到庙里礼忏，称“上庙堂”。妇女摘蓬叶插在头上，俗称“避头风”，故谚曰：“蓬开春日草，戴了春不老。”二月初三文昌生日，读书人集中在奎文阁拜忏，祈求学业有成。二月十二百花娘娘生日，播下百花种子，用红绸红纸系在花木上。二月十九观音诞日，妇女到各庙烧香，新庵、旧庵都很热闹。春日里儿童有放风筝、踢毽子、抛绣球等各种游戏。春分后有笋档船到镇上售卖。笋出自郡城西南山区，春分之后用船载来卖，称“笋档船”。

三月 三月初三为上巳日。乡里儿童卖荠菜花，男女都要插戴。谚曰："三春戴荠花，桃李羞繁华。"要吃年糕汤，称"撑腰糕"，意为使人干活时不腰痛。祭贞节祠，时菜花盛开，在田边祈福，同时游观。乡间各圩堡唱戏自正月初到清明前止，按照田亩派钱搭戏台演春戏，看戏之人络绎不绝。盛林山是二月二十四，此后乡间就无戏可看。本村和邻村准备快船，有少年在船头耍拳头舞弄刀棍，数十成群，称"哨船"，从乡村到镇上，来往于各市河，称"开码头"。清明节祭祖，都到乡间扫墓。家里有灵位的，要哭奠3天，用粽子祭祀土地神和灶神，馈赠亲戚家人一起食用，取"寒食"之意。门上插杨柳，小孩在头上戴杨柳。谚语："清明不插柳，红颜成皓首。"清明后一天，俗名"二忙""二明日"，乡农结伴摇快船到含山游玩。俗语："寒食过了无时节，娘养蚕花郎种田。"清明前一晚吃螺蛳，称"挑食"，把螺蛳壳撒在屋瓦上，称"赶白虎"。清明当日，乡农在大门上换贴门神。将米粉做成老虎状蒸熟，送到门外，称"退白虎"。或者在门外用石灰画上弓弩等图形，意为祛除鬼祟。这些皆为养蚕缘故，镇区无此风俗。乡间禁忌很多，凡修整坟墓或埋葬提柩等，必在清明夜或之前数天进行，过此日期就有忌讳，过谷雨连同扫墓也有忌讳，认为纸钱气对蚕事有损。三月二十八是东岳神诞，庆典非常隆重，乡民在庙中祝献，提前几天就鼓乐喧阗，人来人往络绎不绝。

四月 立夏用芽谷饼祀灶和拜土地，饮火酒，啜新茶，食樱桃和青蚕豆。四月十四吕祖诞辰，群集斗姆阁拈香礼忏，扶鸾请仙，问病求方，剪万年青叶子丢弃在街心。小满动"三车"。

五月 初一悬挂关帝或张天师像。僧尼送符，用五色纸作虎头和五毒等物像，总称"符"，乡人用钱米酬谢。待初一或端午粘贴在门上。初五天中节，也称端午节，喝雄黄菖蒲酒，吃粽子，在门上插菖蒲、艾虎、桃叶，妇女剪蚕茧做老虎，用缯做成人形跨在老虎身上，称"健人虎"，用绸布做五毒和雄黄袋等，用丝线穿赤小豆挂在儿童衣襟上，或用雄黄涂在小孩头项和手足心，妇女插戴艾虎，在床前系菖蒲、艾草、桃李枝、蒜头等。接近午时焚烧苍术、白芷、云香等，称"打蚊烟"。用雄黄火酒喷洒墙壁，拜利市吃酒称"过端午"。亲友间用粽子、绿豆糕、灰鸭蛋等物品相赠。新妇过第一个端午节，节前几天娘家要准备粽子、巾扇、彩绣、艾虎馈赠，称"致端节"。五月十三武帝诞辰，到碑亭武圣宫祝献，屠户收钱演戏。端午日后升神像巡行以祛祟，晚上出灯会，与东岳庙会相当。灯会结束后，庙祝遍送"驱邪降幅"四字。五月二十分龙日，选择临河广场演水龙人，摘葱放上龙爪，小葱再分种。

六月 初四祀灶，十四、二十四相同。谚曰：“六月三通灶，赛过打坛醮。”初六是天贶节，吃馄饨，洗器具，在河里给猫狗洗澡。谚云：“六月六，猫狗牲畜洗洗浴。”时在倪家壖东面静室观赏荷花的人很多，所以又称“观莲节”。初六太阳未出前汲井水放入瓷罐，后放入一根黄瓜，用黄蜡封口保存四十九天，黄瓜化尽，水清如故，这种水可以用来解毒。六月十九大士成道日，妇女相率到尼庵烧香。六月二十三炎烈大帝诞辰，岳庙道士建醮一天。第二天是雷祖醮，径自向商店敛钱，分送“风清焰熄，合镇平安”八个字。又有雷祖诞辰日，斗姆阁烧香礼忏。小暑后三伏，每逢火日造酱酒腌曲。

七月 立秋当天吃菱藕瓜果。初六化成桥总管神诞，庙前搭厂挂灯，演戏升神像，巡行四栅。初七东林总管神诞，自明万历四十四年（1616）开始有庙会，乡民酬钱演戏，抬神像巡行各村并达镇区。同时，有化成桥六总管庙会，两处有往来酬酢。当天吃茄饼，或揉面做成花果鸟兽、如意方胜等状，油炸或火烤，称“巧果”。当晚，闺中女子捣凤仙花染指甲，或者在庭中摆设瓜果七巧。七月十五中元节。和尚送节关祀祖，用素食，磨绿豆混以米粉做成银币大小的饼，称“豆灼饼”。有丧之家先于七月十三寅卯时在灵座设置瓜果，孝子披麻执香在门外迎接，妇女在帷帐内哭泣，称“接亡人”，请僧人礼忏，设焰口。僧院办盂兰盆会，到夜间沿河放灯，称“照冥”。后来改在七月三十夜，僧人坐在船中放焰口，船头烧纸，沿路放灯。七月三十地藏王诞辰。岳庙从七月二十五起开始礼忏，到三十停止。士女杂沓，香火旺盛。露印庵也礼忏数日。黄昏时在庭中点香烛，或者用油和木屑遍地焚照，称“地香”。此月街衢里巷都筹钱请僧人设放焰口，焚化纸钱，或请道士敲鼓喧阗，更添热闹，每晚如此。中元节前，僧道女尼上门募米称“施食米”。

八月 秋分时举行秋社，在石街漾和风光漾泛舟。初三灶神诞辰，祀灶，东岳庙有道士礼忏。八月十五中秋节。祭祀利市神和土地。邀请亲友赏月，吃月饼、熟菱。亲戚朋友用月饼相赠，还配以其他礼物。新妇娘家必备果品粉圆馈赠给夫家，谓之“团圆”。当日，斗姆阁道士礼斗姆忏。各庵堂寺庙烧斗香者很多，所谓斗香就是用红纸糊成斗形，两斗相合，中间用檀香、桂花叶及金银箔锭装满，外面用丝帛缠住，也有做成旗杆斗形的。总持和万善两座庵堂烧香妇女很多，黄昏时，尼姑五六人铺设礼斗台，高声念诵，观看者摩肩接踵，围得水泄不通。如这夜天气晴朗，男女都出门踏月，或乘机偷取别人家瓜豆作为吉兆。

九月 霜降日，汛官在大通桥汛所祭军队大旗神。至清道光年间（1821—1850），汛所营房坍废，汛官住在城中，此举逐年淡化直至消失。初九重阳节，祭土地和祭灶，吃栗子糕，插茱萸，或者携带壶榼到盛林山登高。

十月 初一十月朝。祭祀祖先，扫墓，和清明礼节一样。十月十五下元水官解厄之辰，乡人多持斋举会。小雪后蓄菜，称“腌菜”。

十一月 冬至日“亚岁”，做粉团，称“冬节圆子”，馈送亲朋，祭祀祖先、土地，祭灶。有丧之家前后三晚在灵座前哭奠，与清明节相同。习俗以冬至前一天为冬节夜，祭祀先人多在节前。

十二月 冬至后第三个戌日为腊，或大寒后逢戌日入腊。初八王侯腊，有人用白米和百果煮粥，名“腊八粥”。藏腊水，因其耐久，炊糕做各种粉圆用腊水调制不会变质。储藏腊雪水可解热毒。腊月多葬造、修筑之事。腊月十五后乞丐用粉墨涂面做各种丑容，傩于市集称“跳灶王”。腊月二十傍晚开始乞讨，击梆敲锣，所到之地喊“谨防火烛”多次，等到半夜祀灶后，挨门挨户讨米，称“派火烛米”。自腊月上旬起，僧道尼都到人家募米，称“香米”。腊月二十三晚上祀灶，送灶神，用米粉和南瓜调成黄色做成核桃大小的团子、元宝，一起装扮成聚宝盆状，称“送灶圆子”。佐以饴糖饼，称“灶糖”。腊月二十四掸扫室尘，洗涤器具。腊月二十五玉皇大帝诸神下降之日，人人持斋，有吃豆腐渣的。磨米粉炊成糕，称“年糕”。祭祀利市诸神，用三牲福物，比端午、中秋还要重视，称“年夜利市”。煮糯米饭和糖盛在盘子里，用熟粉裹住，称“满笼”。祭祀土地称“年土地”。亲友互相馈赠食物。新婚妇女则要备好果盒馈赠各尊长及亲友。双林镇上新婚女子所赠之物，用白米炒熟磨成细粉，加入糖，用模子印出，称“茶饼糕”，或加入芝麻，称“麻酥糕”。腊月三十祭祀祖先后，家人团圆宴聚，称“吃年夜饭”。商店或因除夕事忙向前移一两日也有。腊月三十是除夕，悬挂先人遗像，设糕果，在堂上供财神、家堂、土地。黄昏时祭祀土地，称“开门土地”，盛饭于箩称“年饭”，年饭上插节节高[①]，签插橘子、柏子枝在上面，称“百事大吉”。在炉中留火过夜，称“年火”。停灯于房称“守岁”。枕边放吉果，年初一早晨食用，称“开口果”。给儿童幼辈钱称“压岁”。长幼无事就敲锣鼓取乐，称“年宵鼓”，直至灯节停止。三更后每家都要扫地，因为岁朝按例不能打扫，垃圾不能倒在门外，取“满载如意在室内”之俗意。

---

① 用五色绸纸糊在芦竿上，再在绸纸上粘上人物、花色、元宝、柏果等物，或在芝麻梗上粘柏子果物，称“节节高”。

庙会游艺

东岳庙会 东岳庙为双林镇著名庙宇之一，坐北朝南，面织漩漾，与双林另一名胜护生寺比肩而筑，清康熙年间（1662—1722）乡约所改建。经历年修缮扩建，规模愈巨，敞厅行宫，斋厨僧舍，各类建筑井然有序。庙前白场方砖铺地，建有戏台，时有草台班子登场亮相。庙门口有一对石狮，朱门金环，柱石如鼓。殿内大红巨柱书一联："纬武经文，事业昭垂两浙；精忠亮节，灵爽炳著千秋。"清咸丰十一年（1861），庙殿毁于寇。清同治七年（1868），里人募建寝宫，宁波人建敞厅，轿会人建轿房，从此庙事又盛。一年一度的东岳庙会盛况规模之巨，杭嘉湖地区罕见。《双林山歌》所唱"三月桃花朵朵开，东岳盛会闹非凡，地戏故事能介巧，大街小巷灯彩间"，即此事。每年农历三月二十八东岳圣诞，举行岳庙赛会。镇人结社可达数十起，大小各业在庙中都有职司。三月二十六昼夜演戏（后改在三月二十七白天）。二更时分把神像抬到大殿，庙中偏僻处挂灯，陈列仪仗寝殿，设置古玩花卉。新街、横街及各巷都张灯结彩，有的多达五层。织漩漾彩船往还，台阁高耸，士女聚观，画船箫鼓，鬓影衣香，极一时之盛，自三月二十八起延至四月初，有五六天会期。东岳庙前耍狮舞龙，腰鼓阵阵，锣鼓铿锵，海螺嗡然。各路艺人慕名而来，争相亮招，喷火吐焰、吞刀吐剑耍幻术，开石裂碑、刀枪不入练硬功，唱滩簧说道情，演皮影傀儡戏，拉洋片看西洋景……不一而足。双林镇周围十里九村，或摇船或步行，纷至沓来，径奔东岳。双林店家及附近小商小贩纷纷设摊，摊摊相连，买卖兴隆。至时，东岳庙所在石街埭人头攒动如蚁集。东岳庙会前后数天，每天午后人们用八抬大轿升神像出巡四栅，穿行于双林镇大街小巷，队伍蜿蜒里许。曲折辗转到各社地演戏，前后扈从，乡民早早前来许愿，扮演罪犯就荷枷拖链行走一整天，还有扎臂香、肉身灯、儿童拜香等。凡是神像路过之处，店家设香案燃烛焚香，放炮鸣鞭，恭迎于店左，新绢巷还设下马饭。地戏先导于前，红灯闪闪，彩幡飘飘，济公、七仙女、王昭君等各色神话和历史人物纷纷登场，店家热情有加，或送所售之物，或给红包，祈求神灵庇佑财源茂盛，四季平安。黄昏点灯，街同白昼，酒肆茶坊欢呼喧闹。二更始，有读书人制灯谜张贴在灯棚下面，往来游观之人摩肩接踵。至清光绪二十六年（1900），因夜会滋事，有人提反对意见，遂废。

其他庙会 露印庵正月初一始设茶场，茶场设糖果、杂货、洋片、灯彩等摊子，游人摩肩接踵，到初十左右渐稀少。农历五月十三武帝诞辰，绅士到碑亭武圣宫祝献，屠户收钱演戏。清嘉庆至道光年间习俗，商家端午日后升神像并巡行三天“祛祟”。至晚出灯会，龙马、狮象、盆花、人物、禽鱼各式各样彩灯斗艳争新，无所不备。还有用五色绸绫扎采莲舟，舟身遍悬小琉璃灯，上面一个清俊小童装扮成驾娘，锣鼓喧阗通宵不歇，盛况与东岳庙会相当。农历七月初七东林总管庙会，酬钱演戏，祝献，升神像巡行各村并到镇上。自明万历四十四年（1616）开始赛会，乡镇百姓宰鸡杀猪，敲锣打鼓，在集市用幔帐迎神，晚上回去大吃大喝，比化成桥庙会更隆重。按俗例，化成桥总管是六总管，东林庙是七总管，两地赛会彼此都有往来酬酢。

民间游艺 群众主动参与、自发组织、自娱自乐的游艺活动，除迎神赛会中演地戏、扎臂香、抬阁扮戏文、拜香丝竹、灯会、灯谜及票戏、票曲外，还有儿童春日放风筝、踢毽子、抛球等游戏。这些活动，自古有之。另有与民间体育相结合，利用水乡优势的游艺，如摇踏排船，也称“摇哨船”。少年在船头要拳，舞弄刀棍，数十成群，称“哨船”。至镇往来于市河，称“开马头”。清明节第二天，俗称“二忙”，又名“二明日”，有结队到含山摇哨船。此外，更富双林特色的有“双林织歌”及织歌比赛（参见本志“蚕丝绫绢文化·蚕织歌咏、谚语·双林织歌”）。

方言

方言词语 双林方言是浙北吴语的一个基支，俗称“双林闲话”。在音韵、词汇等方面介于湖州、桐乡、德清、新市等地方言之间。属地区母方言。其古八调以阴平、阳平、阴上、阴去、阳去、阴入、阳入为基调，但又不同于湖州、桐乡话，每出口第一字较重，如“好花拉”（意思是好不好）。保留吴语中古浊音，如鱼读“嗯”、鱼鳞读“嗯靡”等。也有共具特色的相同语，如“虾”称“弯转”，“慢”称“百坦”。“百坦”吴语中是“百儃”，“儃”在古语中是双性语，一指“慢性子”，二指不经刻苦努力就有福有寿，为褒义，故双林方言中有“坦得来”口语。下列所举双林方言词语，由相近语音表示：

嗯（我）	小把戏（小孩）
伢（我们）	央央毛头（吃奶婴儿）
耐（你）	细硬几（泛指小孩）
那（你们）	老官（丈夫）
其（他）	屋里相（妻子）
邪（他们）	龙头拐（丈人）
姆妈（母亲）	亲伯（干爹）
阿呀（父亲）	亲姆（干妈）
咽呀（父亲）	相坝（佣人、邦妈）
马马（叔母）	青头硬几（小孩子及青年）
巴巴（伯父）	舍姆娘（产妇）
阿加（哥哥）	伢婆（外婆、外祖母）
老驼老（哥哥）	伢公（外公、外祖父）
阿太（曾祖父母）	囡蒽（女儿）
娘姆（祖母）	伯姆淘里（妯娌）
阿爹（祖父）	掼人（啥人、谁）
娘舅（舅父）	蒽子（儿子）
啊娘（姑母、姨母）	个户头（俗称你这个人的意思）
假假、阿姐（姐）	弯转（虾）

地方谚语　镇境谚语面广，除蚕桑谚语外，主要分生活哲理和天气天象两种。生活哲理谚语，是人们长期生活实践的总结。天气天象谚语，是人们长期生产实践过程中，对天象与气候关系的经验积累，即所谓“看天象，识气候”，从而指导生产实践，常根据天象各种征兆来安排农事或外出活动。生活谚语：“下雨不要踏高凳，穷人不要攀高

亲。”“有钿端午八月半，无钿清水盖锅盖。”“远亲不如近邻，皇帝也有草鞋亲。”“千年不断娘家亲，万年不断外婆亲，打断骨头连着筋。”“吃不穷，穿不穷，勿会算计一世穷。”“心直口直，胜过烧香念佛。”“马马长，一道长，躲到山里吃酒酿；酒酿甜，买包盐，腌鱼腌肉好过年。”天象谚语：“春甲子下雨蚕无食，夏甲子下雨人无食。”“鸡立桑树兆下雨，鸡鸭迟进门也是下雨兆。”“清早雨，好晒被。”“落雨起泡，要晴明早。”“春雾雨，夏雾热，秋雾凉风冬雾雪。”“九月雾露烂乔笭，十月雾露晒塘干。”[①]“春打五九末，春花无一粒；春打六九头，春花任你收。”“立秋打个雷，敲开秋头，晒开茬头。”“正月里打雷，雷赶雪；二月里打雷，水平圩。”节气与农事谚语：“夏至西南风水没小桥，夏至东南风踏断腰。”“小暑南风十八朝，晒得南山竹也叫。”“南风发发，塘井刮刮。”“四月芒种雨，五月无干土，六月火烧塘。”“大寒小寒不下雪，小暑大暑田开裂。”“惊蛰里冻冰，冻断水。”“白露身不露，赤膊如猪猡。”

① 此句谚语主要指下半年，农村秋收冬种时天气预测，意即农历九月如大雾天气多，可能要发大水。农历十月大雾天气是好天气，可以放心把割下的稻谷晒干收进来脱粒。

名人与名镇

双林古镇，三桥凤尾，地理既擅，人文荟萃。元、明、清三代出进士25人，其中元代1人、明代7人、清代17人。自明洪武十七年（1384）至清光绪二十八年（1902），双林镇境有举人75人（不含又中进士）。清代出状元2人。科第既盛，名人尤多。名人多半出自望族。双林望族吴氏，号称“一镇之望”。蔡氏清嘉庆二十年（1815）后人才辈出，声势两旺，俗称“蔡半镇”。其次为郑、沈、徐、姚、俞等氏。

历史名人

沈梦麟（生卒年不详） 字元昭（又字徵君），入明改字原昭，元末明初文学家。沈自诚子，随父由千金迁双林花溪（花城），少有诗名，勤学励行。博通群经，尤精易。后元至元五年（1339）乡荐，授婺州（今浙江金华市）学正。元至正十三年（1353）迁武康令，以儒术缘饰吏治，吏民畏服。后解官归隐，与晟舍隐士闽天福交道最挚，在闵天福别墅晟溪聚芳亭相聚多年，饮酒赋诗晨以继夕。入明因刘伯温荐举，以"贤良"入仕，辞不就。著有《花溪集》3 卷。赵孟頫与沈梦麟是姻家，四库馆臣称沈梦麟得赵氏诗法真传，以律诗称绝，时号"沈八句"，天下友均向他乞讨诗文。又与刘伯温交好。刘伯温元末隐居坐馆于双林花城，与沈梦麟相依溪上，诒诗云"杜陵老去诗千首，陶令归来酒一尊"。沈梦麟与杨维桢、滕克恭并称明朝"国初三遗老"，又与王蒙（赵孟頫外孙）、莘野、章同、曹孔章、胡廷辉、孟珍、沈性并称"吴兴八子"。

凌云（1434—1510） 字汉章，号卧岩，1 岁时迁双林镇。明代名医、针灸学家。早年诸生，弃学，北游泰山。遇一道人以针灸抢救奄奄一息病人，即从其学医，遂精通针灸治疗，治好诸多疑难杂症。著有《流注辨惑》《经学会宗》《针灸内编》《凌门传授铜人指穴》《凌云针灸秘法全书》等，海内称"归安凌氏针法"，《明史》为其立传说"海内称针法者，曰归安凌氏"。子孙世传"凌氏针法"家学。其再传双湖，名瑄，字子完，奉慈寿太后诏，施针浙闽，全活甚众，授登仕郎。三传藻湖，四传振湖，俱名重公卿，待诏太医院。

张渊（生卒年不详） 字子静，号孟蝦，双林人。守道安贫，隐居不仕。明代书法家、诗人。晚号"梦坡居士"，名出自某晚梦见苏东坡授其书法，次日又有人送其《东坡集》，从此更名。曾随吴廷旸学诗。明成化三年（1467）九月作《梅雪窝记》，颂其师"抱道守贞，不出函丈之地""梅雪为先生，先生为梅雪"之品德。成化年间，与陈秉中等人成立乐天乡社，研习诗文。后感自身阅历尚浅，由松陵出姑苏，尽览东南之胜，与“吴门四家”之一沈周交往友善。所作行楷书无流俗之气，所用印章均自刻,《史书会要》记:“渊行楷规模玉局，翩翩有致。”与曹枫江、沈启南、史明古、僧月舟等人联吟社，创作大量诗文，汇成《鸿墩集》。成化年间，与知府劳钺编纂《湖州府志》。梦坡至孝，母失明，朝夕为母舐。晚年曾客居穆溪（今吴江震泽），为史氏塾师，患疾归居双林三官桥东张家湾。

沈如霖（生卒年不详） 字济卿，号春渠，沈铭孙、沈梦麟九世孙。明万历十六年（1588）举人，授会稽教谕。万历二十八年应聘应天同考，官称得人，升广东普宁知县，清赋役，保善良，日进诸生而教。有税使扰民，斡旋其间，民得以无扰。署揭阳令，释冤囚，人走数千里求其肖像以祀之。上荐牍十二封，按例当内召，因忤权贵，改福州通判，转江西袁州通判，所至皆有惠政。如革例金三万缗，洞悉利弊，上疏十余条，遭同僚忌恨，于是挂冠归里，离世前，让弟侄分财产，帮贫困师友办理丧葬事，更不可胜数。殁后，人益思之，祀广东名宦。著有《梅花馆集》。

茅瑞徵（1574—1637） 字伯符，号五芝，茅坤（鹿门）孙。双林东花林（今属练市镇）人，居双林镇虹桥。其父茅惺海，名一皋，以恩贡授光禄寺丞不赴，专研学术，勇以为义。茅瑞徵7岁能文，茅坤当场试以“五母鸡”，即破题说:“亦王政之一瑞也。”茅坤大喜，知其不凡能大器。14岁游庠，明万历二十九年（1601）登张以诚榜进士。初为泗水县令，升兵部主事转员外郎、郎中，佐枢7年军政。万历四十四年复校会试，得申绍芳等4人推荐为漕运总兵，后转福建参政，迁湖广布政使。明崇祯初升南光禄寺卿。茅瑞徵为官清廉又个性憨直，与乌程相国公温体仁姻家而不通一信。告老在乡后，父卒，取父遗资散给乡里贫困者，自己杜门著述，屡徵不赴官。尝作《苕上寓公传》，见其心志。卒赐祭葬，赠大理寺正卿。著有《万历三大征考附东夷考略》《皇明四夷考》《澹泊斋集》《五芝纪事》等。明崇祯二年（1629）茅瑞徵撰写的《皇明象胥录》，将钓鱼岛列入中国版图。茅瑞徵后迁乌镇，故《乌青文献》也有记载。

茅瑞徵

严我斯（1629—1699） 字就思，号诚庵。严氏，双林望族，先祖严洋村居西阳（今西阳村），严洋村之子严义，号素庵，即得遗金候还失主之人，后人建还金亭扬其高义。清顺治十一年（1654）中举。顺治十八年会试中进士，清康熙三年（1664）甲辰科进士，廷试第一中状元。授翰林院编修，擢侍读。曾主持山东乡试，历翰林学士，至礼部左侍郎。康熙二十六年上疏请归，致仕归家，改葬先茔。后居家杜门撰书、著文，品行为一乡之望。墓在湖州城北太湖边黄龙洞村鱼湾，其后大都散居湖州。一生诗作结成《尺立堂集》《爱日堂集》，另有《述祖记略》《应制诗赋》等多种著作。其特点以诗记其生活、景致，长于华瞻之作，以物拟人，睹物思情，如《题湖上寓楼》《沧州道上》，更有描写双林蚕乡的《缫丝曲》和农田生活的《捕蝗谣》。

陆肯堂（1650—1696） 字邃升，号淡成。陆氏，双林望族，世居双林，自陆肯堂祖父陆廷楫迁居苏州。陆肯堂从小在双林长大，后随父，以长州县学生应试，清康熙二十年（1681）乡试夺魁。康熙三十四年会试钦取第一，廷试一甲一名中状元，授翰林院修撰。康熙三十八年主持江西乡试，升左春坊庶子教习、庶吉士，日讲起居注，至侍读。后归故里，与镇人俞嘉臣为挚友。一生著作不多，有《会状文策》行世，仇沧柱为之作序。

沈铨（1682—1760） 字衡斋，号南苹，一说双林人，一说德清新市人，其书画作品自题"吴兴沈铨"。清著名画家，工画走兽、翎毛，有工有写，以工为主，注重写实，画风谨严，造型生动，创"花鸟写生派"。出生于丝商家庭，十二三岁起师从平湖名士胡湄，后以卖画为生。擅花鸟画，工整浓丽。其《百马图》传至日本为国王所喜爱，邀其东渡。清雍正九年（1731）十二月，沈铨率高钧、高干、郑培、费汉源等门生到日本，掌画院，传授画艺。雍正十一年回国。其日本弟子熊斐将其写真写生工整细致，色浓，题材吉祥画艺画风发扬光大，在日本形成"南苹画派"。在画坛影响深远，被园山应举誉为"舶来画家第一"。传世作品有《花鸟图》《菊花图》《花鸟走兽十二屏》《梅竹双雉图》等300多幅，分藏于日本东京国立博物馆、日本京都国立博物馆、上海博物馆、浙江省博物馆、湖州市博物馆、德清博物馆等处。今德清县新市镇南汇街26号辟为其故居。

姚学塽（1766—1826） 字晋堂，号镜塘，宗炫长子，生而颖异，学问渊博。14岁入庠，清乾隆五十四年（1789）拔贡举于乡，清嘉庆元年（1796）进士，廷试时务策，阅卷官议列二甲，为权相所抑，以三甲授中书，旋补典籍转兵部主事，迁郎中。保举御史不用，以失上官意而止。嘉庆十三年任贵州乡试副考官，十九年任会试同考官，皆称得人。姚学塽事亲尽孝，中举时遭父丧，尽礼。嘉庆十三年夏，拟请归终养母亲，适奉命主黔试，归道闻母去世，痛不得躬养陪伴。于是终身服阕，不让妻子相随，独行至京，寄食于水月禅院。姚学塽勤慎自矢，志行高洁。虽门人馈遗，亦不轻受。平时衣食敝陋，然冠服未尝不整。清道光六年（1826），张格尔滋事，西陲用兵，任重事繁，日五鼓赴海淀，文报往返，稽查刻漏不稍休，积劳成疾。十一月病笃，握布衣（潘咨）手说："人生独知之地，鲜无愧者，我生平竭蹶竟如此止，君亦就衰矣！尽所得为俟年而已。"坐暝。室内无所蓄，惟墙隅累积酒罂。门下弟子哀如丧父。姚学塽文章简洁而清妍绝俗。一生著作甚多，如《梅子诗》《谢人送菜》《送闵贡甫至扬州》等，但不重收录，书稿任人取走。殁后，弟子们搜寻整理刊刻《竹素斋遗集》，好友姚文田、张履为之作传。清咸丰九年（1859），浙江巡抚请于朝，祀乡贤，清同治九年（1870）入祠。

徐有壬（1800—1860） 字君青，又作钧卿，双林人，徐聚奎之子。弱冠从乡贤姚学塽、郑组球游，入籍顺天宛平，为县学廪生。清道光八年（1828）科优贡、本科顺天乡试第二十二名举人，九年会试李振钧榜三甲进士，钦点主事补授户部四川司主事。历山西司员外郎，陕西司郎中，钦差福建天津随员，简放四川成绵龙茂兵备道，广东盐运使，广东按察使，云南、湖南布政使。奏办祖籍湖州府属团防事务，钦差总理江南大营粮台，擢江苏巡抚兼署两江总督，赏戴花翎。历充道光二十四年、二十六年四川文、武乡试监试官。清咸丰元年（1851），因徐氏五世同堂，钦赐御书"笃庆延龄"匾额悬双林故居。咸丰八年任江苏巡抚兼署两江总督。咸丰十年四月，粤匪犯苏州，援绝城陷，率妾施氏、子震翼、女淀姑并家丁幕友同时殉难于江苏巡抚节署。奉旨，照巡抚例赐恤，追赠都察院右都御史，诰授光禄大夫，敕建专祠，御赐祭葬，国史馆立传。赠骑都尉，谥"庄愍"，赏骑都尉世职。徐有壬又是学界"西风东渐"先驱，是"晚清八大数学家"之一。著有《测圜密率》3 卷及《弧三角拾遗》《务民义斋算学》等数学专著。《务民义斋算学》被收入四库馆，其中代表作《割圆八线缀术》对微积分传入中国有积极作用。另有《四元玉鉴》、校《大唐开元占径推步》3 卷等著作传世。还有《堆垛测圆》等 7 种见于目录未刻刊，原稿均佚。徐有壬后被记入《畴人传》。

凌奂（1822—1893） 原名维正，字晓五，道号壶隐，晚号折肱道人。父亲凌绂曾，兄凌德。清代医学家、书画家、藏书家。早年随父学医，书法宗二王、米芾，兼工篆隶，善绘画，画墨鱼、龙尤佳，亦解音律，好藏书，善拳术，为人治病不怨劳，不计酬，曾为太平军官兵治伤。李秀成、谭绍光等将领慕名求医，后创设仁济善堂。医药兼施，救人无数，百姓誉为"凌仙人"。著有《医学薪传》《本草利害》《饲鹤亭集方》《六科良方》《外科方外奇方》《饲鹤亭藏书志》《凌临灵方》等。

程静山（1860—？） 出生于双林书香之家 。毕生从事基督教布道，晚清湖州基督教监理会最早华人教士之一。清光绪十年（1884）任监理会出门传道，即接受调派传道（也称“教士”）。时美籍神职人员和华人教士一起，把监理会布道工作从上海、苏州发展到长江三角洲松江、昆山、太仓、南翔、七宝、川沙，还有湖州、南浔、双林、无锡、常州、宜兴、南京等地。程静山受监理会和教区调派，在太湖流域一些地方设堂布道，筹建教会。光绪二十六年湖州成为监理会苏州教区牧区，二十七年升教区。光绪二十七年，双林在化成桥北堍建耶稣堂。1919 年，监理会总布道会将一百周年纪念大会上筹集的捐款捐给双林教会建新教堂。1920 年，在双林塘桥北堍耶稣堂原址，扩建成圣特耐堂。程静山一生，除在教区任职，大部分时间离家外出，在苏州、松江、湖州、上海等城镇、农村布道，曾与宋庆龄父亲宋嘉树一起在松江、上海一带巡回传道和布道。光绪二十八年，与宋嘉树等人在上海发起组织最早基督教自立会——中国基督徒会。

莫觞清

莫觞清（1871—1932） 双林人。幼年就读于双林某私塾，后进湖州新式教会学堂学英语。家境清寒，学徒出身，勤奋好学，后以业丝起家，成为近现代丝绸实业家。清光绪二十六年（1900）入苏州延昌永丝厂，深得经理、上海“丝业大王”杨信的赏识，先做翻译，后继升总管车。光绪三十一年，进上海勤昌丝厂任总管车，掌管全厂 600 部缫丝车生产。光绪三十三年，见国外厂丝需求旺盛，与湖州王笙甫、杨芝生等人合伙在上海新闸路租一间小烟囱丝厂，有缫丝车 208 部，创久成丝厂，莫觞清任经理。创“金刚钻”牌、“玫瑰”牌生丝，赢得市场。清宣统二年（1910），久成丝厂在上年丝价上涨获利颇丰的条件下，在沪南区卢家湾购地建新厂房，购置意式直缫车 512 部，又租进沈联芳恒丰缫丝厂 320 部丝车。至 1914 年，久成丝厂发展到 5 个厂（其中 4 个租赁），有缫丝车 1448 部，雇工 3700 人，年产丝 2000 担，形成缫丝集团。适美国丝商罗伯特·蓝到上海开办蓝乐壁洋行，请莫觞清做买办。莫觞清深知生丝原料出口之弊，为打开美国生丝市场销路，应允任职，凡洋行对国外客户往来交易都经莫觞清之手。莫觞清常说：“与其以原丝出口，远不若以制成品出口之有裨国计民生。”久成丝厂集团在销售方面得到优惠，且避开丝事通剥削，获利更厚。1918 年，在日晖港肇家浜路南边建久成第二丝厂，置意大利式直缫车 416 部。1919 年，久成丝厂扩至 7 个厂，缫丝车增至 2588 部，增长速度为上海缫丝业仅有。逢欧战结束，生丝外销骤增，同年 12 月丝担价从 6 月的 700 两银涨至 1150 两银，存丝销尽。次年春，创办美亚织绸厂，由实业家蔡声白任经理，至 1928 年，久成丝厂集团拥有 10 家厂，缫丝车 2856 部，工人 7000 余人，年产厂丝 25 万千克以上。莫觞清被称为“丝业大王”，显赫一时。1932 年病逝于上海。

俞玉书

俞玉书（1873—1958） 字康侯，号瓶叟，双林人。清光绪十六年（1890）科考中秀才，二十七年中举人。次年，以法部主事身份参与沈家本主持的法律修订工作，后任广西审计分处处长、浙江省视学等职。民国时期，任教于浙江省立第一中学、安定中学，兼任浙江省国术馆馆员。新中国成立后，任浙江省文史馆馆员。学问深邃，知识广博，书法精良，在故乡双林留下不少墨宝。著作甚丰，有《安夏庐笔记》《读史偶得》《读易管见》《中等修身教科书》《瓶簃文存》等。

李次九（1879—1953） 原名李鹏，吴兴双林镇人，故居尚存。早年留学日本，参加中国同盟会。辛亥革命爆发后，成立湖州军政分府，双林人俞寰澄任主任，李次九任吴兴县知事。另曾任双林自治公所总董事。1919 年，杭州浙江省第一师范学校聘其为国文教员，与陈望道、刘大白、夏丏尊并称第一师范学校“四大金刚”，竭力抵制旧势力，改革教育，使《国文教授法大纲》得以推行。由于学生施存统在《浙江新潮》上发表《非孝》文章，校长经亨颐及李次九等四名教员受到查处，引起广大师生不满，形成“一师风潮”，一年后离校。1937 年年初，任浙江省贫儿院院长、省通志馆编纂等职。新中国成立后，为浙江省文史研究馆馆员。李次九善诗词，辑有《诗词选校读》《续词选校读》等。

沈子槎（1881—1969） 双林镇人。家贫，15 岁入上海久成绸庄学徒，满师后派往河南镇平县久成分庄收购府绸。1912 年，与人合资创办上海大丰府绸庄。经营得道，积累大量资金。1930 年始，大量收购山东、河南、上海、苏州、杭州一带府绸，出口国外。1948 年，在香港与印度永祥洋行合资开设永大洋行。新中国成立后，组织 31 家厂商联营出口业务，任上海市国际贸易联合会董事长。沈子

沈子槎

槎不仅实业兴旺，且思想进步，多次掩护营救中共地下党员。1947 年，参加中国民主建国会。曾在上海受到周恩来接见，为上海解放做出贡献。1949 年，以中国民主建国会 12 名代表之一的身份参加首届政治协商会议，同年 10 月 1 日登天安门城楼参加开国大典。1954 年，当选为全国人大代表、第二届全国政协委员、民主建国会中央常委。平素爱好古钱币收藏，所藏 4000 多枚。1961 年后，分赠北京、上海、湖州等地博物馆及宁波天一阁珍藏。

梁希（1883—1958） 字叔五，双林人。幼年丧父，就读于双林蓉湖书院。清光绪二十五年（1899）16 岁己亥科府学入选秀才。光绪三十一年入浙江武备学堂学西方军事。毕业后，于光绪三十二年赴日本入士官学校学习海军，同年冬加入同盟会。次年考入东京帝国大学，改学林科。清宣统元年（1909）春回国，在江浙一带联络党人。辛亥革命后袁世凯窃国，1913 年愤而去德国留学。回国后在北京农学院任教，发起创立中华农学会，任理事长。后为浙江大学森林学教授。

梁希

1933 年 8 月离开浙江大学，任教于中央大学农学院森林系，历经 16 年创建和经营中央大学森林化学室，先后培育大批林业专门人才。1944 年年底，在重庆与部分文教科技界人士许德珩、潘菽、涂长望、黎锦熙等发起组织民主科学座谈会，后渐成民主科学社（次年为纪念抗日战争胜利，改名九三学社），梁希为 8 名监事之一。梁希是林学家、林业教育家和社会活动家。1949 年 9 月参加中国人民政治协商会议，任新中国首任林垦部部长。此后兼南京大学校务委员会主任委员、全国人大代表、全国政协常委、全国科协主席。长期从事教学工作，培养大批早期林业专门人才。同时，为中国木材学和林产化学研究奠定基础。著（译）有《木材学》《木材工艺学》《木材防腐学》等，另有《森林化学》《森林利用学》书稿。1955 年，当选中国科学院生物学部学部委员。1956 年 2 月，被选为九三学社中央委员会主席，任至 1958 年 12 月逝世。梁希逝世后，由周恩来、彭真、习仲勋、郭沫若、许德珩等主祭，遗体移送八宝山革命公墓安葬。

汤祖兴（1884—1939） 字也钦，双林人，幼时在双林读私塾。经人介绍到上海瑞纶丝厂工作，受到双林人莫觞清器重。清光绪三十三年（1907）被聘入久成丝厂，不久升任久成所属宝泰丝厂经理，管理 624 部缫丝车，盈利十万银两。1927 年，独立经营。1929 年，投资十万两银更新设备，定制日式缫丝车 322 台，添置煮茧机、复摇机、选茧机、剥茧机等先进辅助设备，取消打盆工，竭力与日商抗衡。此时市场丝价从每担1180两银跌至600两，众丝厂纷纷倒闭，唯汤祖兴宝泰丝厂鹤立鸡群。1931—1935年，在蚕丝价格波动风浪中审时度势，与方秀杨合作在上海新加坡路（今余姚路290号）建缫丝厂，置缫丝车240台、复摇车120台。善于经营，在厂丝几经挫折之下能立于不败之地。莫觞清拍案喟叹：“我幸得祖兴‘子房’，不然公司倒闭！”1939年，日本人重金聘汤祖兴开设中华蚕丝公司，与宝泰合作，遭汤祖兴严正拒绝，被日本人强拆宝泰丝厂。后在宁波收购蚕茧时罹患急性肺炎去世，年仅56岁。

徐恩元（1885—1925） 双林人，银行家。清光绪二十三年（1897）肄业于南洋公学，三十一年留学英国伦敦大学经济政治科，毕业后在伦敦斯密斯氏联合银行实习2年。光绪三十四年随汪大燮考察英国宪政。清宣统三年（1911）代表清政府参加伦敦币制会议。民国后，历任财政部公债司司长、审计处总办、财政部借款稽核处总稽核、审计院副院长、代院长币制局副总裁等职。1916年6月兼任中国银行总裁，遭遇上海分行拒绝执行“停兑令”事件，因措置不当，一年后免职，辞去中行总裁职务，任国务院参议。1919年，奉令赴美国考察经济。次年，与美商合办中华懋业银行任协理，两年后升任总理，并在哈尔滨、上海、天津、汉口等城市设立分行。

徐恩元

吴佩璜（1886—1933） 字承斋，吴兴双林镇人，住章家弄。就读于双林蓉湖学堂，清光绪二十六年（1900）入苏州电报学堂，毕业后相继在江苏电报局、长沙税务、海关工作。清宣统三年（1911）十一月参加上海辛亥革命起义，并加入同盟会。1912年，被陈其美派往上海电报局任局长。其间，破译袁世凯给上海党羽指使杀害宋教仁密电，为护国运动起到关键作用。二次革命失败后经商，创办电料公司。1915年，任江西电报局顾问、南京电报局局长、江西及浙江省公署顾问。1917年，护法军政府成立，南下广东任政府外交部司长兼电政会计制度研究委员会委员长、交通次长。军政府改组后，1918年4月任交通部秘书，代理次长。1922年，进京任北洋政府交通部调查会实行委员、电信事务调查会会长、北京电报局局长，同年9月改任国务院秘书长。南京国民政府成立后，得到孙中山题额“至仁至义”。

吴佩璜

1927 年 5 月至 1928 年 8 月，任国民政府交通部电政司司长兼全国电政总局局长。去世后葬在双林苕南亭子桥邱家兜南塘祖坟。

吴惠秋

吴惠秋（1887—1977） 女，原名吴珉，号希英，双林镇钟秀坊吴氏后裔。祖父吴莲洲、父吴善军，教书授徒为生。吴珉 9 岁时父母亡，由祖父抚养，被卖做童养媳，丈夫比其小 4 岁。5 年后逼其完婚，寻机逃至南浔寄母钱琴韵家暂居。钱琴韵是遗孀，知书达理，时任南浔浔溪女校校董。清光绪三十二年（1906）春，秋瑾至浔溪女校任教，在钱琴韵家认识吴珉，变卖首饰为其赎身，入浔溪女校就读，成为秋瑾学生，为其取号“希英”。不久秋瑾赴上海创办《中国女报》，希英随同赴沪，入秋瑾创办女子创业公司工作。同年冬，随秋瑾返故里绍兴，接替徐锡麟主持大通体育师范学堂，寄居“和畅堂”秋瑾家中，成为秋瑾得力助手。光绪三十三年春，秋瑾筹组反清起义武装光复军。凡往来和通信联络信件、函电及秋瑾亲自起草机密文件，均由希英代为誊写和负责保管，直至秋瑾就义时，皆不知希英是秋瑾最信赖的革命同志。同年五月下旬，“大通之祸”迫近，秋瑾紧急疏散王金发预先潜伏城内的敢死队，并与希英连夜销毁一批重要革命文件。次日秋瑾被捕，希英按先前秋瑾指示，连夜雇船避于城东北孙端镇孙德卿家。同年七月十五日晨，秋瑾成仁。希英不再使用吴珉名字，改名吴惠秋，以表对秋瑾永志不忘。同年十月底，吴惠秋与秋瑾兄嫂商议，决定赴上海联络徐自华。在徐自华帮助下与徐小淑、陈愁非一同入上海育贤女校求学，后转入南市董家渡医学院学看护。同时，与光复会同志广泛联络，成为光复会成员和出色的联络员。清宣统三年（1911），上海光复起义打响，吴惠秋被派到救护队工作。在攻打江南制造局时，战士阎畏三负重伤，被吴惠秋背下火线，经抢救和精心护理，挽回生命，后结为伉俪。辛亥革命后，秋瑾生前挚友徐自华等人在杭州成立秋社，并在王金发支持下在上海成立竞雄女校。吴惠秋同年加入秋社，成为竞雄女校成员。新中国成立后，上海市有关部门在纪念秋瑾各种活动中获知吴惠秋是秋瑾革命知己，对辛亥革命有功，四处查访其下落。此时惠秋已白发苍苍，隐名埋姓，在上海一个小菜场以卖蔬菜为生。儿孙都在上海长大，吴惠秋仍坚持自力更生。上海市市长陈毅亲自签署聘书，请吴惠秋担任上海市文史馆馆员。晚年，吴惠秋写下不少回忆辛亥革命及关于秋瑾的文章。1977 年病故，终年 91 岁。

蔡声白

蔡声白（1894—1977）　名雄，字声白，出身双林蔡氏望族。清光绪二十六年（1900）就读于双林蓉湖书院，三十一年入杭州安定中学，清宣统三年（1911 年）考入北京清华学堂。1916 年保送至美国费城理海大学攻习地质，1919 年获学士学位。回国后，初职于周庆云兴办矿务局，后受聘于莫觞清的美亚织绸厂任经理，与其长女莫怀珠成亲。1921 年，任美亚织绸厂总经理，向美国订购阿脱喔特洛丝车、并丝车、打线车及克老姆登全铁织机新型设备，可生产阔幅双绉、乔其纱、绉缎、碧绉等新型产品。1922 年，创华丝葛，击败日本在华倾销的野鸡葛，在上海风靡一时，产品供不应求，美亚织绸厂声誉鹊起。1933 年，组建美亚织绸厂股份有限公司，拥有绸机 1200 台，资本金 280 万法币，下属绸厂、公司 16 家，职工 3000 余人，成为上海一大丝绸织纺集团。日本侵华战争全面爆发后，蔡声白把 4 家分厂分别迁至汉口、广州、重庆、香港。1944 年，蔡声白招股组建中国丝业股份有限公司，组织浙江丝绸业联合会，自任总经理、董事长，还担任光华百货公司总经理、铸亚铁工厂总经理、美兴地产公司经理、上海劝业银行董事等职，成为上海丝绸界领袖人物。1945 年，抗日战争结束后赴美考察，此后定居香港。

叶橘泉

叶橘泉（1896—1989）　又名叶觉铨，双林镇西叶家兜人。1914 年，师从双林名医张克明，1915 年后在镇上（今金锁南路 5 号）开业行医。1924 年，参加上海恽铁樵函授中医学校学习。1931 年，兼双林镇救济医院医师，在镇有“神医”“神仙郎中”之誉。1935 年起，任苏州国医研究院讲师、国医专科学校方剂和药物学教授，并行医。1937 年，创办单方实验研究社。日本侵华战争全面爆发后避居双林两年，后回苏州行医课徒。1954 年，参与筹建江苏省中医院，任院长。先后兼江苏省中医研究所所长、中国医学科学院江苏分院副院长、卫生部医学科学委员会血吸虫病专题委员会委员、南京药学院副院长。历中华全国中医学会理事，中国农工民主党第八、九届中央副主席，第三、四届全国政协委员，第五、六、七届全国政协常委。叶橘泉是当代中医学家、教育家，1955 年当选中国科学院生物学部学部委员（院士）。长期从事中医药临床及研究，出版专著有《近世内科国药处方集》《临床实用药物学》《本草钩沉》等26种32册，发表科学论文30多篇，总约500万字。苏州市政府将其生前捐赠的故居承济医庐建为叶橘泉纪念馆。

陆伯龙

陆伯龙（1897—1989） 双林人，中国著名画家。年轻时书画得到吴昌硕赞许，为其题“号角闻楼主”，又作书推荐从王一亭（震）学艺，深得王派艺术精髓，形成独特的粗笔写意风格。常参与豫园题襟馆书画会、中华画社等活动，与程瑶笙、张大千、倪墨耕、黄山寿等画家研讨中国画艺术理论和创作，重视继承、发扬唐宋绘画传统技法，又有创新精神。作品具有古朴雄健、笔简意密、画外有画、神形兼备的高远境界。1935年，东渡日本，交流画艺，博得日本画家和各界人士赞赏。在游历祖国大好河山时随行随画，曾在台湾、黄山、桂林、雁荡山及家乡湖州等地写生，笔情所至，形成墨色饱满雄浑风格。创作《八百遐龄图》，飞鸟凌空而起，展翅翱翔，姿态各异，栩栩如生，博得国内外好评。1949年后，常与程十发、朱屺瞻、王个簃、钱君陶、刘海粟等交流画艺，画作每见创新，墨彩挥洒自如，富时代气息。陆伯龙擅长中国人物画，早年与王一亭合作巨幅佛像，现藏于上海玉佛寺。其人物画在国外也享有声誉，《仰天歌笑图》被编入日本出版的画集，有专文介绍。晚年关心家乡发展，以湖州风光为素材，创作《洞口雾光图》《赤域雾气图》。90多岁高龄还参加湖州英士书画社活动。系中国美术家协会上海分会会员、上海市文史研究馆馆员、中国老年书画研究会上海分会理事、望海楼书画社名誉会长。

高敬基

高敬基（1902—1982） 字事恒，双林人。高氏族人在双林经营米业，有多家米店坐落在双林米行埭、塘口等。高敬基在双林蓉湖小学毕业，后就读于上海南洋中学，因参加“五四”运动被开除。再考入南通纺织专门学校（今南通大学），1923年毕业，任物华绸厂技师，一年后调厂发行所从事外洋贸易，着力研究南洋市场和印度文字，成为早期“丝事通”。1927年，工厂倒闭后与同乡费秋屏合资经营生丝。次年春，应蔡声白邀任美亚织绸厂副总经理兼第八厂厂长，后任副总经理兼总管理处和营业处主任，负责调查和开拓南洋市场，成绩显著，被称为“南洋通”。其间，当选为湖社第一届救灾会常务委员及振兴湖社蚕桑丝绸研究会会员。1936 年，率 37 家工厂代表组成中国南洋商业考察团到南洋各地举办国货展览。日本侵华战争全面爆发后，负责美亚丝绸厂在租界外工厂西迁武汉、重庆的工作。1939 年离开美亚丝绸厂，任南洋企业公司协理，负责在南洋筹建分公司。南洋沦陷后拒绝接受伪外交部部长褚民谊任其驻泰国“特使”职务，到重庆任光大瓷器公司总经理，在四川泸州和云南曲靖创办两家瓷器厂，同时兼任缅甸侨商王振宇茂恒商号重庆分号经理。抗日战争胜利后，负责接收日伪华东蚕丝公司，在上海开办大茂企业股份有限公司，任总经理，又在天津、香港设分公司。新中国成立后，任民建中央委员、上海市工商联筹委会常委、国际贸易同业公会副主任委员。1956 年，任上海市国际贸易公私合营公司副董事长。1982 年 8 月病逝于上海同仁医院。主要著作有《南洋论》《中国导游荟萃》《华侨史稿》《锦绣山河》《四十以后》等。

费新我

费新我（1903—1992） 双林人。久居苏州，供职于上海、南京。出身贫寒，幼时大姐费柳英教其识字。清宣统三年（1911），在双林镇一家私塾上学，拜塾师吴鞠如学书法。三年后入双林蓉湖书院，1917 年毕业。次年投考上海敬业书院，学名思恩，字省吾。16 岁入上海叶恒庆出口号当伙计，随陈鹤年学书法。1934 年，入上海白鹅绘画学校，始易名费新我，在校及白鹅画会学习西洋画。次年，辞去商店账房一职，自立画室，专事研习中西画、书法与拳术。1938 年，因避日本侵略军进侵之乱举家迁居苏州，先与人合作开设书铺，后组织微明画社与东斋，授教太极拳与西洋画。1939 年，任上海万叶书店特约美术编辑，同时服务于上海童联书店等单位，编绘图画范本、应用美术等书。 1944 年，取字立千，号立斋。1945 年，做广告设计，兼作漫画。费新我擅长中国画、书法。50 年代初，注重国画创作，在苏州市文联组织下到吴县金山体验生活，打下作人物画基础。1954—1957 年为其中国画创作高峰期，问世作品 300 多幅。1957 年 9 月，调任江苏省国画院专职画师，主要作品有著名长卷《刺绣图》《草原图》。1959 年，在右腕得关节结核恢复无望时，开始“新我左笔”尝试，专攻书法，博采约取，自成一家，获得成功，成为中国现代书画家、中国最杰出左笔书法家。1962 年起，先后在海内外多次办展，多次到各地交流技艺，多次回故乡举办书法讲座。任江苏省国画院艺委会委员，一级画师。历任中国书法家协会理事、江苏省书协副会长、中国历史文化名城书画家协会名誉主席等职。1978 年秋，邓小平访问日本，带去费新我左笔书《一衣带水，友好邻邦》赠日本天皇,《人民日报》发表《相邻一带水，有一万年春》文章时按语称“谨此联句，祝愿两国人民世世代代友好下去”，注明这是中国著名书法家费新我用左手书写。1982 年，作为荣宝斋第一个出国的中国书画家赴日本东京、大阪举行个人展览，引起轰动。1984 年，应友人邀赴美国观摩西方艺术，与华裔美术书法界人士开展艺术交流。1991 年，应新加坡书协邀，在中华总商会举行“费新我八八书展”，并举办书法讲座。1992 年 5 月 5 日下午因突发心肺病与世长辞，享年 89 岁。生前系中国美术家协会会员、中国书法家协会理事、书协江苏分会顾问、江苏省国画院一级美术师及苏州市武术协会名誉主席、湖州书画院名誉院长等。著有《怎样学书法》《怎样画毛笔画》《楷书初阶》《怎样画铅笔画》《怎样画图案》《毛主席诗词行书字帖》《鲁迅诗歌行书帖》《费新我书法集》等，书画作品广为国内外博物馆、美术馆、纪念馆所收藏。

黄笃初

黄笃初（1909—1990） 现代摄影家，吴兴双林镇人，著名左笔书法家费新我外甥。黄家是富裕丝商，在苏州、常熟、上海开设绸庄、绸缎局。黄笃初自幼习商。1927 年，购置一台白朗尼相机开始业余摄影。以分得红利股息，购置摄影器材、设施、耗材及自学摄影书籍。同年 9 月 20 日，利用汽灯照明拍摄成功处女作《拜利市》获奖。此后 10 年，即 1927—1937 年，为其摄影创作高峰期，在双林、湖州、杭州、上海、嘉兴、海宁、无锡、常熟、宜兴、长兴、苏州、江阴等地拍摄照片数百幅，主要为艺术、社会风情、新闻记录三大类。真实记录反映二十世纪二三十年代长江三角洲地区，特别是故乡双林镇风貌和风土人情，同时也真实记录 1937 年双林镇沦陷时惨遭日本侵华军蹂躏的场景。其间，联络里人黄叔仁及费新我等摄影爱好者，在双林发起成立黄鹄摄影研究社。日本侵华战争全面爆发后，迁居苏州，以会计谋生。作品多次获柯达摄影月赛大奖，入选《摄影画报》等刊物，为中国摄影学会早期会员之一。事迹被载入《中国摄影史》（1987 年版）。留下摄影作品 700 多幅，大多数作品有摄影时间和地点，其中《风起云涌》《天真小猫》获上海柯达摄影月赛金奖。其子黄晓帆于 2009 年为其整理出版大型作品集《江南旧影》。其子黄晓帆珍藏整理精心保存的老底片 559 张，有玻璃质、赛璐珞质与胶质，可分古迹、山水、交通、都市、园林、农事、灾情、风俗、服饰、工业、商贸、教育、体育、风情等 10 余类。

闵一帆（1911—1996） 又名启律、廉。出生于双林镇，幼年在双林求学。1921 年转入上海民园路小学，次年入南洋公学下院。1927 年夏，考入同济大学德文班，当选校学生会主席。其间，带领学生为学费减免和中国教师加薪，与上海市市长兼同济大学校长张群谈判，取得胜利。1930 年春，赴德国入罗斯托克大学，后转入柏林大学，并加入中国共产党。1933 年，因中国全国海员总工会遭破坏，廖承志被捕，闵一帆奉调回上海负责恢复海员总工会任务，主持《海总报》工作，直至日本侵华战争全面爆发。其后转武汉中共中央长江局，担任《新华日报》编委兼采访部主任，还负责国民党上层人员的统战工作，编辑《内参》，送八路军办事处。滇缅公路通车后，随国民党军车沿途采访两个月，写出 310 万字稿件予以报道。1941 年年初，经周恩来同意回上海继续从事工人运动，与刘宁一、张淇 3 人负责上海市工人联合会工作，分管海总、铁总及职工教育委员会。1943 年 7 月，应谭震林邀请，负责淮南区党委党校，后任淮南区党委组织部部长。1945 年，调任华东局组织部干部科长。抗日战争胜利后，率 200 名干部赴东北，出任万人企业鹤岗矿务局局长兼党委书记，此后转入经济战线工作。东北解放后，任东北财经委员会综合处处长兼工业处处长，协助陈云编制《东北第一个五年计划》。全国解放后，调任中国人民志愿军后勤部、运输部任部长。1953 年，调至国家计委，任计委委员兼综合局局长，参加编制中国“一五”计划。1954 年年底，应越南胡志明主席邀请，由中央派遣，率计划组赴越南协助编制越南年度计划。次年，再次帮助越南编制三年计划。1958 年，调华南协作区，任专职副主任兼中南协作区常委，协助陶铸工作。1962 年成立中南局监察委员会后，先后担任副书记、书记。

闵一帆

沈炳麟（1913—2009） 香港著名慈善家、全国扶贫状元、应善良福利基金会主席。祖籍湖州双林，出身宁波商贾家庭，父沈庆同。9 岁时奉父命到双林就读于双林蓉湖小学，后回宁波就读于四明中学。1930 年，赴上海学徒，3 年后成为福来得洋行小职员，不久晋升草帽部主管。20 岁时与冯月娥在上海老西门大富贵饭店缔结姻缘，住上海四川北路 1515 弄永丰坊。沈炳麟即在此许下心愿，尽自己最大努力去扶贫济

沈炳麟

危。在其创办的“炽丰华行”内设立“应善良”股东账户，为帮助因家境贫寒难以求学的学生，以“应善良”股东名义在上海《申报》设立“应善良奖学金”。1947 年春，第一次坐德基堡客轮去香港，在船上结识好友闵其祥，在故乡双林镇捐建庆同小学。同年夏，在洛克道 147 号租一层楼面，开始经营草帽业务。1948 年，与妻商定，有钱即扶贫帮困。1949 年在香港成立志记行，住湾仔洛克道，全家移居香港。1951 年后，沈炳麟接收大业织造厂，出任香港大业织造有限公司董事长。自 20 世纪 80 年代至 2004 年 6 月，以应善良福利基金会名义，在国务院侨办及部分省（自治区、直辖市）侨办等部门的关心和支持下，先后在贫困地区实施无偿捐资援建学校、医院、幼儿园、敬老院及捐助贫困学生等公益福利项目 1346 个，金额超过 1.5 亿元，捐赠项目遍布全国 24 个省（市、自治区）445 个县（市、区、旗）。1980—2010 年，在故乡双林捐赠公益项目 20 多个。湖州市人民政府授予其“荣誉市民”称号，浙江省人民政府授予其“爱乡楷模”称号。1995 年，沈炳麟在香港成立非公募、非营利性应善良福利基金有限公司，在境内更规范化地发展应善良福利事业。同年 10 月 16 日在全国表彰颁奖大会上，沈炳麟被评为第二届全国十大扶贫状元，李鹏总理赞其“先生劳苦功在千秋”。

朱兆衍（1915—2005） 吴兴双林镇人，父亲手工业者，母亲务农，经人介绍到上海学徒。先在协昌厂学机器铜匠，满师后在上海沪西安泰机械厂、沪西铁厂等厂做工。1939 年年初，接受进步思想参加革命工作，次年 4 月在上海沪西铁厂加入中国共产党，历任中共地下党小组长、沪西五金行业中共地下党支部书记等职。其间，发展多名中共地下党员，领导多家机器厂、棉纱厂工人罢工斗争。因身份暴露，1941 年 10 月党组织安排其紧急撤到苏南新四军六师十八旅负责军工生产，历任技术股长、十八旅军工科科长等职，其所主持研制的碰炸地雷、轻便手榴弹及无名炮等，在战斗中发挥威力。1946 年，紧急调任渤海军工部兵工一厂厂长，面对从济南、德州等地缴获的国民党兵工厂全套进口设备，领导团结留用人员在最短时间内恢复生产，提供大批武器弹药，为解放全中国做出贡献。1949 年 3 月奉命在丹阳集训后南下参加接管上海工作，同年 5 月 28 日任中国人民解放军上海市军事管制委员会军代表，担任中央机器有限公司、沈阳机车车辆制造公司等 12 家大型机器厂军代表。后任华东工业部上海制车厂厂长兼上海工具厂厂长。在领导上海自行车厂期间，亲自主持研制“永久”牌自行车，首创解放后中国自主研发自行车品牌，发展成国内外广受欢迎的著名品牌。在上海工作期间，还担任上海设计院党委领导、上海科学技术协会副主席等职。1953 年，调任中国第一机械工业部华东机械设计处主任，升一机部第二设计分局副局长、局长，多次率团出国考察。后受周恩来总理接见，作长达一年多的国外考察，创办一机部第二设计院，为中国技术力量最强大的工业设计院，朱兆衍任院长兼党委书记。在他领导下，设计院成为中国首批大庆式企业之一和中国设计战线一面红旗，多次受到毛泽东主席接见。1962 年 1 月，出席中共中央扩大工作会议，会上代表华东地区发言。1965 年，任一机部设计总局副局长。1977 年，任一机部第一设计院院长、党委书记、一机部设计总局副局长等职。1982 年，任部属上海发电设备成套设计研究所顾问。1983 年离休，应上海市政府邀，出任上海市工程咨询中心常务副董事长。2005 年 12 月 5 日因病逝世。

洛汀（1919—1998） 原名陆伯勋，吴兴双林人，著名作家、资深文学编辑。自幼在家乡读书，东吴大学附中高三肄业。1938 年年初，参加浙西北抗日游击队，编辑《怒火文艺》。日本侵略军大扫荡后转移至金华创办《东线文艺》，任编辑。1941 年“皖南事变”后被捕，经党组织营救出狱。20 世纪 40 年代，出任《青年报》文艺副刊和《自卫月刊》等主编。抗日战争胜利后，任《正气日报》“新地”副刊主编，后改任江西《中国新报》“新地”副刊及“新文艺”主编。新中国成立后，先后出任《国防战士报》和《滇池》文学月刊主编等。1998 年因病在昆明去世。代表作有《擒魔记》《红虎》《第一夜》等。洛汀去世后，张承源将其部分作品编成《洛汀文粹》存世。

洛汀

名人与双林

陈所志撰《双林赋》 陈所志（生卒年不详），字士雅，号素怀，又号蓬元。本姓吴，东迁人，后徙双林镇。明万历前后在世。乌程县学生。博闻强识，万历四十五年

（1617）首辑《丁巳笔记》，开编纂《双林镇志》先河，惜散佚。唯所撰《双林赋》收入清末民国初《双林镇志》，历数双林名胜、人文、风物，极讴双林形胜之美，物阜之盛、闻人集萃，文笔流畅，骈骊工对，辞藻优美，堪称赋中精品。

梁希家世与双林情结 梁希，原名曦，留日后改名希，早年字素五，后改字叔五，笔名凡僧、一丁、阿五等。清光绪九年（1883）出生于吴兴双林镇。故居在钟秀桥东塘支湾畔（现板桥东路7号，后门道士弄4号）。祖父梁湘，字辰五，号海帆，清咸丰九年（1859）中副贡，叙直隶州州判，就职教谕，授徒六十余年，舌耕自给，主讲双林蓉湖书院。80岁时距入庠满60年，有司申请督学给额"重游泮水"[①]，以示表彰。梁湘兄梁沅适亦在前年重入泮宫，艺林佳话出于一门。与其同父异母弟同岁生。梁沅，字庚吉，号梦楼，咸丰五年以府学廪生中举，拣选知县，夙有文名，75岁选授仁和县（今属杭州）县学教谕，81岁卒于仁和学署。父亲梁枚，字小帆，梁湘长子。少颖悟，9岁应童子试，有"神童"之称。清同治四年（1865）科试中秀才，光绪三年中举人，同年中进士，受封翰林院庶吉士，任江苏宝应县知县、晋直隶知州。以丁母忧归里，病逝双林。梁枚嫡堂兄弟梁楠，字小楼，同治六年科试入选；梁堂，同治七年岁试廪生；梁榕，字咏裳，光绪十五年举人。梁希幼年丧父，就读于蓉湖书院。长兄梁煜，字缦伯，光绪十一年科试秀才，执教蓉湖书院。二兄梁炘，字仲恺，同年科试廪生。一姐梁娥、一妹梁晨。梁希排行居四，资质聪慧，以家学渊源，根基深厚，饱读诗书，过目不忘，有"两浙才子"之称，在嫡堂诸兄弟中佼佼出众。光绪二十五年己亥科学府入选秀才，时年16岁。光绪二十八年与双林镇宿儒姚兰苹之女姚氏结婚，三十一年生长子梁尧（后改名震），次年生次子梁超。清宣统元年（1909），双林镇吴兴权追悼会上，"梁素五（希）撰祭文，诵于肖像前，声泪俱下，听者感动"，祭文中有云："视彼西邻，辈起伟人，每资学理，引任革新，奋始瘁终，移俗化民，不借权势，功成志伸。故夫一人任一国之责，而一夫力运万钧，岂吾国而独无？！""侣侪俯仰时艰，似伤煨烬，纵不自菲，曷期猛进！呜呼！吾乡青年向学犹若踌躇，视学阶为朊仕，谬引重而推誉，而或惩新锢旧，其需其徐，嬉游岁月，饮博居诸，其父兄以游学费财为掷牝，以体育偶损为前车，隔绝风气，老成自居，加以巷议街谈，所恶疮痏，说摭无稽，诋諆任臆，以忌成毁，以阿取媚。"文辞中见其愤

① 清代科举制度庆贺仪式。童生考入州、县学谓之入学或入泮、游泮。凡满六十年须再行入学典礼，庆祝生员（秀才）享高寿，谓之"重游泮水"。

还金亭 双林镇宣传办 供

还金亭三字碑 金国梁 摄

费新我《重建还金亭记》书碑 金国梁 摄

世嫉俗，向往革新。1921 年，妻姚氏病故，梁希未再娶，终身致力于林业。

费新我捐资重建还金亭 费新我，清光绪二十九年（1903）生于双林镇南竞后弄篆竹堂。1924—1925 年，在故乡双林镇俞家弄购置一座老式房屋，取名“行素堂”，后改为“行素簃”。后久居苏州，供职于上海、南京。是中国现代著名书画家、中国最杰出的左笔书法家。1962 年起，多次回故乡举办书法讲座。兼任湖州市书画院名誉院长、墨河画苑名誉主席。1982 年，费新我捐资重建还金亭，亲撰《重建还金亭记》并书“还金亭”额[①]。同年春，参加故乡墨河画苑新厦落成典礼，举办故乡第五次书法讲座活动。1985 年 6 月，费新我将存放在双林行素簃故居内家具、文房用品、图书、字画等全部捐献给双林镇人民政府。1982 年 10 月，双林籍香港实业家沈炳麟捐建庆苑公园落成，费新我为庆德簃陈列室撰书楹联“令德隆情惠老幼，和风甘雨乐家乡”，高度赞赏沈炳麟。后沈炳麟为费新我在园内增建新我亭和费廊，1988 年 11 月 26 日落成，费新我赴双林参

① 费新我书“还金亭”三字尚未刻石。现重建还金亭内《重建还金亭记》是其手迹，“还金亭”三字仍用旧物。

加揭幕式。

沈炳麟捐建庆同小学、庆苑公园 沈炳麟，实业家、慈善家。祖籍双林镇，出生于宁波，父沈庆同。1947年春，沈炳麟在去香港的客轮上结识好友双林人闵其祥，筹划在故乡双林镇捐建私立庆同小学。之所以取“庆同”名，是为纪念其父亲。次年春筹建，校址在金锁桥东堍，初期占地1106平方米。校舍坐西朝东，三进二层楼房。第一进楼下为大礼堂，可容三四百人集会，余者教室、办公室。楼间天井相隔，种花木点缀，外面操场，四周绿树成荫，中间为篮球场和环形跑道。秋千、滑梯、爬竿、攀登架、平衡木等运动器材分别在操场各侧。1950年2月，学校开学，有6个班，学生近300人，教职工12人。学校成立董事会，沈炳麟任董事长，张松泉、梁希、阮宾华、李承福、张寅春、吴佩仁等任董事，首任校长张剑秋。1977年春，沈炳麟偕夫人冯月娥踏上故土双林，很快找到老同事闵其祥、表弟胡兆康。次年夏，向双林镇人民政府提出捐资建公园的设想。1980年，与双林镇人民政府达成捐建庆苑公园的协议。同年底动工，1982年10月16日竣工。这是新中国成立后沈炳麟在内地捐赠的第一个项目，同时为公园捐赠汉、唐、宋、明、清代30余件珍贵陶器及明嘉靖年间（1522—1566）的一口青瓷大缸。此后，沈炳麟每次进园都自己花钱买票。除庆同小学外，1980—2010年，沈炳麟还捐建庆苑公园、爱国路、建德路、双林镇人民医院、安老院、桥等公益项目约20个，共捐资人民币1000万余元。1992年，湖州市人民政府为表彰沈炳麟造福桑梓的善举授予他“荣誉市民”称号。

庆同小学应善良教学楼　　黄新明 摄

双林望族述略

双林吴氏，是最早先民之一，始祖吴宪卿元代象州提举，后代建吴总管祠，是双林首个祠堂，号称“一镇之望”。蔡氏始于元末，处士蔡希孟由德清迁居双林，人才辈出，声势两旺，俗称“蔡半镇”。其次是郑、沈、徐三氏，分别出生员48人、40人、30人，还有姚氏、俞氏，都有宗谱继传。

双林吴氏 双林最早先民之一。吴家始祖元代吴宪卿，象州提举官，称死后颇有灵迹，被元仁宗封为总管，在双林堂子湾建有吴总管祠，吴家祠堂设在祠内，成为双林最早的一座祠堂。由于双林镇境盛行六总管、七总管神，总管应是民间神祇五总管，被吴氏托为祖先，形成早期较常见的祠庙合一现象。

至明成化年间（1465—1487），一位吴姓人梦见禹王，遂将祠堂改建为禹王宫，作为当地土地庙之一，号称“一镇之望”。吴氏曾长期占据双林区境内显赫位置，总管祠或土地庙同时又被设为乡约所，吴汀被尊为乡约长。因吴氏家族长期科考不顺，后来参与社会公益活动越来越少。至清道光年间（1821—1850），吴氏衰落。双林另外几家大族共同创建多座土地庙，地点与吴总管祠相距不远，乡约所又改设于东岳庙。

双林蔡氏 元末，蔡希孟、蔡齐德清迁居双林，成为双林大族，至清嘉庆年间（1796—1820）科考中榜，嘉庆二十年后出生员66人，领先于次位郑家（48人）、第三位沈家（40人）、第四位徐家（30人），遂成双林望族。数百年传承，人口众多，支脉林立，人才辈出，声势两旺，俗称“蔡半镇”。蔡氏老屋有虹桥弄、新绢巷、芦菲漾、东庄湾、油车弄等处。有“天寿堂”“天成堂”“天瑞堂”“天锡堂”“天爵堂”“天叙堂”等堂名。清乾隆三十二年（1767），蔡文龙与族人在双林虹桥西南建蔡祠（早废），蔡氏另一支在东庄湾有一处蔡氏祠堂（尚存）。蔡氏早期涉及军、政、商界人员多，均不突出。至清道光年间（1821—1850），蔡莲庄（汝炯）以经商起家，以乐善好施著称乡里，生有召成、召南、召棠、可均、可培、庆家六子。召棠、召成、召南均中秀才，并在太平天国战后赈济中树立地位，逐步成为双林镇头面人物。清同治八年（1869），蔡蓉升及李友兰、梁湘等 11 人共同创建蓉湖书院。此后整顿崇善堂，清理糊涂账目，改变由沈姓一家把持的局面。蔡召成还改造留婴堂。召成次子蔡蒙，字原青，清光绪十五年（1889）与蔡元培、张元济、徐珂等人一起中举。蔡家与梁家为世交。梁希祖父梁湘曾与蔡亦庄一起参与创建蓉湖书院，叔父梁榕与蔡蒙同年主持崇善堂。蔡松，与蔡氏同宗不同支，在萧山教谕任内利用返双林短暂时间参与复兴丝绢公馆。与蔡蒙于光绪十五年同为恩科，一起参与双林镇志编纂。其子蔡雄（又名蔡声白）后成为实业家。

水桥口　　　　双林镇宣传办　供

艺文

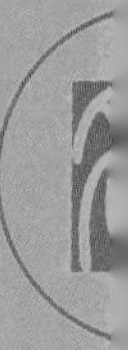

双林古镇，自宋南渡聚商，以蚕丝、绫绢闻世，科第连绵、簪缨绳继、书香蔚兴。以至人文荟萃，地理物阜既擅，文明风化先被。于是少年怀铅握素，秀民笔下风雅，诚代代文风流畅，文章流传。明万历年间（1573—1620）陈所志首开编纂镇志先河，且以《双林赋》传世。以降代有闻人修志，旧修新纂凡16种。惜前代志乘多半无存或未竟，亦幸清乾隆《东西林汇考》、民国《双林镇志》等几部吸收前代成果，得以存世流传。前人谓“志者，记也”，镇志纳一镇地理风物、人文事绩，同时收入大量艺文著目与作品，已成洋洋大观。所录碑记、文存、楹联，再现双林历史人文风貌，美双林形胜，壮双林文气。

文存

双林赋

〔明〕陈所志

按双溪之巨镇，实归安之沃区。东连槜李，北枕姑苏，南峙含山，西带菱湖。系嘉杭之捷径，通吴淞之往来。乡擅松亭之美，都抡十五之魁。风土醇而朴，士民廉以才。迩来生齿愈繁，氓隶杂处。凫沙蓼岸，变作桑田，花坞板桥，翻为机杼。甚者马鬣之封，覆以锥廛；青毡之地，委巷相连。故荡漾澄泓，则风光、织旋、吕庄、雉溪、水瓜、上陂，西北大小洪，芦苇夤缘而葱茜。兜湾萦带，则蝼蛄、和睦、东庄、凌家、碓坊、荡内、东西前后庙，鸡犬咿喔而哗喧。尔其飞梁石杠，则有化成、万魁、白云、清风、普光、吴婆（一作渔婆）、虹坝、坞高，百货狼藉，走万里之估客。佛庐僧舍，则有鹅善、鶒心、胜因、万寿、雨花、普度、广福、闻闻、八鲜池开，夸上品之莲台。又若凤凰之泉，逗于深渊；盛林之山，草木芊绵；竹[illegible]之田，井灶屯烟；总管之祠，庙食长年。嗜香芠兮古塍，吊定僧兮塔院；盱三林兮长松，缅花溪兮昔彦。若夫陶者冶埴，坚如灵壁；乌云霴霒，邈焉林北。怀蜃水之冰升，减梁园之雪白。足令王孙公子举体奇温，绀殿珠楼嵯峨整饬。尔其芳树，则梓桂、椅桐、楸枏、柽柏、文烛、女贞、栟榈、日及、簻笼、涩勒，郁郁缤纷，齷齪不及算其色。其佳卉，则鼠姑、金钱、兰荪、蕙薏、蘼芜、射干、鸿鹄、莺粟，葳蕤蔓延，旁魄不能知其全。若乃川泽之所蜿蜒，鳞甲之所窟宅，则脍残、银刀、鳊鲫、鲚鮀、拥剑、奄蜩，去来出没，形难为鞠。芙蕖之所点缀，葭菼之所萧瑟，则翡翠、鸂鶒、鹔鷞、舂锄、芦虎、鹘鸼，翩跹容与，目不及谋。况乎栗留鸣于春林，渔烟起于秋渚，鸥雨破乎浮萍，彫胡生于别溆。紫瓢可以消渴，蹲鸱可以果腹。犹足鼓吹文坛，徜徉茅屋；捐忧夷毁，沈酣万轴。逃柴桑兮谢客，惬沈冥而独宿。若夫朱帷按部，豸冠衣绣。歼闽海之逋酋，征永宁之叛寇。宏勋表于当年，嘉荫垂于尔后。剖符豫章，一麾出守；循良著绩，豪暴授首。入西垣而视草，总名藩而不迁；知时相之可畏，谢司铨而归田。京兆并驱，南阳屡拜；代有伟人，世传佳话。又若徵君六聘以遴士，贡元殊时而司李；参军教授于平溪，中翰惜才于天子。旷代奇逢，千秋为爹。至于名缁登坛，贤王走币，平湖素对而虚襟，咸阳纪行而赋丽。梅雪唱、梦坡酬，吴之镡、张之卣。俱能绍箕裘骚咏之才，饶于武弁萧散之致。寄于扁舟，名著三吴，书兼玉局。香山之社，于焉再盟，草堂之琴，痛夫一曲。溯高谊于古人，嗟子恭之不作。照堂丛林之表率，用美处士之赅博。对督学以七言，现六子之字说。宇文有咏竹之句，慧济有刻灯之绝。钦伯客扬州而渥丹，南墅宴广福而听雪。白云之轩，居士无称，见一之亭，其人维哲。悦耕之夷，犹半农之修洁。避朱门而不干，候府尹而不屑。皆晚近所希闻，而蒐之故老之笔。至如迂途自甘，拙庵宁老。歴广文而长贫，耕南阳而枯槁；参羲画而微吟，说毛诗而搜讨；返上元而觚方，踏义兴而小草；著调元而联韵，歌卫生而皞皞。开蒋生之三径，任花落而不埽。岂若世芳之陶纵，待之之潦倒。又若分甥以产，遗盗以赀；伫立还金，兼谢铢锱。羌慷慨而急人兮，直倾囊而出之。生不辰而早鳏兮，胡没齿而不悲；弟既异而终好兮，洵伯仲之埙篪。婉娈洁身兮，濯清泉而不淄；踉跄救父兮，蹈白刃而不辞。潜德弗耀，令名无穷。诸如此类，风教所崇。乃若孝廉鹊起，茂才林立。采东阿之丽藻，阐于陵之苦节；眷苏门之长啸，抚虎头之三绝，子云之居谁问奇，公超之市可藏拙。牙慧流而汝南评，手谈罢而东山别。汝阳酿王安足论，云溪醉侯差可列。又若贩夫曳绮，尼媪谈经。嫁女殚蘅皋之翠羽，张筵倾茂苑之兰英。宇翚飞而插汉，舟鹢彩而扬舲。玩好纷乎净几，筦弦间以清讴；盼归程于白马，睇窈窕于青楼。盈缥缃者隃糜之墨，揭流苏者珊瑚之钩。喜蜡屐于阮子，笑走舸于桓元。效滑稽之曼倩，驰挟弹之韩嫣。眇搜神之干宝，咤博塞之袁耽。诋周何以佞佛，宗王谢而清谈。更如轻缣璀璨，贾胡满装；云锦陆离，织女七襄。贮阿娇于金屋，鸣箜篌于洞房。或渔征于水国，或垄断于殊方。里有打门之吏，邻有惊女之龙。下石似忠，阋墙非侮。脂韦为通，胶柱为鲁；逋赋为儇，趋事为偻。斯亦上都称雄，三河比佻者矣。然而璞斫则残，玉雕则碎。保混沌于既凿，砥波流于日溃。挹先进之遗风，祛世俗之氉僿，其在慎士习哉！其在慎士习哉！

重建化成桥碑铭

〔明〕张廉

郡之东南一舍许，有二水而靓深，曰“织旋”，曰“风光”，萦回联属，故号其地曰“双溪”。溪左右延袤数十里，俗皆织绢，于是四方之商贾咸集，以贸易焉。溪实为嘉湖往来捷径。宋延祐间，化成庵僧始建桥于其上，因名曰“化成”。元季毁于兵。我国朝洪武初，里僧雨云溪者募为砖桥，几三十年，复就倾圮，及永乐中架木，以通徒行而已。然水深湍激，而撼顿挠折者日至，迭修迭坏，不可支吾，桥遂废。既而设舟，两端系绠以渡，值雨冥月晦之时，风波之际，没溺者恒有之，行旅患焉。闵其病涉废，又以费浩工繁，不能卒事，作而辍者屡矣！天顺戊寅，耆民吴宗远、凌九逵辈谋复其旧用，是里之都宪陆公矩夫人王氏闻而义之，首捐资为众劝，且命其子用鸣珂董其事，司出纳也。遂聚财于市，陶甓于壖，伐石于山，杂施云委，百工雷作，再期而勋集，既而白于郡守大梁岳公，叹曰：“桥梁有司责也，而民能为之，吾何修而致民之趋善若此。”因犒之饩羊酒醴助之，廪禄以奖谕之。至明年己卯十月落成，凡五百又四旬也。桥广八尺，修一百九十尺，比为楹者十，通水道者九，费镪计者四十一万。甃筑坚致，规模雄壮，言言矻矻，窿窿蜿蜿，若长虹之卧波，灵龟之出海，诚伟观也。更录其羡，馀构亭于桥之南，为憩息之所，于是昔之险阻之地，今为平坦之途；昔之跼缩之涉，今为委蛇之步。危者以安，忧者以喜，故行旅者皆愿出于其路也。越成之十七年为成化乙未，宗远吴公介吾友某请予记颠末于石。予维济人利物，故仁者之盛心，美德善行，亦君子所乐道也。昔文王造舟于河，子产成梁于郑，千载之惠至，于今不泯。况又国朝，乡人为此钜事者乎。且桥之成，得王夫人之施予，以启其端；得吴宗远之劳勚，以承其绪；得岳太守之奖劝，以终其功。之三善不具，曷足以济凡民？事必书。夫为安道以脱民于险，裒众善以寘民于惠，嗣前绩以导民于勤，可书也。遂书之。系之以铭，铭曰：“天目之源，馀不之派。沿泅双溪，东北斯迈。襟苕带秀，江海是宗。厥阴有市，万货攸同。延祐载梁，更百千禩。乃杠乃舟，乃戕乃毁。翳今里耆，前仆后兴。奔义走功，鼛鼓弗胜。安险通否，利赖无方。猗欤厥绩，永以不忘。”

革普光桥栅关碑

〔明〕陈良谟

嘉靖甲寅岁，倭奴入寇自乌镇扬旗鸣哨而至双林镇、思溪、菱湖、荻港，掳掠遍逮，复由双林遁，独双林被杀掠男妇千数，祸尤惨。客有自双林游天目，过余庐，余询其故。客曰：“古之关也，御暴。今之关也，为暴尝窃疑之，乃今信。”然双林之东有普光桥，设有栅钉桩，意以卒有不测，赖以防御。繄倭之西捣也，栅不能止；迨倭之东驰也，栅不能截。徒以阻塞咽喉，舟楫不利，望风窜避者急难前逝，以敌寇至一鼓而斩艾之，牵曳之，毁尽之，未有脱其网者，此栅为之祟也。余闻之不觉歔欷，掩鼻而叹曰："冤哉！兵燹之余，其骷髅之魂夜号于此栅乎？且孰从而掩之乎？"客曰："寇去，有九十岁耆民曰石沈淮者，以□绝土瘗之矣。"越岁辛酉，巨浸滔天，泽国殆甚，民与鱼虾为侣者。卒岁，客复过天目造余，道："故有是哉，栅之为害也。"栅虽去矣，而桩犹存，以故水之东泄壅淤泥，双林厥田膏腴者皆为鱼鳖所居。余闻之，又不任酸楚，一栅之立，两贻巨祸，胡然而不亟去之耶？客曰："里胥辈利其科敛，编其民居。以防守为名，月朔望则以次。为酒食薮，徒以此栅为之媒耳。民怨切骨，莫之控吁。余闻之又不任酸楚。一夫不获，时予之辜，而乃不为之□□，一至此耶。"于是耆民曰石沈祥、严大田、汤荣者，请于藩侯守浙西孙公，公曰："曷去之请于郡刘公。"公曰："曷勒碑纪之，俾好事者不缘迹启衅，以杜后患，曰淮曰祥谋于客。"曰："栅之左右民，今而后眠帖席食下咽者，殆二百余灶，皆我孙我刘二公之惠也，其可以无纪乎？愿为言记颠末。"客迺述与论请于予，予闻之跃然。昔召伯听于棠，棠遂弗忍剪伐。今虽一方一事之微，而其惠不下于棠者，诚不可以不纪也。已客为谁？曰："双林高士严后溪，讳大节，字汝立。"

太平桥改创观音阁文

〔明〕吴兼

《经》云："有能受持诵读，若供养者，其福德不可思议。"有云："阿耨多罗三藐三菩提者，于诸法不说断灭相。"夫供养，是以色见也；断灭相，是以形求也。色见形求，犹且获果无量，况现在功德实施行者乎？余里太平桥，其为迷津，宝筏苦海慈航，非一日矣。里之善士，向因桥而盖以瓦椽，以奉大士等像，为捍御灾患之祝。行者假道亦得荫息其下，而壶浆、饿莩、邮传、过使视庐舍如归，诚有济于众生，非浅浅也。兹且不啻倾颓，佛相尘污，假道者亦露坐。余与二三长者，蒿目而忧，慷慨相向，议改亭，而雄峙宝阁，捐赀以缮葺之。有僧某者，矢志董成，诸长者乃命余引。余贫而贱，齿德卑劣，将何所引之。长者曰："吁！此非即所谓现在功德者乎？"云："何修行，作何方，便发何等心，令彼群盲不堕彼岸，君子所以徘徊而不忍去也。"昔王珣、王维俱舍宅为寺，今岂即无其人乎？倘是役告成，则供养壮严，香烟不绝，以憩往来，行客濡轨无儆褰裳，不虞辟之，苦海无边，回头即是。人人置身于清凉世界，何止一太平而已哉。汝家其侧，非汝为主，而孰与之？予谢不敏，曰夫桥之有亭，止一佛座而已，创大宝阁遍相庄严，虽人力之赞成，实以佛力之广大所基也。将来光明普照，梵韵喧传，不知规模之寥廓于何底止也。吾后之人，其必勉之。则今者易亭而阁，宁不为拓基之始耶。愿诸长者与乐助诸善信，各成度一切众生道，予终不敢以语言文字为长者先也。

千松禅院碑

〔明〕沈秱

千松法师者，乌程马要某氏子。初出家于归安之庆善庵，法讳如桂，号月庭，习瑜伽教。闻径山万松禅师倡明宗教，复投万松为弟子，更名明得，号千松。聪悟机辩，迥出同学，遂继万松法席。吏部尚书五台陆公歆仰高风，延置嘉禾东禅寺，远近受业者云集，大江而南争相迎迓，以锡杖临莅为幸。万历某年，弟子某等谋曰师湖产也，杖履之迹远矣。父母之邦独无驻锡之所，发祥之谓何。适郡西北二十里有古刹，曰"圆澄"者，为势家所藉，残僧四五，客处他所，遂各罄衣钵。益以陆太学宰及余辈所捐，得金钱若干返寺。西坟所藉于势家山地若干，创禅堂一区，斋厨客舍粗备，仍请于郡侯某公延法位，持讲华严、楞严、法华诸经。茂草荒烟倏为蘩林，僧俗士民咸闻妙义，罔不欢喜赞叹，庆兹地之有遭也。无何千松化去，弟子星散，仅正朗一人断断株守，旱潦相仍，既艰于食。而僧一二不逞者，不念诸禅侣百艰恢复之勤，将图鸠占。太宰公复与余辈数人，更延嘉禾茂林某上人住持本院，普请行僧十余众，晨夕焚修课诵之外。三年期满，茂竹告闲，复延印江继之，主持规程，发挥性义，则委之千松入室弟子守庵。某法师讽诵加勤，参究弥力，清静森严，遂为湖中道场首称。某等深虑，胜事多魔，人情叵测。将来或迷始卒，必且以地止属禅流，一时客寄，罔生龉龁，谁其明之？恳余详志其（事），以杜意外。余惟儒释虽异，致顾本性命，以立极积真诚以化物，则有不容二者。何佛应世而能无魔？何魔为障而能娆佛？在慈忍以融之耳。侧闻寺僧亦有易荤以蔬，易垢以净，创精舍于寺左而矢志修习，此虽善根夙种，然风闻而兴，夫岂无因诸禅德，果能一切慈忍而不与异己者为构，又安知不久而俱化乎。故既纪其事而复赘此，以告诸禅德并以风夫，将萌龉龁于是者。若诸契卷及捐卷交承之详，则其列于碑云。

重修禹王庙碑记

〔明〕吴至

夫禹后神功，千古一人。微禹吾鱼，古所赞叹，庙食为最尊也。而建于大越茅山者，为最古。若吾里之有禹王庙，以其为本境土地，亵矣！然家尸户祝也，固诚。始仅屋数椽，逼凑。余始祖千一总管祠，家子恭祖拟扩祠，前地以广其宇，未果。长嗣伯明承父志，舍地二亩余，前抵水兜，西侧临河，谋广其宇。子恭馆，甥凌汉章亦欲成舅夙愿，襄其事。事竣于成化年，越百余年，为万历辛卯，予家已四传至小楼，复输金百，董修之。延道士王景阳主香火，属内兄观颐题梁额，迄今数十余年，而予家又已四传。乙未四月，吾友金仲和、谈衡三及其侄志宁过予言，庙又倾颓矣！君家数世创承，盍谋葺之，无没前人功。余遂告里中绅耆，拮据鸠聚，历年有四，洎戊戌冬始落成。经费银一千有奇，钱百万，广不踰旧栋，增六尺有奇，以雄其高。居民皆争先倾藏，役成莫不额手庆。盖吾里烟火万家，密布东南壤，庙则雄峙镇北，若弹压其后者，诚一里形胜哉。独是庙自伯明既捐地，余家输税不绝。而旁基之被占于茅氏者，未得返。然茅不终守，地又属他人矣。嗟乎，岂神夺之欤！水旱祷之而应，谷麦祈之而丰，商贾祝之而饶，老稚疾病祈之而咸得平。奠安下土，主祀一乡，俾国裕而家祯，其为千万世居民所仰赖。余子孙所食德者，其在斯乎。

重修观音桥记

〔明〕佚名

福田利益，世俗所崇，儒者弗道，而施济所不可废。先，中丞观颐抚闽归，特新其桥北之庙，为闻闻庵，而以关庙当桥之麓，其桥即名观音桥也。桥去双林二里许，为东南门户，踵趾相接，其下当两水夹流，迅急异常，行者颠陨。往岁桥圮，庵僧某发愿，恢其制为环，其洞高峻，若夷束流于一。辛勤一载，惧不能毕事，而预属余为记。余曰：种善之途不一而于施济，则桥为急务。桥以观音名，譬之掘井得泉，不必水专在，是其为慈悲，津筏则耳目所共信者。明年辛丑桥成，遂书此为记。

吴总管祠碑记

〔明〕钱梦得

吴总管之神明，于双林阴福其居民，而飨祀者有年矣。岂惟吴之子孙实式凭之。然吴氏既番，蔗推本其祖宗功德，盖积累数百年，必自总管昉也。总管生于宋季，讳□字□，姓吴氏，千一其行称也。其先为洛人，宋高宗南渡，扈跸临安，遂家于此。少好击剑，为里中杰士，慨世乱不仕，寄迹江湖间，缓急济人，以侠烈闻。元元贞二年游于赣州，会赣贼刘六十作乱江西，左丞董士选率师讨之，公往见士选，具陈方略，愿为部将先登。士选壮之，予以兵，深入贼营斩首数千级，刘六十就擒，赣遂平。以功除广西柳州府象州巡检。至大四年卒，年六十有六。子二，长首善，次壮图，俱征仕提举使。越公卒之三月，二子公葬于双林水镜寺偏。延祐二年，赣蔡五九乱，上命平章张卢讨之。贼势甚炽，卢不能军，空中殷殷闻有声呼："平章勿恐，象州巡检援兵至矣！"平章仰视，影响间识公旗帜，惊喜之不胜，知公之不忘夫赣也。自是悉甲而前，兵声大振，赣复平。平章上其功，仁宗追封为总管，仍敕于本里，立祠肖像以祀。乡人奉以为神祷祀，而求者辄应焉。其六世孙旭广祠基前建大殿，奉本境土地夏禹之神。至今禹王庙独雄于镇，其正直聪明捍佑一方，视拯溺九州之功，亦岂无万一之补哉。越万历辛卯，祠宇就圮，旭孙汀鸠族而廓新之。戊申洪水，后楼复坏，汀字延龄捐橐庀材重加葺治。汀固有长者行，里中尝推为乡约长，于是又额其前宇曰乡约所，盖能借弦歌以宠其先灵也。至于庑门翼翼，缭绕幢幡，础砾笾豆孔粢，凡遇岁时伏腊禋祀无缺，世为盛典，猗欤休哉。夫以若祖阴为民捍灵爽犹存，而子孙递新，厥构实能光昭前烈，显扬不替，讵与杜预之石升沈无据者同日语哉。呜呼！若吾公者可谓能有子孙也，已记之，以见社稷之卫四民之则。

乡约所碑

〔清〕吴若金

自来帝王行事，各有损益。而其不损不益者，无如□□。此圣谕六条，煌煌遵守，数世如一日也。升孝秀拔进造，有不率教者各移之，所谓观于乡而知王道之易。古者天子、诸侯教养之地皆以学名，而郡邑则设社学五：东曰"居仁"，西曰"繇义"，南曰"执礼"，北曰"沈智"，中曰"笃信"。听士民子弟居之，选教读数人训之。其各乡村无社学者，就各乡约所为讲演处，一如社学兴孝，齿让弭乱格奸，使民之驯者，咸敦履实行，即游惰亦有所慑而知变士也。庄庄民也，穆穆乡约之建，不诚补社学之不及哉。慨今兵燹之余，人皆一意苟且，谓得偷生，丧乱已足，何事羁縻。父母恕其子弟，而子弟渐不逊，似染暴乱余腥，甚而一室干戈，同舟水火，虽无元凶巨恶之才，而有鼠窃狗偷之智，其行为不可究诘，此近今之士风也。而吾镇为尤甚。鼎革以来，优恤之诏屡下，一日敕所在乡镇各建乡约所。抚按下，其议于各郡，令有司董其事。是岁，归安邑侯吴之荣，固与民相亲者也，刊布六谕，悉加参解于所属地方，相度乡约所四处，而吾镇居其一。朔望日亲临讲读，传云"吾有子弟，子产教之"，邑侯之谓哉。吾镇土狭民贫，创建独难。邑侯谋之，绅耆咸未敢轻任其事，顾欲尽今日之秀顽而劝惩之，舍此无由，且邑侯固请之再四也。于是李评事赠君瑞麟与诸衿耆各捐资，经始度地效力于镇东北，面石街漾而建焉。鸠工庀材，经费银一千一百四十有奇。其制三楹，中悬圣谕，次额承恩，堂前缭以垣，门榜“乡约所”，大书特书，则予执笔从事也。门左建碑，南岸十五六丈俱钉桩累石，居民皆趋工输石，自夏讫秋告成，而邑侯催檄且屡下矣。今之登斯堂者，但见其翚翼竦峙，制度宏敞，更以艮流环绕，为一镇雄势，抑知此堂为何而设耶。吾愿邑侯岁岁履此堂，与斯民相见，曰尔毋不孝，不孝者罚如彼；尔毋不弟，不弟者罚如此；尔毋不慎行，不慎行无以处宗族。乡党如是者行之而辄效，数行之而数效，将见数年之内，士无奇衺，民皆遍德，人情丕变，世道聿新，亦孰非朝廷尊古兴教之所赐哉。夫吾镇趋向近卑习俗，近漓得藉此而反正固其善，即或不能使人人尚知善恶之较，若冰炭瞭然，于赏罚从未敢云率教也，亦畏法而已矣。时邑侯于落成日来临讲读，老幼群集，余故身履其境，因为兹记。

修复澄心庵古讲堂记

〔清〕吴若金

稽古澄心庵，创自宋季。元至元间，余六世祖讳性，号天海者，祝发其地，因开山焉。今庵所奉，为祖师者也。厥后缁流蕃衍，名僧屡出，因有东、西、中房之分，更有东、中、西之分，其中则天海所演教之地。乡人咸指此，为四朝以来五百年名刹也。若夫中庵之名，不知昉自何时，大都以其址四流环绕，居一镇之中，故名也。至于东房，向为讲师塔院，院有里人张梦坡渊所撰碑铭可考。讲师讳旻曦，字照堂，归安人，少时从天海瑜伽法。天海没，往依报恩寺隐岩，后循归东院，以兴复澄心为己任。凡天海之废者起之，亡者存之。正统初，天竺颐浩迎置上座，为丛林表率。迨景泰六年还，没于东院，迄今又二百余年。世故递更，兴衰异数，今栋且折矣，垣且颓矣。住僧照源矢志竭力，思天海之荒作暨照堂之中起，绸缪夙夜。且以我镇仁人善士各输愿力，落成可俟也。经始于顺治十二年乙未秋，越丁酉春而堂基筑竣。乡人父老咸乐其速成，而嘉其不怠，争述其事于余，遂为之记。

改建清风桥记

〔清〕吴若金

成梁，循吏与良宰责也。自古掌于司空，而受之司里。凡有应举、废应，创造者必自民而达之官，官以督之民。故其责在上，而事实在下。里之老乡之善诚汲汲于此，正以率民力而役，公旬事莫有先焉者也。吾里僻处乡陬，受郭南苕水分脉，水自西南来，贯于镇中，一分北条，一分东条。惟东条河道稍窄，去势纡缓。其间有清风桥，当两条分界之额，而独受东条一派，故水自东而北，去水潆洄，固地势之豁曲使然，抑实有兹。桥之先受其冲而扼其湍急，使下流以次旋绕也，桥之为水利也，如是。至于桥际阛市，分路跨两圩，南属五四，北属常三。虽长不过三十余尺，阔不满十尺，而来往交驰，视履相即，行人称极便焉，桥之地利又如是。但额下分石楹者二，中通水道者一，而上用木梁，承以骈板。迨日月久之，风雨摧之，今楹且圮矣，梁且坏矣。且屑而落矣，行者叹于涂，济者病于涉矣。嗟乎！是安得谓非民力之所存，而循吏与良宰之责哉？虽然孰非，循吏与良宰之责，而民之所应，上其事而听，其命者哉？吾里之老乡之善，咸汲汲于此者，诚以事莫有先焉者也。今岁已亥春季之闰，请于郡侯某公咸可焉。乃择吉鸠工，遍告乐善诸君子，各资其力以襄成事。且为之谋不敝，更易木板而石焉。桥之成也，将利赖一方，功遗万禩，有如此率作公旬之役也，已越半载功竣。上其事于循吏与良宰曰：“桥之役以工计者若干，以镪计者若干，积日累月者若干，勤而督率者若而人，劳而胼胝者若而人。”吏与宰闻之，必且曰：“成梁予责也，尔士民其为予广德，意尔绩矣。”命名清风者何盖，与白云、明月二桥左右相望，同贯东条之水者也。邑志止载二桥而不及清风，岂以二桥俱石，而清风独木欤？则今易之以石，自兹以往将与白云、明月同不朽者，而不徒为一日之利涉而已。余从家孟千子闻其事，兼喜其趋事之敏，而助资之普也。于是乎，书以为记。

修复水镜禅院文

〔清〕蒋明凤

环天地皆水也。吴兴古称水国，双林又属汇流。石街漾东有水镜寺，相传为最胜丛林，不知何年造，何年坏空，往往想象于烟波缥缈，潋滟微濛之际而不可得。有上人某自云间来，偶然卓锡，志复前胜，遂于漾北构结精蓝，一时缁衣高流少长云集，不减远公莲社、仁祠、香阜，次第营图郁为何栋。若兹胜地，足以息影栖禅，谢嚣习静矣。顾里中大家名宿，咸谋复古水镜旧刹，拟于古址鼎建大悲宝阁，左右翼以岑楼，分供文昌祠、汉寿亭。侯俾奎躔发英，下凝分野，则环水一席，堂皇分布，仙梵重闻当年饭钟法鼓，俨然如在。龙象呵护，山川效灵，非止阴隲一方已也，岂仅仅寺刹名空，惟水可指哉？数其功，纪其绩，当不与空刦同沈，水镜同废，何以故空而复成，坏而复续有，大家一流在。

药师庵碑记

〔清〕佚名

药师庵之创也，里人沈启明与配黄氏祓无子，于顺治庚子岁以地一亩二分舍比丘尼景辉。辉依沈以居，欲募建庵力弗克。华林茅氏心融者，孀居冰守，颇事经典，虽弗脱巾而皈依有日矣。倩比丘尼忠厚贤孝，同诣辉始构茅屋数椽以居。未几，景辉疾不起，心融推忠厚为住持，朝功夕课，寒暑不衰，远近里闾乃捐赀以助之。康熙癸卯庵落成，和尚玉霖装药师诸佛，庵由是名矣。已而心融祝发披缁，且规制法堂前后左右，凡有施舍锱铢以纳常住。将鸠工，十方诸善信亦弗吝财力轻重助之。癸丑岁冬，庵得完美，黄氏兼以庵西南隅产，此一亩五分，施常住斯庵也。始于景辉，成于心融，忠厚贤孝，数十载之勤修苦募，不当泯灭也。用勒诸石，以垂不朽。

重修虹桥记

〔清〕谈嗣升

粤稽虹桥之落于镇东也，创自先朝洪武癸亥年间。东接乌镇、琏市，西通苕霅、菱湖。程安纳赋之乡民，丝绢通材之贾客，昼夜往来，舍此靡由而济，不诚重大矣哉？但三百年来，桥址虽如故，而桥面之层级几不辨有步数也，风霜冰雪，非惟老幼难行，壮士负担仆地堕河，折肱损骸者往往有之。两岸居民如倪允怀、沈崑宇、俞思泉、吴省愚辈目击心伤者，七十余年屡图改建而工费甚洪，徒有仁心无此财力。今数人者年皆耄耋，意仍恻怛，竭力经营，遍告十方，恳诸善信，厚聚众力，爰于甲戌岁首夏既望三日辟土鸠工，各备桩、石灰、绹，杂施云委百工，雷作风雨无间。越明年乙亥仲秋十有一日始观厥成。较前增高三尺，广修二尺，规模雄壮，诚若垂虹，猗欤休哉！行旅歌谣，负戴诵祝，向之裹足不前者，今且徘徊不去。已风清月白之时，骚人词客登斯桥也，缅想虹桥夜月之旧题，赋新诗，徵往迹，其亦无忘此功之伟哉！予愧不文，属在邻末，随诸父老共襄胜举，今乐其事之成而书此。

重修万魁桥记

〔清〕倪汝进

万魁桥河较化成桥河广数丈，曩驾木梁，过者见其腐朽动摇，轧轧有声，心神惊悚，未尝不叹，徒杠舆梁之政不修，而济人之惠不见也。康熙壬寅，有顾姓者，惟一子，过桥而溺，乃首倡宏愿，邀众击柝，改建三洞石梁，己酉落成。然募资有限，桩稀石小，桥基单薄，经五十余年，址皆斜陷，中环坌裂，人皆言若不趁未圮拆卸，圮后入水捞石，工费更大。乃遂移石两岸。众议此桥，实通要道，必不可缓爰。由赵姓及诸姓二十余人，当饥馑之后，朝夕奔走经营之，添桩增石。下基甫定，忽异议起，当事者半辞去，费无所出。自五十二年停工至五十六年，惟架木梁，石梁环面竟不能起，复而木又朽腐。是年冬，里人潘某、沈某、朱某与前领缘十数人，不忍坐视，复取疏之，未足者恳足之，未疏者续疏之。明年二月二十一日始告成。是夜也，桥上悬灯采，男女数百人持香诵佛，号缓步行，又合里醵资演剧，盖靡不以桥成相庆也。桥成有余资，乃于桥南买隙地，构一亭，为憩息之所。余喜其善念之继兴，与前功并不朽，故记其事实如此。

蓉湖书院记

〔清〕杨荣绪

双林镇向无书院，士子肄业于郡城爱山书院，颇以跋涉为艰。雷大令甫下车即议创建，会镇人有愿以其屋为书院者。大令亟捐廉为之倡，俾诸绅集资葺而新之。堂庑门庭规模略具，延郡绅沈菁士前辈主讲，多士爰得藏修之。所题曰“蓉湖”，盖以镇东织旋漾多芙蓉，且兆人镜及第之吉也。余维双林为郡城东南一巨镇，人物之杰，科名仕宦之盛，见于志乘者，难更仆数。他日接踵而起，将于多士乎。是望语有之，文章未坠，必有英杰领袖之者。美哉，始基之矣。是役也，大令之力为多，然非蔡雪樵、李友兰诸绅士，无以观厥成役。既竣，余颜其堂曰“肄雅”，取“宵雅肄，三官始”之义，以群雅才，为多士勖。复撰楹帖，纪其事。其诸绅姓氏及公议章程，别勒一石，使后来者无忘所自焉。

重建还金亭碣

〔清〕蔡召成

虹桥东畔还金亭，郡志镇志皆载之。还金者，严氏素庵，名义也。郡志：“义憩神祠，得橐银二百，后还银者至，云父解银耗缺被系，售产得此银，将以往救。遂还之。其父释归，为之建亭。”镇志所载，还金事略同而以。亭为安吉陈良谟为严氏所建。遗

蔡召成书刻还金亭碑石　　金国梁　摄

金者，指为东乡区民，则非建亭者矣。要之身受而表其德，与夫旁人，高其义而为之表见。皆情事所有说，虽歧无妨，两存也。严为前明弘治时人，亭圮于国初，复建于乾隆丁丑，至道咸间，又止见亭石柱横卧道左。粤乱后，柱为乡人移徙，做村桥，亭址渐侵为栽桑地。家兄也莲与张君申甫慨旧迹之湮也，思与复之。会乡人董某，指四柱以献，遂募资鸠工，就旧址建柱筑木架其上，飞檐加丹髹。余为题楹联，镌诸柱。自营度至落成，亦逾两月之久，费钱一百余贯。亭则翼然杰起，焕然可观矣。夫还金非奇节，顾亦难得之末俗。张君与余等乐为兴复，亦以表义式俗，窃附于前明陈君始创之意，非止夸胜迹、饰游观也。亭既成，并为文，刻石砌诸亭壁。

双林历代及当代著述一览表

表 4

年代	作者	内容
宋代	倪　思	《易说》2 卷、《大学辨》1 卷、《论语议证》20 卷、《孟子问答》12 卷、《访修寿皇圣政》4 卷、《昆命元龟说》1 卷、《台谏论》2 卷、《合宫严父书》5 卷、《掖垣词章》20 卷、《檄论》4 卷、《家传》6 卷、《言行录》3 卷、《年谱》1 卷、《家藏三朝宸翰》1 卷、《迁史删改古书异辞》12 卷、《班马异同》35 卷、《颜子》《子思》《子续》《曾子》各 1 卷、《兼山论著》30 卷、附录 5 卷、《经锄堂杂志》8 卷、《齐斋奏议》26 卷、《历官表奏》10 卷、《翰林奏章》1 卷、《银台奏章》5 卷、《更化奏对录》1 卷、《遗奏》1 卷、《齐斋甲稿》20 卷、《乙稿》15 卷、《翰林前稿》20 卷、《后稿》20 卷、《刀笔集》15 卷、《四六集》10 卷、《承明集》40 卷、《兼山小集》30 卷、《南宫集》1 卷、《些章》2 卷、《词科旧稿》5 卷、《论著》30 卷
元代	沈梦麟	《花溪集》3 卷
	中峰明本	《中峰广录》30 卷
明代	刘　荐	《盘谷集》
	张　渊	《鸿墩集》
	吴廷旸	《梅雪窝诗集》
	张　卣	《田南集》
	陆　琛	《南栖居士遗诗》

续表 4

年代	作者	内容
明代	沈　清	《一斋稿》
	沈　稠	《观颐诗文集》20 卷
	吴延龄	《医学质疑》《经络腧穴》《算法要术》《勾股开方法》
	凌　云	《流注辨惑》《经学会宗》
	吴　辅	《百宝方书》《苾刍斋诗集》
	严大节	《心源长语》、《和陶集》1 卷
	谈微言	《训戒类》20 卷
	沈如霖	《梅花馆集》
	鲍士龙	《听雪草堂集》、《易说》2 卷
	冯　诏	《复斋前集》《复斋后集》
	茅瑞徵	《淡朴斋诗文集》《禹贡汇疏》《万历三大征考附东夷考略》《皇明四夷考》《澹泊斋集》《五芝纪事》《唐诗笺》《象胥录》《职方存草》《尘言》
	茅瑄征	《涧松草》《宝田堂集》
	陈所志	《双林笔记》《双林赋》
	沈尧龙	《西园诗集》《列艺集》
	严御风	《春秋用》30 卷
	沈　磊	《四书讲义》《经解》《文集》
	顾起云	《神清居前后》
	沈祖孝	《易经注疏》《雪樵诗集》
	范应期	《玉抽堂集》
	茅　坤	《玉芝山房稿》22 卷、《耄年录》7 卷、《茅鹿门先生文集》36 卷、《鹿门先生诗选》3 卷、《白华楼藏稿》11 卷、《白华楼续稿》15 卷、《白华楼吟稿》8 卷、《史记钞》65 卷、《浙江分署纪事本末》6 卷、《汉书钞》93 卷、《五代史钞》22 卷、《纲鉴删要》10 卷、《徐海本末》、《大名府志》等
	董　份	《史记评钞》40 卷、《汉书评钞》40 卷、《后汉书评钞》20 卷、《泌园春》37 卷
清代	费家珩	《退谷集》《癸未志略》《郑氏家范》《古今孝友萃》《族书》
	凌士麟	《世德录》6 卷、《经学会宗》
	严有谷	《嗜退庵语存》32 卷、《嗜退庵文集》10 卷、《经史会通》20 卷、《吴兴人物考》10 卷
	费望叔	《四本堂日杂抄》
	闵　声	《雪蓑诗稿》1 卷、《泌庵集》
	沈汝法	《中庸与知录》
	沈士靖	《易经图说》、《毛诗序论》1 卷、《毛诗杂说》12 卷、《四书大成》
	僧石树	《正锋录》《水天函丈集》
	凌一飞	《见闻杂记》《秋渚诗集》及《落叶诗》30 首
	严我斯	《尺五堂诗集》《爱日堂诗集》《述祖汇略》《应制诗赋》
	僧为则	《万寿院诗录》
	范　硕	《水利管见》《双林纪略》《诗录拾遗》
	凌尔翰	《未焚草》

续表 4

年代	作者	内容
清代	沈 湜	《染香斋诗集》《曙戒楼家训》
	严民法	《养云诗删》
	吴若金	《双林志》6 卷
	袁士达	《袁心集》、《覆村诗集》4 卷、《花社唱和集》2 卷、《壬午社稿》
	谈嗣升、凌维远	同辑《双林志》10 卷
	吴 至	《真率斋集》《吴氏家训》《忍庵诗稿》《诗集范言》
	俞延瑞	《南村草堂诗文集》
	严元祷	《五峰诗文集》
	倪汝进	《东双林志》12 卷
	姚 炳	《粹莽学草》《心远堂稿》
	沈懋华	《西江游草》、《蓉乡诗草》1 卷、《燕市外篇》、《江左外篇》
	僧海行	《双溪八景诗》《和凌秋渚双溪十二景诗》
	沈森玉	《求志堂诗文集》
	沈调元	《存心堂诗文集》
	吕楚明	《柽塘农丈人诗》1 卷
	沈士元	《容庵诗钞》
	沈大衡	《吴游草》
	吴 麟	《泾村诗稿》
	陈 耕	《三才法闭》
	钮钟士	《非园诗集》、《花溪唱和集》2 卷
	陈必昌	《半焦桐诗稿》《云龙唱和集》
	陈必升	《啸庵诗集》《兰皋草》
	陈达士	《我馨斋诗集》
	郑子尚	《重订春秋传注》36 卷
	沈士增	《拙斋诗集》
	唐 衡	《蕉雨轩诗钞》《词钞》《双凤吟》《兰陵剑传奇》
	方德心	《明斋诗集》
	邱赓铠	《望书诗集》
	王 瑗	《吴游草》《蔼吉堂诗集》
	沈 澜	《泊村文钞》、《西江风雅》、《双溪渔唱》1 卷、《双清草堂诗集》、《襞幽集》
	孙 培	《苏门诗稿》《文钞》及《垂露轩诗草》5 卷
	僧法朗	《南询烟水唱和集》
	柴廷采	《涉园诗稿》
	柴鹤山	《守愚诗草》
	倪 骆	《枥夫诗集》
	姚 廖	《凤藻堂全集》《双林支乘》《江西游草》《葭客诗话》《桂堂吴会吟》《莜客旅游草》《深竹映书堂诗钞》
	茅星来	《近思录集注》14 卷、《钝叟录文集》3 卷、《岂宿遗稿》

续表 4

年代	作者	内容
清代	茅珍圭	《耕云草堂诗集》
	茅应奎	《五湖诗集》8 卷及《远游稿》《五湖渔社诗》《东西林汇考》《萧放窝琐录》《絮吴羹诗选》
	沈　溶	《行恕堂诗集》
	沈龙文	《[illegible]客游草》《悔门诗稿》
	沈　乔	《漫游草》《莪村制义》
	沈士曾	《匏庵诗草》《闭户草》
	沈三秀	《客游草》2 卷及《西陂酬唱集》《求志堂诗文全集》《双溪唱和集》《杜诗详解》《养拙老人集》
	沈時泓	《梅花书屋诗草》
	谈贤烈	《玉燕堂诗稿》
	凌　云	《鹏息斋诗注》6 卷、《芗坪诗抄》、《客吴杂记》、《雨窗随笔续集三笔》
	沈飞霞	《问庄吟稿》《前后客窗诸咏》
	沈飞泉	《棣花山房稿》
	金洪夔	《思诚家范》
	徐　溥	《金陵游草》、《卧云轩诗草》2 卷、《春草诗三十首》、《消夏剩录》
	蔡心源	《江西客游草》
	徐文心	《甲六集诗稿》、《补遗》1 卷、《艮庵制义》、《汇纂功过格》
	沈鹤塬	《南归蛙鼓诗草》《河防榷重订》
	蔡兴宗	《伊楼杂志》1 卷
	童　鹗	《北窗诗稿》《春草堂诗钞》《半僧诗稿》
	童　鸾	《静轩遗稿》
	姚文泰	《螺舟前稿》4 卷、《谦艇诗存》10 卷、《诗景丛说》6 卷、《淡巴菰小谱》2 卷、《双溪棹歌》3 卷
	沈毓桂	《介岩冷稿》
	俞　萼	《客山诗草》《小浣花草堂集》《幼科指掌》《医镜评注》
	俞应槐	《左氏砭艺》《伴梅诗稿》
	俞　霖	《润斋诗草》
	闵大壮	《云锄吟》
	沈以澄	《治痢金丹》8 卷、《咳嗽治法》1 卷
	沈　青	《闽游纪行》1 卷
	陈文煜	《吴兴合璧》4 卷
	徐树金	《小鸿轩集》《望云楼集》
	郑祖泽	《草堂诗草》
	郑遵岳	《晓园吟稿》
	姚世洲	《焚余草》
	金　澜	《见闻日记》
	沈　锜	《梦庄诗草》《也可居吟草》

续表 4

年代	作者	内容
清代	沈　镗	《诗稿》
	谈遵志	《枝春诗藁》
	郑　佶	《得闲山馆诗钞》《诵芬录》《湖州诗录》《史阙》《得闲山馆诗钞》《诵芬录》《湖州诗录》及《睫巢吟草》1 卷
	吴　林	《晓鸿诗草》1 卷
	徐聚奎	《且归诗草》
	徐汝�	《香雪馆诗钞》
	金銮坡	《半亩园诗钞》5 卷、《西湖秋柳唱和诗》2 集
	郑祖琛	《小谷口画引》1 卷、《小谷口诗钞续钞》
	徐有壬	《务民义斋算学》20 卷、《割圜密率捷法》1 卷、《造各表简法》1 卷、《弧三角拾遗》
	姚学塽	《竹素斋诗文全集》《太上感应篇注释》
	郑祖球	《红叶山房诗文全集》《经义卮言》《读书管见》
	柴友诚	《自知集》
	沈荣晋	《豫游草》《双林续记》13 卷
	吴逊铨	《蕉石山房诗草》《地理经学》
	郑士枚	《双林志》
	俞　芝	《乐闲草堂诗文全集》
	蔡蓉升	《双林记增纂》12 卷、《梅花山馆诗草》4 卷
	蔡汝锽	《求是居释经》《双林志续纂新辑》
	梁　湘	《潜确斋诗文草》
	徐赓陛	《不自慊斋文集》
	姚宗诚	《景詹暗残稿》
	许晋达	《揖青山房诗钞》
	俞　刚	《劲叔诗钞》
	蔡　松	《双林镇志新补》
	郑贞华	《绿饮楼集》《梦影缘》
	周颖芳	《精忠传弹词》
	杨　芬	《青瑶阁集》
	茅纫兰	《绿窗集》
当代	沈本瑛	《成语故事》5 本
	周　明	参与编写《中国文学史》《中国话剧通史》《中国大百科全书》
	费新我	行书《鲁迅诗歌》及《楷书初探》《习字十法》《费新我书法作品展》《毛主席诗词行书字帖》《费新我书法选》
	杨献国	《实践之声——县长工作手记》
	罗开富	《红军长征追踪》《革命圣地踏访记》《湖州人文甲天下》

续表 4

年代	作者	内容
当代	张志良	《湖州市文化艺术志》（主编）、《双林人文史话》、《中国曲艺志·浙江卷》（副主编）
	黄笃初、黄晓帆	《江南旧影》（黄笃初摄影、黄晓帆编文）
	金国梁	《双林古桥老屋》（与鲍明华合著）
	宋银虎、金国梁	《双林镇志》（双林镇志编纂委员会办公室编，宋银虎主编，金国梁副主编）

传说

木瓜墩与凤凰潭[①] 双林民间有句顺口溜："思溪重兆木瓜墩，一条直路到双林。"木瓜墩位于镇西 2.5 千米处长生桥北堍，原镇西公社、乡、镇所在地。习称长生桥，原名木瓜墩反而被忘记。长生桥南堍是雉头村，就是原凤凰潭。宋时，木瓜墩有法昌寺，大佛殿供三尊大石佛。传说，三尊石佛来历不凡。一年从西苕溪过来一帖木排，途中搭上三位便客，本来木排顺流而下，不费多大力气，可这时却感到排身吃水，异样沉重，一路撑来，累得汗流浃背，气喘吁吁。至木瓜墩，客人要上岸。两人先上去，还有一人即将跨上岸滩时，木排轻轻浮出水面，撑排人松了口气，情不自禁地说："嗬，三位客官真像石人哪！"哪知话音刚落，就听轰一声，将上岸搭客忽然跌进河里，已上岸的两位搭客呆立不动。原来是撑排者一语道破天机，三位搭客果真都是石人。沉水石人被村民打捞上来，都以为石神自来乃造福地方，就在法昌寺后进建殿供奉，落水石人头上长满螺蛳，所以其中一尊佛像头上成螺旋形。木瓜墩与凤凰潭，原是四周环水的两个土墩。凤凰潭即凤凰泉，泉潭在墩中。明初，两墩间无桥，只有几处拉渡。竟出奇事，缆绳系得很好，次日清晨总要断成几截，天天如此，于是人们暗自相告："土墩是活的，一到

① 据《墨浪》第三期郑吾三《木瓜墩与凤凰潭》文编辑。

夜里就流动。”奇闻传到刘伯温耳中，特地到此踏勘地理，见凤凰潭有股清澈的凤凰泉，难怪这里蚕丝色泽特别光洁。四周风光秀丽，土地肥沃，是块“成龙”宝地，这东西二村必出将相之才。刘伯温一心助朱元璋成就帝业，自然容不得再起异峰。就在凤凰潭四边建 4 座石桥，东名“青龙”（俗称东桥，在今茧站旁），西名“白虎”（原至西兜、宋家兜，今废），南名“宁悦”（村心店桥），北名“长生”（原单孔石拱，今改建钢筋水泥），与木瓜墩相连，又在木瓜墩建东西二桥。如此一来，六桥就是六只攀，把南北二墩牢牢钉住，不再移动，风水遂破。后来西村人多以道士为业，手里确实还像文官一样拿着一块笏（俗称朝板）；东村人经营肉店，虽仍手执刀斧，但已非上马杀敌大将。此后，凤凰潭因四周有桥，地形似“山鸡”，改名“雉头村”，而木瓜墩顺口叫成“长生桥”。法昌寺毁于日本侵华战争时期，三尊石佛矗于荒草间，后湮没无踪。1990 年左右，乡人在建乡办企业基建时，重新发现三尊石佛，现保存在镇西集镇街上。凤凰泉，50 年前尚可寻踪，在仁济庵前，有假山石池，如今无踪迹。

双林又称凤凰镇[①] 传说镇南栅杨道桥（今阳道桥）北堍东西边各有一井名“双眼井”，往北一条大路通镇，镇东栅虹桥，西栅西高桥（望日桥），北栅化成、万奎二桥。刘伯温助朱元璋成就帝业，到处破风水。见杨道桥是凤头，双眼井是凤凰两眼，往北大路是凤凰长颈，东边虹桥与西边西高桥是翅膀，北栅当时只有两座桥，凤凰还少一根尾羽，暂时还未腾飞。刘伯温在双眼井投下不少“引线”（缝衣针），刺瞎凤凰双眼，故明朝和清朝初期双林未出名人。清代，双林人不服气，写疏募捐，在双林塘又建万元桥，与万魁、化成二桥并列，凤凰从此三尾羽齐全。可惜此后八九年仍未出名人，又叫人看风水，说是凤凰已活，但双林塘水流太急，冲掉风水，便在万元桥东边石街漾中建起文昌阁，别处文昌阁大门朝南，双林文昌阁造在水当中，大门正对万元桥中孔，欲是拦住一点风水。也巧，建文昌阁后第二年，双林出一名状元、两名举人，都说“凤凰活了”。这些状元举人做官后，在外面都说自己是“双林——凤凰镇人”，回乡后总要修缮文昌阁，直到新中国成立后文昌阁在一次台风中被刮塌，后在遗址处置红色航标。

“石街漾”来历[②] 石街漾位于双林万元桥东，原名织旋漾。这里一直是风景区，四时游赏胜地，但经战火兵燹特别是日本侵略军铁蹄践踏及“文化大革命”破坏，人

① 据吴伯良讲述整理。

② 据陈永林讲述整理。

文景观荡然无存。关于石街漾，镇里另有传说。元末，朱元璋率领农民起义军攻打湖州府，久攻不下，屡败。一次，朱元璋在归安县境双林一带作战，部队被元军冲散，朱元璋只身单骑落荒逃命，背后敌军紧紧追赶，上天无路，入地无门，心中暗暗叫苦。眼看敌军就要追上，前面只有河心一条石街，顾不得此去是生路还是绝境，急急沿石街奔去。生死存亡之际默告上苍："若是天生我朱元璋，则此命自不该绝，石街宜下沉。"立时，织漩漾波浪汹涌，朱元璋马蹄过处，石街节节下沉。追兵赶到，面对浩荡阔水，只好望漾兴叹，无功而返。从此漾称石街漾，沿袭至今。

徐秀才戏弄无礼人①　从前，双林南栅有个徐才清，为人谦虚、礼貌、知识博渊，才智过人，人尊徐秀才。因为脸上有几个大麻子，人们便在背后叫他"才清麻子"。徐秀才每天早上到青莲阁同老朋友喝茶聊天。一天，塘北李少爷因有人请赴宴吃酒，要向徐秀才借件马褂穿，徐秀才满口答应："你叫人来拿就是了。"午前，李少爷托邻居去拿，邻居不认识徐秀才，旁人插嘴："就是那个才清麻子。"于是邻居到南栅见门开着，就朝门里问："才清麻子在家吗？"这时徐秀才正在大厅抽旱烟，踱方步，听见门外有人叫，便从里屋走出来。那位邻居又冲着开门人问："才清麻子在家吗？"徐秀才想："此人真无礼，应教训他一顿。""李家少爷叫我来拿件马褂子。"那位邻居说着把借条交给徐秀才，徐秀才拆开条子一看，冷笑一声："你为何不带夹担来？"此人忙说："借马褂子不用夹担。"徐秀才说："你弄错了，叫你来拿磨子。你如果不相信，可以去问清楚再来。"邻居心想从塘北到南栅路太远，来回一次走许多冤枉路，反正条子写着不会错。徐秀才见他表情早知八九，便笑嘻嘻地对他说："这里有两只大叶箹，没有扁担就用大门上的门闩挑去，我再写张条子给李少爷。"那邻居只好挑着磨子往塘北去。李少爷等得很急，站在塘桥张望，见邻居满头大汗挑着副担子跑来。李少爷一看箹里装着磨子，便问情由，邻居如实相告，并把条子递给他。李少爷接过条子见上面写着："开口叫麻子，罚他挑磨子，挑去再挑来，换件马褂子。"李少爷哭笑不得，连忙让邻居把磨子挑回去。邻居刚进徐家门，徐秀才就恭敬地把马褂子放到他手中。这时，那个邻居才明白自己做得不对，做人做事都要尊重别人，才能受到别人尊重。

① 据吴奎林笔述，丁宗淦整理编辑。

歌谣

夯歌·桥[①]　叽里咕噜小鸡桥，吱咯吱咯到竹桥。走勿完格长板桥，一步跨过两条桥。卖鱼要到渔婆桥，放生要到放生桥。中秋团圆望月桥，七夕相会乌鹊桥。生意做到顾家桥，好事做到便民桥。强行霸道过坝桥，韩信点将万魁桥。阿弥陀佛积善桥，常遇春上马铁蹬桥。连中三元三官桥，田蚕茂盛永丰桥。迎圣接驾来龙桥，阴凉舒坦清风桥。二县分在界牌桥，楚汉相争河界桥。同病相怜郎中桥，火症伤寒西瓜（高）桥。歪里七八到斜桥，弯来弯去打子桥。用勿完格万元桥，鲜甜蜜骨过糖（塘）桥。

苕南央娜唱词[②]　古时当地民间庙会众多，人们赶庙会一路兴起唱民歌，民间艺人庙会时搭台表演，夏天纳凉也会演唱，流传至今。如这首《苕南央娜唱词》："男女打扮红红绿，放生桥头闹盈盈。陶家花园会船飘，隔河对港土地庙。地戏扎得真真巧，挨家挨户挂灯彩。卖丝响声无其数，倒灶吃得醉醺醺。土地神像都起出，满竹改做一只床。地藏王菩萨真叫灵，处处方方来烧香。赢了铜钿身也藏，输了铜钿打散场。三叉角前万魁桥，石家漾里浪滔滔。南庵里和尚勿脱骨，北庵里师姑绝奇珍。此地没有一爿好店面，排一排二开烟盘。分水墩前人来往，水镜寺和尚把渡船摇。关帝庙里无人看，鱼浦桥庙里更冷清。"

双林商号歌[③]　明清时，镇上涌现一批有名老字号商铺。人们在日常生活中用歌谣的形式把双林镇上的商号串联一起说唱，形式自由，无固定曲调，搬来就唱："'恒盛米行'心机大，'潘宅肉店'刀锋快，'恒升酱园'一长春，衣庄要算'大有达'，油饼粮

---

① 据吴伯良讲述编辑。

② 据徐再春提供编辑

③ 据徐永泰提供编辑。

食‘陆丰源’，丸散膏丹‘贝泰来’，绸缎布匹‘郑元记’，参燕银耳‘方养元’，油漆名茶‘方顺来’，湖笔徽墨‘沈正山’，金银首饰‘汤涌盛’，包头绉纱‘沈合兴’，‘元泰木行’名气响，染坊色彩‘孙万盛’，‘三凤楼酒席’称包办，梅家粽子可当饭，‘费子祥圆子’还算好，‘潘麻子馄饨’勿推板，酥油贡饼‘马大房’，‘洪钧酱棕’有名望，南货茶食‘三阳斋’，‘马聚成’南货销乡庄，红芯蜡烛‘蔡永源’，线槽名香‘孙跃天’，‘彭家乐人’带灯彩，‘袁家茶担’赚得好铜钿。”

双林节气歌[①] 春夏秋冬，寒来暑往，四季农活，安排周详。春风解冻，大地向阳，晒种浸种，耕耙锄耪。清明一过，播种正忙。立夏小满，割麦插秧。炎夏处暑，农活紧张。田间管理，培土涤淌。立秋处暑，早稻上场，精收细打，颗粒归仓。白露秋分，采棉包装。寒露霜降，晚稻又黄。收稻播麦，喜送公粮。广积肥料，车载船装。冬闲不闲，开河挖塘。养精蓄锐，再迎春光。

儿童歌谣 《杏鱼笃笃蛋》：“阿鱼笃笃蛋，笃个阿鱼吃夜饭。头勿熟，尾巴焦，盛在碗里扑扑跳。”《杏古塔》：“杏古塔，摇船载师太，师太勿有啦，载个泥菩萨。泥菩萨船头上撒堆屙。青菜炒豆腐，炒给哪个吃，炒给阿囡吃，阿囡勿要吃，炒给阿婆吃，阿三阿四抢来吃。”《天上一只鸟》：“天上一只鸟，落脱三根毛。毛么毛家桥，桥么桥神土，土么土地堂，堂么唐伯虎。虎豹狮象，乡下娘娘，娘亲娘舅，舅抱外甥，括搭隆咚锵，豆腐炒千张。”《外婆桥》：“摇，摇，摇，摇到外婆桥，外婆叫我好宝宝，糖一包，果一包，吃勿完，拿着跑，外婆勿肯放我跑。舅姆真要好，买个鱼烧烧，头勿熟，尾巴翘，吃得宝宝哈哈笑。”《踏水车》：“阿囡囡，呔呔哭，哭到大来踏水车。水车沿着一条蛇，蜒来蜒去扑蛤蟆。蛤蟆扑勿着，野菱触只脚。啊咿哇，叫大妈。大妈勿有啦，大妈有啦马桶里厢绕小脚。啊咿哇，叫二妈，二妈勿有啦，二妈有啦场子里厢打大麦。阿囡囡，块头大，大了帮那（你）阿爸踏水车，帮那阿爸踏水车。”《月婆婆》：“月婆婆，烧香拜舅婆，舅婆田亩多，拔了伢囡囡做媳妇。三个铜钿红头绳，四个铜钿胭脂粉，妆得囡囡绝奇珍（奇珍即漂亮）。严家坟，看戏文，黄豆箩里蹬介蹬，刺毛刺只花面孔。”

① 据许菊妹提供编辑。

诗词

双溪渔唱

〔清〕沈澜[①]

清代诗人沈澜《双溪渔唱》，内容涉及双林人文、地理、风景、古迹、古桥等诸方面。

【自题一】廿载邮尘鬓化丝，故乡景物耐寻思。那堪明月双溪水，谱得刘郎旧竹枝。

【自题二】典尽囊衣购异书，亡舟夜壑竟何如。风痹元晏真堪笑，漫向天家借一车。

【自题三】餐霞老屋一编横，只似当年项脊生。何事六丁烦敕取，电鞭虹軜劈空迎。

【自题四】莞秸幽幽双板门，短檠相背破黄昏。窗前剩得三竿竹，只付湘娥染泪痕。

【双溪】雪水东来港汊迷，菱波塘外接思溪。人家占得渔湾住，隔岸遥闻唱午鸡。

【花溪一】燕子忙时柳絮飞，花塍风景尚依稀。塘边鸥鹭分歌席，知是诗翁踏醉归。

【花溪二】花坞稀疏竹径残，墓田遗土泪痕干。只应泉下梨眉客，省识当年老试官。

【花溪三】水车渔艇妇儿夸，田舍花溪一笑哗。诗格青田推巨手，小侯盘谷也名家。

【洪城塘】花城东达古洪城，安稳桃花牛背行。捍水筑塘标政绩，唐家老守最知名。

【织旋漾一】灯火荒凉鬼夜呼，石街枯断水模糊。沙虫猨鹤谁区别，一种销沉向此湖。

【织旋漾二】弦索清如万壑松，芦碕停棹唱玲珑。石湖秋雁影将灭，喉转新翻梁伯龙。

【织旋漾三】兰桡彩架戏秋千，鼓吹遥从岳庙传。莫唱归风送远曲，只今水底现飞仙。

【风光漾】团圞如镜泻溪光，水府轰流屹巨防。一族人烟排岸出，惊看百尺架鼍梁。

【清泉漾】清泉近接上陂河，菱角弯尖掇撷多。绿鬓红裙纷笑语，一生不解采莲歌。

---

① 沈澜（生卒年不详），字维涓、号泊村，双林镇人，清雍正十一年（1733）进士，官知府。因在任失察归里，与花社、渔社诸人诗酒唱和。清乾隆二十年（1755）作竹枝词《双溪渔唱》近百首，惜未刻印。

【小洪荡】缫车社鼓各分张，村舍横居柳岸旁。洪荡东流人散尽，鹁鸪啼罢正斜阳。

【张家湾】梦坡仙去隐巢空，剩得溪湾占数弓。过客重寻诗酒社，满汀杨柳一蝉风。

【荷花池】盘涡涸坼水芝枯，课地空余鹤料租。别墅凄凉词客尽，海棠秋雨泣模糊。

【东林池】碧池波定月团栾，菡萏凋零露气寒。罗袖当风红绰约，裹将红泪湿栏干。

【凤凰泉】籧篨献茧配雄雌，排列缫盆拣取时。汲得凤凰泉畔水，一堆白雪晃新丝。

【盛林山】菰芦曲径夕阳沉，小岛居然号盛林。携酒登高多醉客，桓山石椁果何心。

【土山】云溪曲折树溟濛，漫诧山根插水中。撑得小舟如屋样，采菱不怕鲤鱼风。

【鸿墩】诗客鸿墩久寂寥，菜畦麦陇雨潇潇。茅柴酒熟招寻地，尚贮山人榔栗条。

【木瓜墩】飒沓波头九里奔，彩虹锁断暮烟昏。木瓜墩口秋风起，剩有钟鱼吼寺门。

【蒲鞋埭】筇竹扶身蜕俗缘，打包办得草鞋钱。浮霞便是鱼湖屿，不见元家荡酒船。

【下横街】羽扇书灯伴酒尊，新诗传唱广文孙。而今明月清如水，无复当垆犊鼻裈。

【明月巷】卜宅何妨近市嚣，经过短巷挂诗瓢。桐江重见方三拜，秋夜敲吟雨响蕉。

【赛双林】旗亭百队列方塘，环货喧阗作市场。却笑白华风雅客，苦将钟鼎媲翁张。

【万元桥】紫凤盘空锦翼齐，湖光夹镜漾波璃。翠旗散乱金支冷，恍惚歌声继大堤。

【化成桥】灯罢才闻漏点传，齐挝津鼓夜行船。太湖西去波涛阔，柔橹一枝破晓烟。

【万魁桥】水口奔腾注阛阓，长超西指彩云间。跳珠一霎飞山雨，失却前头倭髻鬟。

【普光桥】石虹旧筑栅关高，刁斗森严守望劳。今日萑苻静无警，一弯绿水舣渔舠。

【虹桥】千竿高炬照田蚕，庆贺元宵乐事覃。白屋辟寒丰岁卜，偎童背索走趁趯。

【大通桥】腊腊旌竿飐影高，戍兵结束佩弓刀。桥边老父携锄立，貙虎销残颂载橐。

【响渟桥】乱石崚嶒插水波，渔舟日夕挂罾过。响渟遗迹还堪访，欲采芙蓉奈晚何。

【渔婆桥】义士纷拏战血殷，伤心磷火满郊关。鱼婆桥畔风波恶，遗魄遥依鹿马山。

【东林村】岛夷奔啸海波浑，墟市萧条杀气昏。一自东林迁土后，暮鸦空噪旧殇魂。

【普同塔】嶙峋砖塔亦慈航，收拾遗骸付法王。阴雨迷蒙腾鬼火，髑髅顶礼佛毫光。

【禹王庙（宫）】萧森玉树绣苔斑，橘柚龙蛇只等闲。疏凿宏谟垂万禩，长留黻冕仰遗颜。

【斗姆阁】风撼虚檐铁凤声，丹梯百丈接瑶京。辎軿笙鹤无消息，浪指仙人卫叔卿。

【水镜寺】栖鹊流萤夜未阑，水居岑寂寄僧单。劫灰不共湖波去，龙夜还衣佛火寒。

【露印庵】突兀招提耸碧空，粥鱼茶板证禅功。朱幡绣幰关何事，身憩山僧一榻中。

【总持庵】方池咽罢礼经坛，稠发初抛眉晕寒。比似瑶光工夺婿，疏帘蝴蝶尽他看。

【潮音庵】潮音小院响仙韶，两岸波澄架彩桥。一道炊烟浓似墨，居人指点说邢窑。

【圣庵】柴扉风雨响晴岚，桑叶铺筐细养蚕。一月发梳浑不理，马姑祀罢恰眠三。

【庆善庵】高座犹存旧讲台，野干魔窟尽除刊。纬真遗迹荒苔藓，想见千松塔院寒。

【吴总管祠】郁孤台畔建高旌，狂寇残骸帐下横。故庙丹青纷阵垒，两廊左右拥神兵。

【赠君沈志学墓一】杨柳娇春绿线垂，桃花罨岸画桡移。右军誓墓空回首，麦饭无由继马医。

【赠君沈志学墓二】槎枒松鬣擘苍颜，丙舍徒存泪点斑。旧日元家读书地，不应仍号系舟山。

【还金亭】锥刀争竞罕淳风，义烈垂光仗此翁。负担归途凭吊处，寒鸦啼过短亭东。

【见一亭】琴鹤携归早息机，朝衫脱却换罗衣。练塘参政多清兴，亲缚茅亭着钓矶。

【碑亭】三月萋迷芳草绿，野亭送客马蹄东。剩有闭门陈正字，哦成秀句对春风。

【西楼一】清歌曲数碧天秋，北里烟花占上头。一缕香魂在何处，瓦灯残焰照西楼。

【西楼二】吴江城外穆溪头，何必争墩费讨搜。此地清游证明月，素晖终古擅风流。

【竹杖】贞操千秋寄佛庭，天然竹杖比鸠形。孔光灵寿官家赐，佞骨何堪玷汗青。

【虞山戈庄乐汕题额】小虹桥畔蔼桑麻，嘉遁园荒石磴斜。春日踏青喧士女，野桃开放两三花。

【真率园】藤梢棘刺络青虫，亭榭如鳞一水通。涑水遗编参透得，始知真率味无穷。

【非园】白练溪光挂树梢，岩花掩映放翁巢。从残书卷今谁主，肠断荒园剩故交。

【公余庄一】高台曲榭绕川原，仿佛尚书旧泌园。瞥眼繁华过如鸟，梅花万树与招魂。

【公余庄二】屏除旌节寄耕桑，人说中丞老此庄。恼煞鹁鸪喧屋角，一天晴雨逐春忙。

【林西别墅】豆花篱落惬新凉，从竹离披水一方。抉石奔猊书体健，珠宫银膀迥生光。

【梅雪窝】梅雪先生隐一窝，逸民踪迹总蹉跎。月舟老去梦坡死，山鬼吹灯厨侧过。

【听雪轩】鸦宿枝梢冷木翻，暗风时动佛幢幡。小鸿村外孤篷客，还记僧雏听雪轩。

【白云轩】风林栖瑟不堪闻，那识前朝处士坟。一片白云时出没，欲将佩剑挂徐君。

【吹台】西风沙雁怯征衣，独上高台揽夕晖。一片客帆何处泊，丹枫飘荡碧川围。

【范应期司戎第】荡漾金波耿玉绳，帘旌不动夜河澄。酒枪抛掷棋枰敛，忽报曈昽日驭升。

【严我斯少宗伯第】破家亡国作羁囚，中夜悲歌霜露秋。败瓦颓垣人拾得，三间犹诧状元楼。

双溪石漾全景　　金国梁　供

【凌以璋文学宅】规矩高曾师范严，门墙著录拥书签。文场月旦亲题品，寒研磨残烛泪添。

【沈澜太守第】环兴桥侧读书堂，荡激泉波树色苍。月射窗棂丛竹响，牙签声共梵钟长。

【严自明】碧血丹心亚父山，魂归犹忆苕霅间。妇从夫死儿从父，千古英名匹段颜。

【吴士义】潇湘赤血涌长沙，到处悲号鲁妇髽。慷慨殉身吴少尹，犹闻战鼓手亲挝。

【沈果】琴曲南薰罢奏时，金舆徒恋海棠枝。鸡窠局促钱蒙叟，忍泪还题行脚诗。

【沈磊】儒冠避世在墙东，金石高歌一亩宫。老友杨园同讲授，人中规矩仰遗风。

【陈所志】石柱空标墨妙亭，吴兴掌故久凋零。蓬元有客赍油素，采掇遗闻佐汗青。

【沈士毅】依然孙复泰山阳，嘉耦从看择配良。市义只今夸盛事，无人推重绣衣坊。

【沈士靖】说经送难续薪传，留得灵光独岿然。遗稿欻随黄壤化，解颐匡鼎竟谁怜。

【凌一飞】鬼唱荒坟月晕低，鸺鹠鼯鼪夜深啼。流传好事凌秋渚，细绘东林十二题。

【沈调元】破屋烟煤锁树阴，青红海蜃纵狂吟。牡丹题得徐凝句，凭仗香山为赏音。

【沈懋华】栖身有发头陀寺，品艺无官御史台。真诀韩门亲授得，关山清夜不胜寒。

【严士恒】驰驱剑渭气峥嵘，百盏鹅黄泻未停。诗派长垂谁解领，僧庐如挹蜀山青。

【钮钟士】快阁朝看眉妩新，阮何风貌更无伦。由来洁癖推清閟，化作人间一聚尘。

【邱赓铠一】窅映东林白玉盘，题襟赋韵斗森寒。彩虹画鹢传高咏，合作旗亭画壁看。

【邱赓铠二】窠石栽花扣砌平，一亭丝带竹松声。自从诗社凋零后，暮后萧骚梦不成。

【沈三秀】渔火枫桥黯欲愁，一编夜课细琱锼。石湖秋月清如许，谁掉元真舴艋舟。

【柴廷采】辋川舍寺无遗业，履道寻诗少胜缘。传说东冈还解事，养花分竹贮云烟。

【曹雪巢】抱甕编篱自课耘，园中草木纪新文。雪樵蛩蛰荒秋菊，谁识书流顾八分。

【王雨三】烟雨元功手护持，满阶花药影参差。讨春是处招游屐，剔藓争看翠朵奇。

【凌汉章】华佗针法古无双，传得青囊肘后方。见说康王题赠好，画船诗酒水云乡。

【沈汝维】玉树临风夐绝尘，丹青余事露天真。白头老作山庵主，好句传来别样新。

【黄周星】怀沙心事倩谁传，拍酒狂歌黄九烟。结伴从夸诗格俊，美人才子与神仙。

【温璜】读书励志并丹青，母教亲承肃典型。南渡衣冠无复在，忠魂长带血衫腥。

【闵声】雪蓑挥翰落云烟，埋迹河桥寄一廛。卜肆乍逢袁伯逸，酒楼还讶石延年。

【皇甫钦】安定璠枝奕叶传，通神诗格擅当年。梅花一树垂垂发，貌得清癯雪后天。

【张安弦】厕食僧寮借榻支，诗家周朴最矜奇。焚香细品骚人格，恰是南村乐数时。

【陈敏八】戍籍仓皇辽阳秋，死生难卜见何由。一朝夫婿归天外，赢得鸳鸯两头白。

双溪八景

〔清〕凌一飞[①]

东林春晓

春入东林气郁葱，无边野绿晓暾红。
弄晴啼鸟和风里，含润朝烟远树中。
溪口迎来渔父棹，钟声飞出梵王宫。
韶华莫负晨光好，村路寻诗我欲东。

石漾秋波

水调歌来入听幽，烟波石漾碧于秋。
一泓清冷吊黄叶，几点微茫认白鸥。
载酒尽添芦荻梦，寻诗好放木兰舟。
夕阳影里摇金碧，渔笛还吹明月浮。

---

① 凌一飞（生卒年不详），字冲甫，号秋渚，善诗，工七律。其《名胜题咏》诗包括《双溪八景》和《东林十二景》，并细绘东林十二景。

东林春晓

金国梁 摄

石漾秋波（1934 年）　　黄笃初　摄

钓陂残碣

片石犹存暗绿芜，当年姓氏重西吴。
林空日落家何在，烟冷荒碑字欲无。
流水绕村应有限，衰杨敧岸不堪扶。
高踪长往凭谁忆，赢得临风坐钓徒。

水寺渔灯

招提曾峙水中天，渔火周遮断复连。
隐隐溪沙秋岸外，层层野渡寺门前。
移来林影分千树，点破波光印一川。
疏磬已非禅室旧，空遗欸乃荻芦烟。

普度闻梵

澹冶孤村水几湾，秋风携杖到禅关。
声从萧瑟烟林际，听入依微钟磬间。
半醒风尘心习静，一空人世梦投闲。
清游尽日浑忘倦，吹得天香两袖还。

闻庵看雪

野色遥连萧寺前，凭高极目转苍然。
弥漫草木疑无地，黯淡关河别有天。

放鹤自应迷远岫，探梅谁与踏荒烟。
热肠未冷差堪慰，白堕倾残诗几篇。

虹桥夜月

垂虹桥影照晴沙，村市无声淡月华。
野树岸随流水远，回波影撼暮云斜。
溪毛碧瘦秋将老，石骨苍寒夜正赊。
最是沧洲幽绝处，一声征雁入芦花。

林西暮霭

楚楚平原晚更幽，远林云影野烟稠。
斜封断岸春将暝，淡点疏枝树欲浮。
明月照残红蓼渡，秋风吹醒白苹洲。
闲寻曲径逢僧话，一路流霞引杖头。

东林十二景

〔清〕凌一飞

古街

乘兴东皋一杖藜，苍烟古道草萋萋。
欹斜石断留云补，来往人稀倩鸟啼。
雨洗荒苔陈迹杳，风埋黄叶夕阳低。
沧桑不用增悲慨，朝市而今厌鼓鼙。

水寺

渺渺平波一镜收，人传兰若倚中流。
钟声犹醒鱼龙梦，梵韵如留鸥鹭洲。
烟外松楸丛挂月，风边芦荻淡横秋。
当年老衲浑无事，时浣袈裟坐渡头。

枯庙

墟里荒祠思黯然，苍凉古今不知年。
山灵有泪秋声咽，破屋无情云影穿。
野鼠窜从枯树外，饥乌啼断冷炉边。
何人此日悲摇落，风雨前村起暮烟。

月榭

呼来明月蓼花滩，结伴登临放眼看。
香艳闲评今夕可，风流高格古人难。
坐依流水心仍寂，谈到宿桑情已阑。
幽思遥天秋万里，淡云孤鹤好盘桓。

残碣

路入樵苏一径横，萧条墓木倍凄清。
荒原久冷幽人梦，断石空遗处士名。
苔藓剥残犹剩字，尘沙剔净独留情。
白云何处生惆怅，烟草茫茫狐兔惊。

断桥

石乱云荒古岸存，潺潺流水对柴门。
扶筇到此真无路，问渡当年别有村。
疏柳倒悬秋月影，野鸥斜点浪花痕。
临河伫立情空往，羌笛关山暝色昏。

曲径

地偏不向俗人谋，仿佛桃源忆胜游。
路人逶迤飞鸟乱，人无来往断云浮。
绿堪成幕行难尽，红自为村坐更幽。
烟外藤萝风正好，却疑山在水西头。

方池

闲情端拟水云乡，清浅池塘半亩方。
野阔好添杨柳月，岸平微动芰荷香。
笙歌两部蛙声闹，荇藻三秋鸥梦凉。
我欲垂纶无个事，夕阳烟影坐沧浪。

夹塘

二月春风好放船，溪流回抱境悠然。
花浓隔岸桃源远，絮蘸平波柳溆连。
南北征帆双镜影，东西落日几家烟。
水云深处渔歌起，疑是疏林小辋川。

远树

远望还临百尺楼，春来云树共悠悠。
风前掩映依村暝，水际微茫带月浮。
黄鸟一声幽梦醒，青山断处晚烟稠。
浓阴入暮垂垂淡，景色苍然古渡头。

渔火

彼岸渔家艇作家，近依杨柳浅依沙。
晚风归鸟忽星落，夜雨流萤欺眼花。
静听稀微人语逗，远看明灭树荫遮。
生涯已卜朝来稳，露白烟青好梦赊。

飞帆

故国乡心竟若何，天涯作客几回过。
遥分柳絮风翻雪，背指桃花水自波。
着眼已随归鸟没，穿林惟带落霞多。
碧空远映知来帘，春浪遥看舞白鹅。

双溪棹歌

〔清〕姚文泰[①]

其歌前序云："双林有凤凰飞舞之形，南杨道桥为凤首，桥堍双井为凤目，东虹桥、西高桥相对为凤翼，北化成、万元、万奎三大桥为凤尾。"歌集于下（题均编者加）：

女红

闺中还往半邻娃，黑禄挑成学绣花。
却笑负喧村老妇，芦锤千转手绵叉。

绢庄

侵晓衣冠上绢庄，满街灯火似黄昏。
吴舲越舶纷来到，姚本风行遍四方。

耕坞桥

耕坞桥边涌墨流，一天砧韵动高秋。
白红羞煞烧火绢，晒向斜阳烂不收。

三桥

日出烟销水道长，仰看凤尾化翚梁。
何人附尾翔云表，东瞰姑胥南古杭。

下横街

碧槛朱栏跨水楼，佳名赢得小苏州。
灯红酒绿罗珍错，争似吴王台畔游。

---

① 姚文泰（生卒年不详），字正卿（一作镇青）、一字镇东，号荃汀（一作谦艇），归安（湖州）双林人。《双溪棹歌》作于清嘉庆十年（1805）。

酒药

岁无水旱屡丰年，八月农家说早籼。
酿就村醅十月白，御寒雅称里牵绵。

煎鸭

一钩月破暮烟昏，有客招凉野店门。
佐酒难忘煎鸭美，秀州空说鸭馄饨。

题沈尧龙

青山白发沈尧龙，罢戍归来一亩宫。
毕竟自家原有错，何心隐也到中鸿。

散咏

上复齐郎中

〔元〕唐棣

吴兴缫出丝如银，蓬头垢面忘苦辛。
苕溪矮桑丝更好，岁岁输官供织造。

荐花溪田舍

〔元末明初〕刘基

田间处处三楹屋，门外家家半曲湖。
妇踏水车歒抱子，儿撑钓艇笑惊凫。

花溪渔隐

〔元末明初〕沈梦麟

苕雪一浮家，全胜奉使槎。
摊书篷下读，沽酒店头赊。
鱼上花如雪，鸥行水露沙。

风流有如此，官课不须嗟。

双林竹枝词

〔明〕吴鼎芳

双溪溪水碧于罗，鸦轧机声比户多。
大宅东庄横陆府，野桥塘北楼渔婆。

盛林山

〔明〕沈观颐

炎氛消尽泬廖清，挈伴登临步屟平。
湖气远含秋树净，楼阴还对夕阳明。
望穷云海千山回，身寄尘寰一叶轻。
理棹不妨归去晚，柴门月色正相迎。

双溪

〔明〕周灿

吴越分歧处，青林接远村。
水乡成一市，罗绮走中原。
尚利民风薄，多金商贾尊。
人家勤织作，机杼彻晨昏。

盛林山

〔清〕凌芗坪

深秋景物半凋残，幸得从游畅远观。
红树参差遮寺角，苍山远映耸林端。
风声墟曲传清响，雨过江村起暮烟。
移棹小桥流水处，更乘余兴一盘桓。

双溪舟中

〔清〕岳泗荞

深林含烟绿，沿溪山艇横。
桑阴人不见，但听剪刀声。

织旋漾

〔清〕沈蓉乡

洞庭木脱渺愁余，倚棹寒流挹望舒。
笛里关山清夜怨，镜中楼阁美人居。
天高风转依枝鹊，川静波腾众鳖鱼。
直是乘槎度银汉，都看白露下前除。

水镜寺

〔清〕吴云村

四面都环水，僧居不染尘。
灯明飘夜雨，草绿隔溪春。
唤渡篱巡犬，敲钟渚聚鳞。
莫言非地主，祖墓旧为邻。

木瓜墩

〔清〕姚薏田

扁舟风露近黄昏，旧馆人家早闭门。
忽忆春头沽酒处，淡烟笼月木瓜墩。

答谢沈炳麟盛情五律

费新我

谁辟此桃源？天南沈炳麟。
桃源今展拓，水旁廊环亭。

廊亭无限意，给我以温馨。
戊辰重阳节，费新我题名。

双绫颂（七古）

费新我

书画牡丹绫绢叶，一衬一托更增色。
雅人谁不想绫裱？绫产双林世无匹。
吾画吾书每整装，常忻花叶一乡出。
云游四海壁间赏，必有双绫在其侧。
顿起乡思及吾居，故新门户绫相结。
绫飘大地镇骄傲，绫我关联岂可默。

清平乐・三桥遐思

邱鸿炘

晴天风细，阵阵花香气。
白发今朝吟欲醉，短讯传连千里。
遐思域内双城，与它总是深情。
日暮桑舟歌远，夜阑桥上看星。

绫绢歌①

嵇发根

铜雀二乔霓裳舞，罗红绢绿飘欲仙。富有家绫穷穿苎，蚕织入诗风雅先：沈约“罗衣织成带”，吴均“锦带杂花钿”；上天取样人间织，柳恽赋来七夕篇。乌眼湖绫裁御服，盘条榈豹纹彩鲜，唐皇喜好通西域，丝路苕纱番国程。白练飞书书圣子，簪花唐韵写吴绫；吴绫本是郡城出，染作苕溪春水潺。吴越钱王开绫务，织工织女集苕城，开封招得织娘去，绫锦院中织龙麟。染出缬红百花样，蜀都仿我湖州锦，浅深玛瑙红湖缬，孔雀真红百卉春。织染官衙项城北，民间绫绢在双林。宋元旧镇西林市，绢市铺张普光

① 录自嵇发根著《湖州歌》，中华诗词出版社，2010 年。

桥，十座绢庄对港比，侵晓入市肩互交，耕坞桥侧皂坊集，墨浪砧声镇日嘈[①]。吴兴樗蒲绫中品，土产花绸唐贡修，局绢缤纷擅五色，锦缎多姿涌彩流。明代丝绸之府号，更兼绉绢品双优：郡城湖绉衣天下，本是縠纱自古流，飘逸如云缘轻薄，织工左右戾绉绸[②]。有花有素通行广，南粤东洋竞比购；皇上好穿湖绉裤，孔方小洞花账牟[③]；短巾长匹随需做，龙体凤身喜绉柔。绫绢双林数姚本，绢庄开到姑苏城；花绫素绢双林最，贸易一年十万银。最是包头贩瓯闽，南洋客商也相争；霞轻薄雾罗香傍，妆扮云鬟碧螺新。翰墨双溪结同好，裱绫裱绢与联姻，倪家胜织双龙舞，突起龙睛悦帝廷，奏本龙绫倪氏织，倪家小女叫梅英。彩缎纱罗多闪色，蟒龙天鹿又斗牛，麒麟狮子飞鱼样，通袖膝襕织金流，更制龙袍解京上，贡舟纤动运河秋。

绫绢作坊

陈景超

蚕桑基地产吴绵，绉缎缯纱品种全。
古朴縹緗于此盛，十家九户织绫绢。

虹桥望月

姚子芳

中秋桥洞荡金波，只为银瓶印碧河。
潋滟灵光如玉塔，薰风一曲醉香荷。

还金亭

许德明

乡人坐待等还金，好事从来凝善心。
翘角飞檐此亭立，梅溪岸畔又重寻。

---

① 姚文泰《双溪棹歌》："耕坞桥边涌墨流，一天砧韵动高秋。"皂坊，绫绢染坊。

② 绉"打线为纬"，先经丝使左戾右戾，谓之打线，然后左右相比织之，故有绉纹。

③ 道光帝常穿绉裤，钩一小洞，令内务府承办织补，报花账三千两银。

双林姑嫂饼

朱辉

酒罢先尝思未央，痴儿相奉岂寻常。
香移玉蕊三分冷，色夺金柑九月霜。
砚畔唇边常邂逅，窗前月下亦芬芳。
何时解得含盐意，不负红尘走一场。

小寒日双林座谈镇志

嵇发根

只为篇章顾问邀，两年几次到塘桥。
绫绢古镇修方志，石漾轻波织锦绡。
且自长编说纲目，番从要务析支条。
杯中廓摸微醺量，似醉好掀胸底潮。

楹联

斋坛极殿联

〔明〕沈勋

洛水灵鼋双献瑞，阳数九，阴数九,九九八十一，数数合乎道，道通元始天尊，一诚有感；岐山丹凤两呈祥，雄声六，雌声六,六六三十六，声声闻于天，天生嘉靖皇帝，万寿无疆。

东岳庙大殿柱联

纬武经文事业昭垂两浙；精忠亮节灵爽炳著千秋。

澄心庵联

禅心澄水月；法鼓聚鱼龙。

盛林山五圣堂联

土从何处称来，白云缥缈；林向几时盛起，流水弯环。

六总管庙吹台石柱联

吹彻玉箫三桥凤舞；厌来铁笛双漾龙吟。

蓉湖学堂柱联

鼎以取新，是文运一大枢纽；蒙宜养正，为人才植此根基。

吴兴各界公祭抗日阵亡将士大会[①]挽联

沈镕

丈夫报国捐躯，前者扑，后者继，浩气长存，定为厉鬼杀贼；同志齐心努力，整尔戈，修尔矛，大仇未复，难慰先烈忠魂。

① 大会在双林镇举行。

新我亭　　双林镇志办　供

大事纪略

明永乐三年得名双林

双林镇隶属浙江省湖州市南浔区，是绫绢古镇、水乡历史文化名镇。宋南渡时聚商，名商林，俗称东林村。明永乐三年（1405），东林村衰，西林村兴，合东林、西林之名为双林。盛产蚕丝，尤以绫、绢著称。

1929 年“沈德大”姑嫂饼获金奖

姑嫂饼，其名富人情味，是清光绪六年（1880）所创百年老店“沈德大”特产。这些都是千年绫绢古镇双林风土的结晶。姑嫂饼在 1929 年 6 月 6 日西湖博览会上获甲级金奖，又在国际博览会上获铜奖。

1963 年成立莫蓉湖笔组

1963 年，莫蓉民间制笔艺人在花盘兜自发成立湖笔组，集中系统工序。1973 年，儒林村（莫蓉公社所在地）成立湖笔社。1979 年，莫蓉湖笔社更名莫蓉湖笔厂。

1979 年建墨河画苑

为繁荣和发展文化事业，解决劳动就业，1979 年 1 月，镇委决定由李仲健负责组建画苑。同年，费新我取“耕坞桥边涌墨流，一天砧韵动高秋”诗意，题匾“墨河画苑”。1984 年，画苑被列为湖州市首批对外开放单位。1998 年起，自负盈亏经营，建立自负盈亏经营体系。成为湖州市首家集书画装裱、收藏、营销及文人墨客雅集于一体的场所，受到社会各界关注。

1981—1982 年建庆苑公园

位于双林镇东庄湾东北、旧绢巷东南沿市河处。1981 年 1 月至 1982 年 10 月建，占地约 5000 平方米，是双林籍香港实业家沈炳麟资助 12 万余元在家乡所建的首个项目。后实施庆苑公园第二期工程，沈炳麟为费新我建新我亭和费廊，1988 年 11 月 26 日落成。

1985 年双林通公路

1985 年，过境湖盐公路通车，镇境段 18 千米。1987 —1989 年筑莫蓉至善琏公路 6.3 千米，1996 —1997 年筑双林至三济桥公路 9 千米（后延至新市称三新公路）。2004 年年底，实现村村通公路。2007 年，建成申嘉湖高速公路，双林段 12 千米，有一个出口，通往嘉兴、上海、湖州市区。至 2010 年，建联网四级公路 53 条，总长 136.7 千米。2014 年年底，建镇级公路 189 千米。

1995 年双林绫绢注册“汉贡”商标

1995 年，双林绫绢注册“汉贡”商标，后成为国家著名商标。2001 年 11 月，双林绫绢被中国文房四宝协会授予“国之宝”荣誉称号。2005 年 12 月，获第六届国际旅游产品博览会银奖。

2005 年绫绢邮票献国礼

2005 年中国与阿富汗建交 50 周年之际，天强绫绢工艺品有限公司成功研制绫绢质地的 2 万枚邮票（邮票模块尺寸 13.5 厘米 ×9.5 厘米）和 20 枚丝织小型张，作为国礼，由北京邮票厂印制。

2008 年绫绢织造技艺入选国家级非物质文化遗产名录

1992 年 1 月 12 日，莫建强赴中国丝绸博物馆表演小花栖提花绫绢织机操作流程。2006 年 12 月，双林绫绢织造技艺入选南浔区第一批非物质文化遗产名录。2007 年 6 月，入选湖州市非物质文化遗产名录。同年 6 月，入选浙江省第二批非物质文化遗产名录。2008 年 6 月，入选国家级非物质文化遗产名录。

2012 年双林三桥入选全国重点文物保护单位

万元、化成、万魁 3 座三孔石拱桥，南北并排跨镇北双林塘。东西仅 347 米，化成桥居中，东距万元桥 225 米，西距万魁桥 122 米。三桥可谓双林历史、文化、经济地标性建筑，为中国古桥建筑史上所罕见。2008 年，三桥整体维修，历时两年，耗资 348 万元。为保护三桥，国家投入近 2 亿元新开航道，所有船只均绕开三桥，无受冲撞之虞。2012 年，双林三桥由省级文物保护单位跃升为全国重点文物保护单位。

2013年费新我艺术馆开馆

坐落于双林凤凰文化广场，一道斜坡，从文化广场缓缓通向二楼大型露天平台，将广场和艺术馆融为一体。分上下两层，一层以“新我之路——费新我生平与艺术陈列”为主体，集中展示费新我艺术生涯和书画作品，馆藏230余件，其中费新我真迹近100件、名人字画100余件、印章11枚。二层有费新我书画院、双林镇文史馆、书画名家工作室，供全国名家切磋交流，为艺术收藏品爱好者提供集鉴定、展览、拍卖、评估、销售于一体的书画作品交易市场。另设有临时展厅，可不定期展出全国名家作品和双林书画者代表作品。2013年12月21日双林籍著名左笔书法家费新我110周年诞辰，举行费新我艺术馆开馆仪式和纪念活动。

2016年获评“中国杜鹃盆景第一镇”

明清时期，双林大户人家建园林多有盆栽。民国时期，郑同梅盆栽兰花，培育出“梅兰”名品，成为江浙一带名兰盆栽名人。20世纪80年代后，逐步形成独特天地，相继诞生多家私家盆景园。2016年4月16日，中国盆景艺术家协会在双林镇举行“中国杜鹃盆景第一镇”授牌仪式。

附录

双林历代及当代镇志一览表

表 5

时间	志书名称	作者	说明
明万历	双林笔记	陈所志	明万历四十五年（1617）陈所志辑。陈所志，东迁人，寓居双林。所辑镇志先河，散佚，唯所作《双林赋》得以保存
清顺治	双林纪略	范硕	佚。清顺治年间（1644—1661）范硕编
清康熙	双林志	吴匡东	即“吴志”，未梓稿佚。清康熙十二年（1673），双林人吴匡东（若金），在陈所志《双林笔记》的基础上补纂，增录明万历四十五年（1617）至清康熙十二年（1673）50 余年史事，辑成《双林志》12 卷
清康熙	双林志	谈嗣升	清康熙三十六年（1697），谈嗣升、凌维远同纂《双林志》10 卷。郑元庆《湖录》中有记。无存世
清康熙	东双林志	倪天持	即“倪志”，佚。康熙年间（1662—1722），倪天持（汝进）辑《东双林志》16 卷，补陈所志、吴匡东两志所未备
清乾隆	双林支乘	姚葭客	佚。清乾隆九年（1744），姚葭客辑《双林支乘》，至今未见
清乾隆	东西林汇考	茅应奎	存世。清乾隆初双林人茅应奎纂，8 卷，手稿现藏上海图书馆
清嘉庆	双林续记	沈怡亭	未竟。清嘉庆二十四年（1819），镇人沈怡亭（荣晋）在前人修志基础上纂《双林续记》，未成
清嘉庆	双林志	郑昌祺	郑昌祺在沈怡亭《双林续记》未竟稿基础上增纂《双林志》，体例规整，采辑详晰，征文考献完备，更详略得当。未梓流失
清咸丰	双林镇志	郑芸史 徐少青	未竟。清咸丰六年（1856），双林人郑芸史（训常）、徐少青（震跃）等人提议，邀请并委托湖州戴铨编纂《双林镇志》。咸丰十一年，太平军入双林，同年秋戴铨故世，志稿均佚
清同治	双林记增纂	蔡雪樵	稿存。清同治二年（1863）春，蔡雪樵编辑《双林记增纂》12 卷，于清同治九年（1870）完成。蔡雪樵首先得镇人汤守瓶（锡龄）在太平军战乱中幸存沈怡亭纂《双林续记》本，同时参考何豪州（国祥）、严经世等《归安县志》、乾隆胡承谋《湖州府志》中相关内容，历时 7 年撰成。手稿现藏中国人民大学图书馆，其中人物卷佚
清光绪	双林志续纂新辑	蔡汝锽	清光绪二年（1876），蔡汝锽（元襄）在《双林志补辑》稿基础上编成《双林志续纂新辑》30 卷，无传本
民国	双林镇志新补	蔡　松	稿存。1915 年，蔡松纂，不分卷，未刊。手稿本存浙江嘉兴市图书馆
民国	双林镇志	蔡原青	刊行传世。蔡原青（蒙）据清同治蔡雪樵编辑《双林记增纂》12 卷和民国蔡松《双林镇志新补》一并编次而成。故镇志署“蔡蓉升（雪樵）原纂”“蔡松（旬宣）采录”“张福理（桐孙）补录”“蔡蒙（原青）编次”。1917 年，刊印 4 册装 200 部。其间，由双林自治处沈善同（肖岩）筹资和主持，张劲达绘地图，徐珂校勘，蔡疆白（蔡召成弟）篆书题签
当代	双林新志	朱从亮	油印。2000 年，南浔人朱从亮以 87 岁高龄编成 15 卷（约 5 万字），以 1917 年《双林镇志》简记增缺，补民国后事而成。手工钢板刻写油印 50 部
当代	双林镇志	宋银虎 金国梁	出版，2009 年，双林镇政府组织启动编修，是双林历史上首次官纂镇志。双林镇委原书记宋银虎任主编（兼），金国梁任常务副主编（主笔），副主编莫梅根、张新芳，编辑徐成荣等人。历时 5 年完稿，全志 17 编 173.6 万字，下限 2010 年（重大事情延伸至 2013 年），重点记述近 100 年史实。2015 年，由方志出版社出版

双林镇现存主要古桥一览表

表 6

名称	坐落	桥型	现桥时间	备注
万元桥	镇北双林塘	三孔石拱	清雍正	全国重点文物保护单位
化成桥	镇北双林塘	三孔石拱	明嘉靖	全国重点文物保护单位
万魁桥	镇北双林塘	三孔石拱	清康熙	全国重点文物保护单位
明溪塘桥	土山村冯家堰	七孔石梁	民国	省级文物保护单位
埭溪塘桥	土山村先生兜	七孔石梁	民国	省级文物保护单位
永安桥	千亩塌村	七孔石梁	清道光	省级文物保护单位
双花桥	千亩塌村	五孔石梁	清光绪	现存大花桥，市级文物保护单位
金锁桥	双林塘东市河口	单孔石拱	民国	市级文物保护单位
虹桥	镇东栅虹桥港	单孔石拱	清康熙	又名大虹桥，市级文物保护单位
望月桥	镇东栅	单孔石拱	清光绪	又名小虹桥，市级文物保护单位
耕坞桥	墨浪河西	三孔石梁	清乾隆	又名乌桥
镇安桥	万安桥北，东连薛家汇	三孔石梁	清乾隆	俗称小鸡桥
万安桥（斜桥）	清风巷西、孙家湾北	单孔石梁	清至民国	石身水泥桥面
积善桥	沈河坊中段	单孔石梁	清	世称沈家桥
环兴桥	南栅头沈家桥西	单孔石梁	清咸丰	一名河界桥
望日桥	双西茧库西门处	单孔石拱	清	与小虹桥相对
永丰桥	木匠埭、港北埭西端	五孔石梁	清乾隆	里人称长桥
小桥	永丰桥（长桥）东	单孔石梁	明	又名新开河桥
众安桥	双林北塘	—	不详	—
观音桥	双林镇外环南路	单孔石拱	清咸丰	俗称三墩观音桥
乐输桥	苕南东双林村庞家湾桥	三孔石梁	清同治	今称太平桥
寿星桥	苕南后坝村水北	三孔石梁	清道光	保存较好
寿成桥	苕南独圩自然村	三孔石梁	民国	又名寿人，保存较好
后坝桥	苕南后坝村东	三孔石梁	民国	保存一般
永安桥	苕南后坝村尤家兜村	单孔石梁	民国	—
康兵桥	苕南后坝村东港	三孔石梁	民国	—
永兴桥	苕南黄泥兜村严家板桥	三孔石梁	清道光	又名严家板桥
永安塘桥	苕南黄泥兜村尤家兜	三孔石梁	民国	保存完好
永丰桥	苕南黄泥兜村西木村	三孔石梁	民国	保存完好
老向月桥	苕南黄泥兜村堰桥头	单孔石梁	民国	—
后堡桥	苕南黄泥兜村后坝	单孔石梁	清光绪	保存较好
亭子桥	苕南岂山圩村，旧馆石路	三孔石梁	清同治	原名万富桥、万福桥
太平桥	苕南邢窑村于家埭东	三孔石梁	民国	保存尚好

续表 6

名称	坐落	桥型	现桥时间	备注
积善桥	苕南邢窑村黄家埭	三孔石梁	不详	保存完好
北圣桥	苕南邢窑村大石桥	单孔石梁	1975 年重建	保存完好
南圣桥	苕南邢窑村南窑坝	单孔石梁	民国	保存完好
砆石桥	苕南邢窑村砆石桥	三孔石梁	清道光	保存完好
移新桥	苕南邢窑村孙家埭	单孔石梁	1963 年重建	保存完好
大善桥	苕南邢窑村莫家堰	三孔石梁	清咸丰	1970 年重建
聚兴桥	苕南显洪村冯家埭	三孔石梁	清乾隆	原名小鸿桥
冯家板桥	苕南显洪村冯家板桥	单孔石梁	清乾隆	—
观音桥	苕南显洪村桑叶浜南	三孔石梁	不详	—
妙严桥	荣家兜东塘	三孔石拱	清光绪	又名化坛桥
跳家桥	苕南跳家塥村邱家埭	三孔石梁	清光绪	保存较好
财神桥	苕南跳家塥村塘河头	单孔石梁	民国	“文化大革命”时期凿改新村
全兴桥	苕南跳家塥村	三孔石梁	不详	保存完好
扒灰桥	苕南跳家塥村	单孔石梁	不详	尚存，不通
秀源桥	苕南西阳村外港	三孔石梁	清宣统	保存完好
伏虎桥	苕南西阳村罗汉里	三孔石梁	清	保存完好
迎紫桥	苕南西阳村西端	单孔石拱	清光绪	拱桥面公路桥面
博济桥	苕南西阳村北	单孔石梁	清宣统	跨相对较大
凤凰桥	苕南西阳村	单孔石梁	不详	—
登云桥	苕南西阳村南墩	三孔石梁	清道光	保存完好
竹桥	苕南西阳村西庄	单孔石梁	清	桥心石刻太极图案
瑞丰桥	苕南西阳村丁家湾	三孔石梁	清同治	保存较好
永安桥	苕南西阳履塔村	单孔石梁	元	俗称馒头桥
永宁塘桥	苕南西阳履塔村	单孔石拱	清光绪	桥心石线刻双草龙图
观音桥	苕南西阳庄汇头村东	单孔石拱	不详	境内最小微型石拱
福兴桥	苕南坞塍村碗响桥	三孔石梁	民国	保存尚可
大兴桥	苕南三田漾村姚家港	单孔石梁	清光绪	保存尚可
永福桥	苕南三田漾村谢村西村	单孔石梁	清道光	保存一般
雉光新桥	莫蓉莲花兜村雉光兜	五孔石梁	清末民国初	长约 50 米
温二兜桥	莫蓉莲花兜村温二兜	单孔石梁	不详	保存尚好
白华桥	莫蓉莲花兜村白华桥	三孔石梁	清同治	保存完好
荣贵桥	莫蓉吴家庄村荣贵	三孔石梁	元	桥面现有铁栏
后兴桥	莫蓉吴家庄村车家兜	三孔石梁	不详	—
兴隆桥	莫蓉七星村扒花（灰）兜	单孔石梁	民国	保存完好
隆兴桥	莫蓉七星村南元里	单孔石梁	清乾隆	保存尚好
太平塘桥	莫蓉七星村姚家湾村口	单孔石梁	民国	保存尚好

续表 6

名称	坐落	桥型	现桥时间	备注
亭子桥	莫蓉七星村	三孔石梁	不详	—
沈公桥	莫蓉箍桶兜村徐家角	三孔石梁	民国	又名中洪桥
永广兴桥	莫蓉箍桶兜村金家庄	单孔石拱	民国	俗名金家庄桥
徐林普济塘桥	莫蓉箍桶兜村东	三孔石拱	民国	徐林普济塘桥
八字桥	莫蓉向阳村向阳塘前塘	五孔石梁	明末清初	大小二桥成“八”字形
再荣桥	莫蓉向阳村富家湾	单孔石梁	清中期至民国	—
永兴桥	莫蓉向阳村富家湾	三孔石梁	清中期至民国	—
前营桥	莫蓉儒林村，桥北古花城	单孔石拱	清道光	俗称儒林环桥
鹞泊塘桥	莫蓉儒林村南庄兜	三孔石梁	清	保存完好
东元桥	莫蓉儒林村南庄兜	单孔石梁	民国	保存完好
西元桥	莫蓉儒林村南庄兜	单孔石梁	民国	1979 年修，保存一般
小石桥	莫蓉儒林村南庄兜	单孔石梁	不详	—
白云桥	莫蓉花盘兜村花盘兜	三孔石梁	清宣统	旁另建公路桥
复兴塘桥	莫蓉花盘兜村木五圩	五孔石梁	清至民国	旁另建公路桥
宝花桥	莫蓉花盘兜村花盘兜	单孔石梁	清光绪	保存较好
宝林桥	莫蓉花盘兜村凌家堰	单孔石梁	清光绪	与宝花桥为姐妹桥
良民桥	莫蓉花盘兜村良民桥	三孔石梁	不详	又作粮米桥、良敏桥
小杨道桥	莫蓉花城村赵家兜	单孔石拱	清光绪	材质风格明末清初
国丰塘桥	莫蓉花城村史家桥	三孔石梁	民国	也称史家桥
积善桥	莫蓉花城村武庄兜村口	三孔石梁	民国	俗称打子桥
圣塘桥	莫蓉花城村朱家兜	三孔石梁	民国	保存较好
永丰桥	镇西雉头村官山桥	三孔石梁	清光绪	保存较好
青龙桥	镇西雉头村	三孔石梁	清光绪	俗称东桥，保存较好
宁悦桥	镇西雉头村桥南	三孔石梁	清光绪	村心店桥，保存较好
砖桥	镇西雉头村沈家兜	三孔石梁	清道光	曾砖拱，保存完好
店桥	镇西雉头村中	单孔石梁	清乾隆	两堍原有市尘
先生桥	镇西雉头村安吉埭	单孔石梁	清乾隆	保存完好
倪家桥	镇西雉头村油盏兜	三孔石梁	清乾隆	保存完整
观音桥	镇西黄龙兜村真龙兜	三孔石梁	清	亦称普度桥保存完好
莫家桥	镇西黄龙兜村盛林山西	三孔石梁	不详	村南过西通花桥港湾
新桥	镇西黄龙兜村真龙兜	三孔石梁	清末重建	保存完好
北兴桥	镇西赵家兜村	三孔石梁	民国	保存较好
崇高桥	镇西土山村高桥头	三孔石梁	清道光	民国修，保存完好
崇善桥	镇西土山村施相兜	三孔石梁	民国	保存完好
万福桥	镇西周家兜村中	单孔石梁	清嘉庆	保存尚好
假山桥	镇西周家兜村	三孔石梁	明万历	桥面独特铺设不存
太平桥	镇西周家兜村	单孔石梁	清光绪	保存完好

续表 6

名称	坐落	桥型	现桥时间	备注
太平桥	镇西曹桥村中	三孔石梁	民国	保存较好
护村桥	镇西新丰兜村界白兜	三孔石梁	民国	保存较差
永兴桥	镇西倪家滩村陶庵前	单孔石梁	清光绪	保存一般
坝桥	镇西倪家滩村姚圩梦	单孔石梁	清	保存尚可
元桥	镇西倪家滩村上塴	单孔石梁	清	保存完好
低桥	镇西倪家滩村白鱼兜	单孔石梁	不详	1993 年整修

双林进士一览表

表 7

序号	姓名	时间	序号	姓名	时间
1	沈梦麟	元至元五年（1339）	14	沈　澜	清雍正十一年（1733）
2	陆　矩	明宣德五年（1430）	15	严淳彝	清康熙四十三年（1778）
3	陆　珩	明成化五年（1469）	16	张　恒	清乾隆五十五年（1790）
4	黄叔著	明成化五年（1469）	17	姚学塽	清嘉庆元年（1796）
5	沈　清	明成化十四年（1478）	18	郑祖琛	清嘉庆十年（1805）
6	沈　桐	明嘉靖三十八年（1559）	19	徐有壬	清道光九年（1829）
7	茅瑞征	明万历二十九年（1601）	20	徐有孚	清道光十五年（1835）
8	严自完	明万历四十四年（1616）	21	郑训承	清同治七年（1868）
9	严我斯	清顺治十八年（1661）	22	李宗莲	清同治十三年（1874）
10	严曾所	清康熙六年（1667）	23	陆润庠	清同治十三年（1874）
11	陆肯堂	清康熙二十四年（1685）	24	梁　枚	清光绪三年（1877）
12	严元畴	清康熙三十九年（1700）	25	曹元鼎	清光绪三十年（1904）
13	沈懋华	清雍正元年（1723）	—	—	—

双林举人一览表

表 8

序号	姓名	时间	序号	姓名	时间
明代（24 人）					
1	沈文贞	洪武十七年（1384）	9	严　凤	弘治十四年（1501）
2	魏　弁	洪武二十六年（1393）	10	凌　旦	正德五年（1510）
3	宇文铸	永乐十五年（1417）	11	吕用和	嘉靖七年（1528）
4	陈仲伦	永乐十八年（1420）	12	沈　勋	嘉靖十六年（1537）
5	陆　平	正统九年（1444）	13	严　范	隆庆元年（1567）
6	沈　青	成化十三年（1477）	14	严自省	万历十年（1582）
7	陆　琛	成化十六年（1480）	15	沈汝霖	万历十六年（1588）
8	蔡懋耆	弘治十一年（1498）	16	严　觉	万历三十四年（1606）

续表 8

序号	姓名	时间	序号	姓名	时间
17	严自完	万历三十七年（1609）	21	严有谷	崇祯六年（1633）
18	严自玉	万历四十年（1612）	22	沈汝学	崇祯九年（1636）
19	茅瑄徵	天启四年（1624）	23	潘宏仁	崇祯十二年（1639）
20	茅允京	不详	24	严有功	崇祯十五年（1642）
清代（51 人）					
1	陈　说	顺治八年（1651）	27	俞　榛	嘉庆二十四年（1819）
2	俞廷瑞	顺治八年（1651）	28	沈元金	嘉庆二十四年（1819）
3	施然明	顺治八年（1651）	29	费　潮	道光二年（1822）
4	朱　徵	康熙二年（1663）	30	徐　斌	道光八年（1828）
5	费家屿	康熙五年（1666）	31	吴　镐	道光十一年（1831）
6	施　愉	康熙十七年（1678）	32	郑训方	道光十一年（1831）
7	茅　瑛	康熙四十一年（1702）	33	陈长龄	道光十二年（1832）
8	张锡绶	康熙四十七年（1708）	34	郑训良	道光十七年（1837）
9	柴鹤山	康熙五十六年（1717）	35	蔡瀛升	道光二十年（1840）
10	张朝砥	雍正十三年（1735）	36	徐震翱	道光二十年（1840）
11	凌洪仁	乾隆元年（1736）	37	郑训庠	咸丰二年（1852）
12	柴孝嗣	乾隆元年（1736）	38	梁　沅	咸丰五年（1855）
13	沈　乔	乾隆六年（1741）	39	姚宗诚	咸丰九年（1859）
14	费　荪	乾隆三十六年（1771）	40	蔡宗瀚	同治六年（1867）
15	俞棻元	乾隆三十九年（1774）	41	蔡锡康	光绪元年（1875）
16	施邦大	乾隆四十八年（1783）	42	徐世杨	光绪二年（1876）
17	陈文煜	乾隆五十九年（1794）	43	蔡汝锽	光绪二年（1876）
18	徐志坚	乾隆六十年（1795）	44	俞佳锺	光绪二年（1876）
19	闵大壮	乾隆六十年（1795）	45	梁　榕	光绪十五年（1889）
20	陆泰交	嘉庆三年（1798）	46	蔡世铮	光绪十五年（1889）
21	徐　璋	嘉庆五年（1800）	47	蔡　蒙	光绪十五年（1889）
22	张大洐	嘉庆十三年（1808）	48	蔡　松	光绪十五年（1889）
23	孙宪发	嘉庆十八年（1813）	49	姚陛闻	光绪十七年（1891）
24	郑祖球	嘉庆十八年（1813）	50	俞玉书	光绪二十八年（1902）
25	吕光佐	嘉庆十八年（1813）	51	曹元晋	光绪二十八年（1902）
26	吴廷璋	嘉庆二十一年（1816）	—	—	—

主要参考文献

1. 张铎修，浦南金纂：明嘉靖《湖州府志》。

2. 李堂纂修：清乾隆《湖州府志》。

3. 茅应奎纂：清乾隆《东西林汇考》手抄本。

4. 宗源翰、郭式昌修，陆心源、周学浚、汪日桢纂：清同治《湖州府志》。

5. 蔡雪樵编：清同治《双林记增纂》手抄本（残）。

6. 汪曰桢修纂：清咸丰《南浔镇志》。

7. 李昱、陆心源等修纂：清光绪《归安县志》。

8. 蔡松修纂：民国《双林志新补》手抄本。

9. 蔡蓉升（雪樵）初纂，蔡蒙（原青）续编：民国《双林镇志》，上海商务印书馆，1917 年。

10. 民国《清史列传》（卷四十三），大臣传续编（八）。

11. 民国《双星》杂志 1 ~ 13 期，铅印本。

12. 冯千乘著：民国《抗战八年的吴兴》，手书本（湖州市档案馆藏）。

13. 冯千乘著：民国《抗战八年回忆录》，手书本（湖州市档案馆藏）。

14. 陈学文著:《明清时期杭嘉湖市镇史研究》，群言出版社，1993 年。

15. 嵇发根主编:《丝绸之府湖州与丝绸文化》，中国国际广播出版社，1994 年。

16.《湖州丝绸志》编纂委员会:《湖州丝绸志》，海南出版社，1998 年。

17. 嵇发根著:《“丝绸之府”五千年——湖州丝绸文化研究》，杭州出版社，2007 年。

18. 嵇发根编著:《湖州史话八叙》，黄山书社，2007 年。

19. 余方德、嵇发根主编:《湖州掌故集》，三秦出版社，1997 年。

20. 余方德、嵇发根主编:《湖州古今概览》，黄山书社，2001 年。

21. 王克文、余方德、嵇发根主编:《湖州市志》，昆仑出版社，1999 年。

22. 嵇发根主编，湖州市地方志编纂委员会办公室编:《湖州市志（1991—2005）》，方志出版社，2012 年。

23. 钟伟今主编:《湖州市歌谣谚语卷》，浙江文艺出版社，1991 年。

24. 湖州市文化艺术志编委会:《湖州市文化艺术志》，浙江古籍出版社，1994 年。

25. 沈莉莉主编，湖州交通运输局编:《湖州交通志》，方志出版社，2016 年。

26.《吴江丝绸志》编纂委员会编:《吴江丝绸志》，上海社会科学院出版社，2016 年。

27. 朱惠勇著:《湖州古桥》，昆仑出版社，2003 年。

28. 沈文泉编著:《湖州名人志》，杭州出版社，2009 年。

29. 双林镇志编纂委员会办公室编:《双林镇志》，方志出版社，2015 年。

编纂始末

双林镇是中国绫绢之乡、浙江省历史文化名镇、浙北经济重镇。历史上民间曾多次修志，唯1917年《双林镇志》刊行200部，至今存世不到10部。2009年8月，镇党委、镇政府决定编纂新《双林镇志》（通志）。历时5年，于2015年4月正式出版。

2015年3月，根据中国地方志指导小组办公室有关文件精神，在2015年版《双林镇志》基础上启动编纂《中国名镇志丛书·双林镇志》工作。在湖州市地方志办公室具体指导、帮助下开展工作。为提高志书质量，特聘《湖州市志》主编、研究员嵇发根担任执行主编，负责设计、组稿、总纂工作。其间，重新收集双林镇作为绫绢古镇的绫绢文化及与之相应的传统文化相关资料，几经修订，遂臻完善，于2015年10月形成送审稿。后经南浔区史志办初审，湖州市地方志办公室复审，浙江省地方志办公室终审，于2016年3月送交中国地方志指导小组办公室审稿。2017年1月，又按中国名镇志丛书编纂委员会办公室意见予以修订，于同年5月完成。2018年11月，由方志出版社出版。

《中国名镇志丛书·双林镇志》在镇党委、镇政府领导下，在双林社会各界大力支持下编纂完成，是集体智慧的结晶、众手成志的结果。在此，谨向关心、指导本志编纂工作和提供资料、照片的单位和个人，表示衷心感谢。因本书中所选照片和诗词文章众多，部分作品未能在出版前及时联系到著作权人，请著作权人看到后与我们联系，我们将奉上稿酬。

由于本志时间跨度长，涉及面广，挖掘历史资料难度大，限于修纂者自身水平，难免存在疏漏和差误，敬请批评指正并予谅解。

编　者

2017年5月